한국
근대사
산책

9권

한국 근대사 산책 9

ⓒ 강준만, 2008

초판 1쇄 찍음 2007년 11월 12일 • 초판 7쇄 펴냄 2020년 1월 9일 • 지은이 강준만 • 펴낸이 강준우 • 편집 박상문, 김소현, 박효주, 김환표 • 디자인 최진영, 홍성권 • 마케팅 이태준 • 관리 최수향 • 펴낸곳 인물과사상사 • 출판등록 제17-204호 1998년 3월 11일 • 주소 서울시 마포구 양화로 7길 4(서교동) 삼양E&R빌딩 2층 • 전화 02-325-6364 • 팩스 02-474-1413 • 우편 (134-600) • www.inmul.co.kr • insa@inmul.co.kr • ISBN 978-89-5906-075-7 04900 [978-89-5906-070-2(세트)] • 값 13,000원 • 이 저작물의 내용을 쓰고자 할 때는 저작자와 인물과사상사의 허락을 받아야 합니다. 파손된 책은 바꾸어 드립니다.

한국 근대사 산책

9권

연애열풍에서 입시지옥까지

강준만 지음

제 **1** 장

1930년대의 여성문화

01

"맹목적 연애야말로
진정한 연애"

'모던 걸' '모던 보이'의 개인주의

1920년대 도시 고학력층에서 등장한 '모던 보이'와 '모던 걸'은 1930
년대에 이르러 숙성되면서 그 저변을 넓혀 나갔다. 그 축에 끼지 못하
는 이들도 그들을 흉내 내는 문화가 확산되었다고나 할까, 당시에는
모든 유행에 '모던'이란 수식어를 붙이는 경향이 있었다. 근대적 집
단을 통칭한 것이다. 『별건곤』 1930년 1월호는 "모던! 모든 것이 모던
이다. 모던 껄, 모던 뽀-이, 모던 대신, 모던 왕자, 모던 철학, 모던 과
학, 모던 종교, 모던 예술, 모던 자살, 모던 극장, 모던 스타일, 모던
순사, 모던 도적놈, 모던 잡지, 모던 연애, 모던 건축, 모던 상점, 모던
기생……무제한이다"고 했다.[1]

　김진송은 "1930년대의 모던 걸과 모던 보이는 치열한 (그리고 지적
허위에 가득 찬) 지식인의 자기 고뇌에 가려 현대를 향한 한 푼어치의

당위성도 인정받지 못한다"고 했다.[2] 왜 그랬을까? 저항의 결여 때문이었을 게다. 이들의 행태는 개인주의로 불려졌지만, 박노자는 그걸 "조소와 냉소에 그친 채 진정한 반(反)집단주의적 저항으로 나아가지 못한 후진형 개인주의"로 평가했다.[3]

물론 당시의 개인주의 인식은 지금과는 많이 달랐다. 좌파적 입장이었을망정, 박영희가 월간 『개벽』 1924년 7월호에서 개인주의를 '천상천하 유아독존'의 원리로 해석한 것이 일반적인 인식이었다. 박영희는 개인주의를 "일체 권력에 불복하며 무신론을 주창하며 이기적 자아를 자라게 하는 것"으로 "자기 이외에는 아무것도 없음을 따라 국가 사회를 불원(不願)한다"고 정의했다.[4]

일제와 친일 인사들도 정반대의 이유로 개인주의에 대해 적대적이었다. 예컨대, 『조선일보』 사주인 방응모는 월간 『조광』 1940년 11월호에 쓴 권두언에서 "자유주의 · 개인주의를 지양하고 일로 전체주의적인 방향으로 향하여……이 국책과 신문화정책에 따라 시국을 인식시키는 데 일단의 노력을 다할 것"을 다짐하였다.[5]

개인주의적 요소가 전혀 없었던 건 아니었지만, 일제 치하에서의 개인주의는 곧 이기주의를 가리키는 것에 다름 아니었다. 그런데 일제 치하에선 이기주의가 저항의 수단으로 활용된 점이 있었기에 문제가 의외로 좀 복잡했다. 식민지 체제하에서 국가와 사회의 경계는 애매했다. 과연 방응모의 주문대로 자유주의와 개인주의를 지양하고 일세에 충성하는 것이 바람직한 것이있을까? 먼 훗날까지도 지속되는 한국인의 '공공의식 결여'는 한 세대 이상의 기간에 걸친 이 시절의 '이기주의의 저항화'와 전혀 무관하진 않을 것이다.

1920년대~19030년대 모던 보이, 모던 걸은 일본식 교육을 받으며 자란 전형적인 식민지 세대로 공공의식이 결여되고 후진형 개인주의 경향이 강했다. 그림은 활동사진과 유성기 유행에 관한 안석영의 만문만화「모-던 보이의 산보」(『조선일보』1928년 2월 7일자).

1930년대 후반의 세대 충돌

'모던 보이'와 '모던 걸'을 제대로 이해하기 위해선 당시에 이루어진 세대교체에도 주목할 필요가 있다. 이영미가 잘 지적했듯이, "1930년대 후반이 되면 1910년대 후반에 태어나 3·1운동에 대한 기억이 거의 없고 일본식 신교육을 받으며 자란 전형적인 식민지 세대가 스무 살이 되니, 이들이 느끼는 나라 빼앗긴 서러움은 그 이전 세대와는 전혀 다른 강도였을 것이다. 그들에게는 수탈, 봉기, 억압 같은 말보다 카페, 유성기, 단성사 같은 말이 훨씬 익숙했을 것이다."[6]

바로 여기서 앞서 논의한 바 있는 '비동시성의 동시성'이 두드러진다. 구세대는 여전히 조선 말기의 정신 상태를 유지하고 있었다. 특히 양반계급이 그랬다. 오죽했으면 윤치호가 1934년 4월 29일자 일기에서 "조선의 귀족들이야말로 가장 썩은 놈팡이들이다"고 단언했겠는가.

"오늘은 천장절이다. 여느 때처럼 경복궁에서 정원파티가 열렸다. 그런데 오늘따라 나의 시선을 끈 게 있었다. 시종—경찰관?—하나가 양산을 치켜들고 윤덕영을 따라다니는 것이었다. 30년 전만 해도 이는 지극히 자연스러운 광경이었으나, 오늘날에는 그야말로 꼴불견에 불과하다. 40여 년 전 민영익은 워낙 지체가 높았던 나머지 손목시계조차 차고 다닐 수가 없었다. 그래서 수많은 시종들 중 하나인 현홍택에게 시계를 차고 다니게 했다. 민씨는 시간이 궁금할 때마다 현씨를 불러서 시계를 보곤 했다. 윤덕영은 조선 국왕이나 황제 대신 일본인이 조선 총독으로 있다는 사실을 알고나 있는지 의심스럽다. 조선의 귀족들이야말로 가장 썩은 놈팡이들이다.[7]"

윤덕영(1873~1940)은 순종황제의 황후인 순정효황후의 큰 아버지로 '한일합방'과 함께 자작 작위를 받고, 중추원 고문과 부의장, 국민정신총동원조선연맹 고문을 거쳐 1939년 일본 귀족원 의원에 선임된 인물이다. 윤덕영이 가장 심했다는 것일 뿐, 조선 귀족의 행태는 전반적으로 '썩은 놈팡이'라는 말을 들어도 할 말이 없을 정도로 실망스러운 점이 많았다.

귀족과 부자의 2세들은 대부분 일본 유학 등을 포함하여 근대화된 교육을 받고 성장했기 때문에 '비동시성의 동시성'은 심화되었다. 귀족이나 부잣집 자제만이 아니었다. 중간 계층에 속하는 집안의 재능

윤치호가 '썩은 놈팡이'라고 단언한 '조선 귀족' 윤덕영(1873~1940). '비동시성의 동시성'의 전형을 보여준 그는 햇빛을 피하기 위해 양산을 든 시종을 대동하고 다니는 등 조선 말기의 정신 상태를 유지하고 있었다.

있고 야망 있는 젊은이들도 그런 교육의 행렬에 가담했다. 이것이 '워너비(wannabe, 추종자)'들로 확산되면서 전 사회적인 '문화충돌' 현상이 일어나게 된 것이다. 그런 현상의 일면을 우선 1930년대의 연애문화를 통해 살펴보기로 하자.

'사랑하는 님이여, 나를 태우소서'

연애는 1920년대에 시작되었지만, 1930년대까지도 조선 사회는 연애에 대해 여전히 당혹스러워 했다. 『신동아』 1935년 5월호의 「연애, 결혼, 이혼 문제 좌담회」에서는 "연애는 조선 사람이 창작한 것이 아니라 수입한 말"로 "일본에서도 사용된 것은 30년 내외"라는 주장이

제기되었다. 그리고 1938년 『여성』의 「연애와 결혼 문제 좌담회」에서 박순천은 "조선에 연애가 들어오기는 기미년(1919년) 이후"로 "그전에는 연애라는 말도 못 들었"다고 지적하며 도쿄 유학 시절 이 말을 처음으로 접했던 때의 당혹감을 토로했다.[8]

『신동아』 1935년 5월호의 「연애, 결혼, 이혼 문제 좌담회」에서 참석자의 한 사람이었던 이인은 "맹목적 연애야말로 진정한 연애"라고 주장했다. 당시로서는 파격적인 주장이었다. 이에 대해 이극노는 즉각 그것을 "금수적(禽獸的) 연애"라고 비난했다.[9]

그러나 연애파들 사이에선 '맹목적 연애론'이 우세였다. 이효석은 1936년 『여성』에 쓴 글 「사랑하는 까닭에」에서 이렇게 주장했다.

"사랑 앞에 목숨이란 다 무엇하자는 것일까. 희망과 야심과 계획의 감격이 일찍이 사랑의 감동을 넘은 때가 있었던가. 나는 사랑 때문이라면 이 몸이 타서 금시에 재가 되어버린다 하여도 겁나지 않으며 도리어 그것을 원하고자 하오. 사랑하는 님이여, 나를 태우소서. 깨뜨리소서. 그 순간 나는 얼마나 아름답게 빛날 것일까."[10]

『삼천리』 1938년 5월호의 「여류문사의 연애 문제 회의」에서 모윤숙은 연애의 신성과 신비주의적 요소를 인정하면서도 이러한 연애지상주의가 "국가와 사회의 이익을 희생"하면서까지 추구되어야 할 것은 아니라고 주장했다. 이에 대해 노천명은 모윤숙의 주장은 "가장 양심적이어야 할, 가장 순일(純一)하여야 할 개인의 연애에까지 위선의 탈을 씌우려고 하는……종교적 인종(忍從)의 연애"라고 비판했다. 최정희도 그러한 "자기희생의 명령"은 "연애의 기회주의"로 "연애 감정의 농락"이라고 비판했다.[11]

연애파, 계급파, 실속파, 정사파

한편에선 연애지상주의가 외쳐지는 동시에 다른 한편에선 연애의 계급적 성격을 폭로하는 시도도 이루어졌다. 특히 사회주의자들이 그런 일에 앞장섰다. 장국현은 『신여성』 1931년 5월호에 쓴 「신연애론」에서 연애를 인생 지상의 중대사로 생각하지 말 것, 개인적 열정 속에서 계급에 대한 의무를 저버리지 말 것, 그리고 이러한 의무를 위해서는 언제든지 자신의 사랑을 희생할 것 등을 전제로 연애론을 창조할 수 있다고 주장했다.

또 이석훈은 『신동아』 1932년 12월호에 쓴 「신연애론」에서 "우리가 총역량을 (혁명에) 집중하여야 할 때에 어찌 헛되이 그릇된 연애에다 귀중한 에네르기를 소모할 것이냐! 우리들은 용기 있게 하고 가치 있게 하고 (혁명적) 투쟁과 생존의 무기로써의 연애! 오직 그 연애가 절대로 필요한 것뿐이다"고 주장했다.[12]

연애파와 계급파만 있었던 건 아니다. 실속파도 있었다. 사회 전체를 놓고 보면 사실 이들이 주류였다. 의사가 신랑감 1순위인 건 1930년대에도 마찬가지였다. 『조선일보』 1930년 11월 18일자 만문만화는 "요사히 모던 걸의 그 배우자는 의사라야 하되, 약간 음악의 상식도 잇서야 한다니 입에 마진 떡이 그리 만흘나구"라고 했다. 또 『조선일보』 1934년 7월 11일자 만문만화는 "딸을 시집보내고 아들을 장가보내는데, 재산 조사부터 하고 의사가 아니면 시집 안 간다는 것 등, 이것이 뒤트러진 조선의 표정이다"고 했다.[13]

연애파, 계급파, 실속파만 있었던 건 아니다. 정사파(情死派)도 있었다. 정사파는 연애파의 극단으로서 죽음으로 연애를 지키고자 하는 이들이다. 1923년 강명화 사건, 1926년 윤심덕 사건 등이 세상을 떠

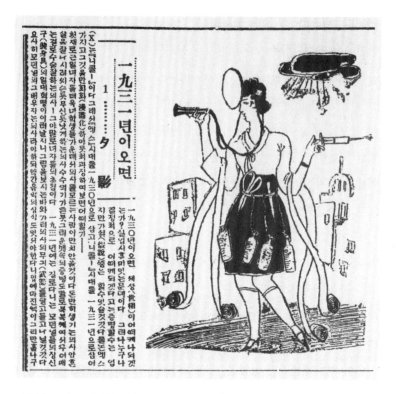

신랑감을 고르는 모던 걸을 풍자한 안석영의 만문만화(『조선일보』, 1930년 11월 18일자). 여성들은 배우자감으로 의사를 선호했으며 상대가 음악이나 예술에 대해서도 해박하기를 바랐다.

들썩하게 만든 대표적인 사건이었지만, 1930년대에도 그런 사건은 끊이지 않았다. 정사는 언론의 지속적인 관심 대상이었다.

이종화가 『신여성』 1933년 6월호에 쓴 「현대 연애사조의 비판」이라는 글에 따르면, "현대 신문의 구석구석에서 1년에도 몇 번이고 얻어들을 수 있는 것은 부르주아 청춘남녀 사이에 얽어지는 연애 비극, 그리고 그의 애화! 자신네의 불운한 연애를 비관하여 혹은 한강 철교, 폭포, 철도 레일 그리고 그 중에도 쥐약을 찾는 무리가 얼마나 많음인가."[14]

당시 쥐약은 음독자살의 주요 수단이었다. 강명화와 장병천을 비롯하여 대부분의 정사파 청춘 남녀들이 자살을 위해 먹은 건 쥐약이었다. 쥐약이 쥐만 잡은 게 아니라 사람도 잡은 셈이다.

'봉자의 노래'와 '병운의 노래'

정사 예찬론까지 나왔다. 1933년 9월 경성의대 병원 의사 노병운과 그의 애인인 김봉자(갑순)가 하루 간격으로 강물에 투신자살한 사건이 일어났다. 종로에 있는 카페에서 여급으로 일하는 봉자와 경성제대 의학부를 졸업한 의사로 이미 결혼해 처자식이 있는 병운은 불륜관계였다. 병운의 아내가 경찰서에 진정하자 봉자는 한강에 투신자살했고, 다음 날 병운이 봉자가 투신한 장소에서 자살했다. 신문들은 신바람이 나서 대서특필하고 나섰다. 노병운의 본처와 자식의 사진 및 그들과의 인터뷰 내용까지 실렸다. 사회적 파장이 워낙 커 봉자가 실은 공산당원이었다는 유언비어까지 나돌 정도였다.[15]

이에 유상규는 『신여성』 1933년 10월호에 쓴 「노 의학사의 자살과 그 비판」이라는 글에서 다음과 같이 주장했다.

"얼마나 고운 죽음입니까. 얼마나 아름다운 죽음입니까. 죽음의 고움. 죽음의 아름다움. 두 죽음이 있어 우리에게 아름답고 고운 인상을 줄 때 한양 성중의, 아니 조선 천지를 헤매이는 청춘남녀는 모두 행복스럽게 뵙니다. 근심이 뭐냐. 괴롬이 뭐냐. 곱게 아름답게 언제든지 떼어버릴 수 있지 않은가."[16]

정사 사건은 대중문화의 꽃으로 피어올랐다. 1934년 1월 콜럼비아 레코드는 〈봉자의 노래〉를 발매했는데, 이는 김봉자와 노병운의 정사

김봉자와 노병운의 투신자살 소식을 대서특필한 1933년 9월 29일자 『매일신보』. 정사(情死)는 지속적인 언론의 관심을 받았으며 당시 대중문화의 핵심 테마였다.

사건을 다룬 노래다.

"사랑의 애달픔을 죽음에 두리/ 모든 것 잊고 잊고 내 홀로 가리/ 살아서 당신 아내 못 될 것이면/ 죽어서 당신 아내 되어지리다/ 당신의 굳은 마음 내 알지만은/ 괴로운 사랑 속에 어이 살리요/ 내 사랑

한강물에 두고 가오니/ 천만년 한강물에 흘러 살리다"

유도순 작사, 이면상 작곡으로 채규엽(1907~1950)이 불렀다. 이 노
래가 인기를 끌자 다음 달에는 〈병운의 노래〉가 발매되었다.

"영겁에 흐르는 한강의 푸른 물/ 봉자야 네 뒤 따라 내 여기 왔노라
/ 오 님이여 그대여 나의 천사여/ 나 홀로 남겨두고 어데로 갔나/ 수
면에 날아드는 물새도 쌍쌍/ 아름다운 한양의 가을을 읊건만/ 애끓는
하소연 어데다 사뢰리/ 나의 천사 봉자야 어데로 갔노/ 그대를 위하
여서 피까지 주었거든/ 피보다도 더 붉은 우리의 사랑/ 한강 깊은 물
속에 님 뒤를 따르니/ 천만년 영원히 그 품에 안아 주"

김동진 작사, 일본인 고가 마사오 작곡으로 역시 채규엽이 불렀고
1934년 가을에는 봉자의 자살을 극화한 〈봉자의 죽음〉이란 음반이
발매되었다. 여기엔 다시 〈봉자의 노래〉 일부가 주제가로 삽입되었으
며 '정사 애화' 라는 갈래명을 달고 〈저승에 맺는 사랑〉(남궁춘 작)이란
제목의 서사 양식으로 재탄생하기도 하였다.[17]

안기영 · 김현순의 '사랑의 도피'

자살 대신 도피를 택한 '도피파' 도 있었다. 1932년 4월 이화여전의
성악교수로 명성을 날리던 안기영과 그의 제자 김현순이 사랑에 빠져
상하이로 함께 도피한 사건은 세상을 떠들썩하게 만들었다. 서른세 살
의 젊은 교수 안기영은 작곡가이자 조선 제일의 테너로 이름이 높았
다. 지금의 이화여대 교가를 작곡한 사람이 바로 안기영인데, 그는 병
중의 조강지처와 세 아이를 버려두고 도피했기 때문에 이에 대한 사
회의 반응은 대부분 냉담하거나 조소적이었다.

그러나 이종화는 『신여성』 1933년 6월호에 쓴 「현대 연애사조의 비판」이라는 글에서 "사제의 인연을 운운하며 본처의 조건을 운운하는 것은 극도의 개인주의 자유가 발달되어 있는 오늘날의 사회에서 확실히 조선 부르주아지의 불명예 이외에 아무것도 아니"라며 그러한 조건을 초월한 이 '열렬한 연애'를 높이 평가하였다. 하지만 그들이 "봉건적 잔재의 조건, 예를 들면 현대 결혼 및 이혼에 대한 봉건적 요소의 모순과 해결을 위하여 용감히 싸우"지 못하고 해외로 도피했다는 점에 대해서는 비난을 보냈다.[18]

4년 후인 1936년 3월 서울에 돌아온 이들은 자신들의 도피가 "사랑으로서의 결합만이 아니고 예술에다 두 몸을 바치려는 순정에서 끓어오르는 결합이었기에 우리는 예술에 대한 정열을 한시라도 잊은 적이 없었다"고 주장했다.[19] 안기영에 대한 비난 여론이 드높던 1936년 6월, 문학평론가 백철은 「가인(歌人)을 구하라」는 평론을 발표, 홀로 '안기영 구하기'에 나섰다. 백철은 "예술가는 예술을 가지고 평가해야지 한낱 세속적 윤리로 평가해서는 안 된다"고 주장했다.[20]

「여류명사의 동성연애기」

연애파, 계급파, 실속파, 정사파, 도피파 외에 동성애파도 있었다. 1931년 4월 언론에 대대적으로 보도되었던, 서울 영등포역 부근의 철로에 투신한 두 여성의 동반자살 사건은 동성애파와 정사파가 결합된 사건이었다.

서로를 껴안은 채 질주하는 열차를 향해 몸을 던진 두 여인은 세브란스의전 교수 홍석후의 외동딸 홍옥희(홍옥임, 21세)와 비행사 심종익의 아내 김용주(19세)였다. 홍옥희는 작곡가 홍난파의 조카딸이었고, 김용주는 부유한 서점 주인 김동진의 딸이자 마포 부호 심정택의 맏며느리였다. 두 여인은 사랑하지만 함께 살 수 없는 현실을 비관한 나머지 정사를 결행했다. 명문가 여성인데다 동성애 정사였기에 사회적 파문은 엄청났다.[21]

1930년대 여학생들 사이에 동성애는 이성애만큼이나 자연스러운 것이었으며, 공개적으로 이야기하는 것도 사회적 금기는 아니었다. 그렇지만 그게 무어 그리 자랑할 일까지는 아니어서 동성애는 식민지 시기 내내 학교와 공장의 기숙사 등을 중심으로 은밀하게 행해졌다.[22]

소파 방정환이 주관하던 잡지 『별건곤』 1930년 11월호는 『중외일보』 기자 황신덕, 이광수의 아내이자 산부인과 의사 허영숙, 기독교 여성운동가 이덕요 등 쟁쟁한 여류명사의 동성연애 경험담을 취재한 기획기사 「여류명사의 동성연애기」를 게재했다. 황신덕은 "여학생시대에 동성연애를 안 해본 사람은 별로 없을 것입니다. 나도 여러 차례 경험이 있습니다"라며 말문을 열었다. 허영숙은 김경희, 배영순 등 실명을 거론하며 그들과의 일화를 들려주었다. "배영순은 기숙사에 있고 나는 통학을 하였는데, 그 언니 곁을 떠나기가 싫어서 기숙사에 넣어달라고 부모님께 떼를 쓰기도 했습니다. 언니가 다른 사람과 사랑한다는 말을 듣고는 너무나 성이 나서 하루는 그 언니를 붙잡고 마음껏 울고는 그 사람을 거절하지 않으면 죽겠다고 한 일도 있었지요."[23]

그러나 졸업 후 허영숙과 배영순은 각자 사랑하는 남성과 결혼해 행복하게 살았다. 이는 무엇을 의미하는가? 전봉관은 "당시 여학생 사이에 만연된 동성연애는 요즘 생각하는 동성애의 성적 취향과는 거리가 있었다"며 다음과 같이 말했다.

"그 시절의 동성연애는 상대에 대한 깊은 동정(同情)을 바탕으로 하고 있었다. 이성과의 자연스러운 교제를 가로막는 사회적 분위기도 적지 않은 영향을 끼쳤다. 기성세대는 가급적 남학생과 여학생을 갈라놓으려고 노력했다. 여성들끼리 모여 있으니 여성들끼리 사랑하게 되는 게 너무나 당연했다. 같은 맥락에서 남학생들 사이의 동성연애도 드물지 않았다. 동성연애 유행의 근본 원인은 가부장적 가족제도에 있었다. 자유연애가 도입된 지 한참이 지났어도, 남성은 여전히 여성이 '순결'하기를 바랐다. 그러나 동정(童貞)이니 순결이니 하는 말은 남성에게는 해당되지 않았다. 남성은 '가볍게' 연애를 걸었지만 여성은 '심각하게' 연애를 생각해야 했다. 온갖 감언이설로 사랑을 구걸하다가도 일단 구애에 성공하면 언제 그랬냐는 듯 여성을 함부로 대하는 게 한국 남성이었다. 그 때문에 생리적으로는 남성에 끌리더라도, 남성을 믿지 못해 동성을 사랑하게 되는 여성도 적지 않았다. 결국 여학생이 동성에게 끌렸던 것은 남성이 제구실을 하지 못했기 때문인 것이다."[24]

박정애는 「여류명사들의 동성연애기」가 공공연히 실릴 정도로 조선 사회가 여성들의 동성연애에 대해 관대(?)했던 것은 "당시 조선 사회가 여성은 본래 남성보다 열등하다고 믿었던 데에 기인한다"며 다음과 같이 말했다.

"10대 중반의 여학생들은 성적으로 무지하고 수치심이 많기 때문에 성욕을 의식하지 않아도 되는 동성에게 빠진다는 것이다. 반면 남성들의 '동성연애'는 바로 '변태'와 연결하여 매우 위험시했는데, '분별력 있는 남성들'이 직접 성욕 쾌감을 찾는 경우가 아니라면 서로 빠질 일은 없다는 이유 때문이었다. 따라서 당시의 '동성연애'는

1930년대 여학생들 사이에서 동성애는 너무 자연스러웠으며 당시 우리 사회는 여성들 간의 사랑보다 이성 간의 자유연애가 더 위험하다고 생각했다. 위로부터 반시계 방향으로 『신여성』1926년 4월호, 『별건곤』1930년 11월호에 실린 황신덕의 「여류명사의 동성연애기」, 『삼천리』1931년 5월호에 실린 홍옥희와 김용주의 동성애 관련 기사.

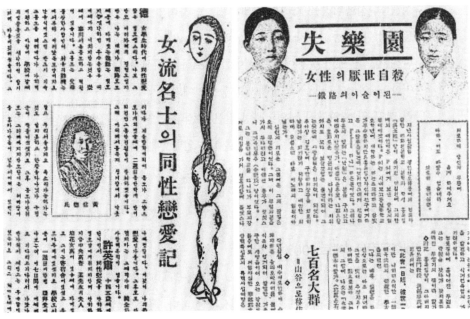

'성질이 연삽하고 유순하고 보다 정서적인' 여성의 전유물로 인식되기에 이른다. 조선 사회가 보기에 여성들의 '동성연애'는 이성애로 나아가는 '과도기적 현상'에 불과했으며, 어떤 면에서는 바람직한 과정이기도 했다. 이는 이성애를 '정상'으로 보았지만, 이성 간의 자유연애는 위험하게 생각했던 시대 분위기 때문에 가능했다."[25]

또 박정애는 "일제 시기에 사용된 '동성연애'라는 말 속에는 동성애와 동성연애, 여성들끼리의 친밀한 우정이라는 뜻이 혼란스럽게 섞여 쓰이고 있었다. 오늘날에도 많은 사람들이 동성애와 동성연애를 구분 없이 쓰고 있지만, 사실 두 용어 사이에는 큰 차이가 있다"며 다음과 같이 말했다.

"동성애는 성 지향성이 같은 성을 향해 있는 것으로, 곧 동성에게 신체적·정서적·성적으로 끌리는 것을 말한다. 반면 동성연애는 동성 간의 성행위만을 가리키는 말로써, 둘 사이의 정서적인 애정관계는 부정한다. 동성애자들은 동성애라는 말로써 스스로를 설명하는 데 반해, 동성연애라는 용어는 동성애를 혐오하는 이성애자들이 쓰고 싶어한다. 이성애자들은 동성애자를 동성연애자로 부름으로써, 동성끼리 맺고 있는 인간적 신뢰·사랑 같은 감정들은 인정하지 않고 동성 간의 성관계에만 경멸어린 호기심을 내보인다. 때문에 동성연애라는 용어는 동성애를 폄하하고 억압하는 말로 볼 수 있다."[26]

해수욕장은 '에로 100% 환락가'

연애파, 계급파, 실속파, 정사파, 도피파, 동성애파 외에 육체파도 있었다. 육체파는 육체적 향락을 우선시하는 파다. 꼭 육체파가 따로 있다기보다는 '육체의 향락'은 연애문화의 한 측면이라고 볼 수도 있다.

『신동아』 1935년 5월호의 「연애, 결혼, 이혼 문제 좌담회」에서는 "현 사회에는 유희적 연애가 많"으며, 따라서 "신성해야 할 연애가 중학과 전문을 통해서 보면 8/10은 불결하다"고 했다.[27]

『조광』 1939년 2월호의 「정당한 연애와 결혼 좌담회」에서는 "서울 시민의 4할은 매음녀이고 정조관념이 조금도 없다"거나 "시내 전문학교 수험생 중 약 3할이 화류병 환자"로서 "17세~18세만 되면 모두 여자를 경험"한다는 점에서 "도대체 사회의 성생활의 분위기가 안 되었다"는 비판도 제기되었다.[28]

타락한 성의 세태에 대한 고발과 관련, 김경일은 이렇게 말했다.

"성의 자유와 해방에 대한 급진적 주장에 회의적인 시선을 보내던 일부 논자들은 타락한 성의 현실을 통해 자신들의 주장을 정당화하고자 하였으며, 그러한 동기가 대중매체와 공공의 여론에 반영되어 있었기 때문이다. 이와 더불어 1920년대 중반 이후에 가속화되었던 언론매체의 상업주의와 선정주의로서의 경사도 빼놓을 수 없다. 신문이나 잡지를 보다 많이 판매하기 위한 전략의 일환으로 여성의 성과 미를 상품화하여 독자들의 호기심을 자극하고 욕구를 충족시키기 위한 갖가지 방법들이 동원되었던 것이다."[29]

육체파는 해수욕장에서 '몸'을 재발견하고자 했다. 1930년대의 잡지에서 해수욕장은 이국적인 장소이자 일상적이지 않은 경험을 할 수 있는 곳으로 소개되었다. 결혼은 안 되지만 연애는 가능한 곳이었다.[30] 당시의 해수욕장은 '에로'가 강했다. 남녀가 반나체로 몸을 드러내는 것 자체가 생경했기 때문이다. 해수욕장을 '부르주아 유흥장'이라거나 '에로 100% 환락가'라고 말한 이유가 바로 거기에 있다.[31]

남녀가 반나체로 몸을 드러내는 해수욕장을 가리켜 당시 사람들은 '부르주아 유흥장', '100% 환락가' 라고 불렀다. 사진은 1930년대 해운대해수욕장의 모습.

특히 여성의 반나체 구경이 희소가치를 누렸다고나 할까? 『별건곤』 1932년 7월호에서 이동원은 "육체미 100%의 여성 해수욕객이 수영복을 입고 가슴과 엉덩이를 흔들면서 슬슬 앞으로 지나가면 현기증이 났다"고 말했다. 조금만 더 의지가 약하거나 수양이 부족하였다간 순사한테 잡혀갈 행동을 할 정도였다나.[32]

이효석은 『중앙』(1935년 7월)에 발표한 소실 「계질」에서 해수욕징을 다음과 같이 예찬했다.

"여름의 해수욕장은 어지러운 꽃밭이다. 청춘을 자랑하는 곳이요, 건강을 경쟁하는 곳이다. 파들파들한 여인의 육체, 그것은 탐나는 과실이요, 찬란한 해수욕복, 그것은 무지개의 행렬이다. 사치한 파라솔 밑에는 하얀 살결의 파도가 아깝게 피어 있다. 해수욕장에 오는 사람들은 생각건대 바닷물을 즐기고자 함이 아니라 청춘을 즐기고자 함 같다."[33]

'에로 그로 넌센스'

1930년대 신문·잡지의 '성 상품화' 전략은 진일보하여 '에로 그로 넌센스'의 양상을 보였다. 이는 일본에서 유행해 도입된 것인데, 에로는 에로티시즘(Eroticism), 그로는 그로테스크(Grotesque), 넌센스는 넌센스(Nonsense)를 의미했다. 그로와 넌센스도 자주 에로와 연결돼 시너지 효과를 내곤 했다. 『별건곤』 등 잡지들은 독자들에게 '에로 그로 넌센스'로 일시적 위안을 얻으라며, 이를 위해 총력을 기울이겠다고 다짐했다.[34]

1930년대에 『별건곤』이 보도한 실화를 사례로 설명하자면, 에로는 50대 여성이 젊은 남자를 거리에서 추행한 이야기, 그로는 일본인이 카페에서 뱀을 풀어놓곤 혼란한 틈을 타 술값도 안 내고 사라진 이야기, 넌센스는 20세 유부녀가 동네 남자와 키스를 하다가 시어머니에게 들키자 식칼로 목을 찔러 자살한 이야기 등이다.[35]

『신여성』 1931년 12월호는 B전문학교 운동선수인 T군이 같은 운동선수인 K양에게 사랑을 고백하다 경찰에 끌려간 사연을 소개했는데, 이는 '그로'로 볼 수 있겠다. T군은 남자로서 좋은 조건을 다 갖추었지만 자신의 마음을 K양에게 어떻게 전할 것인가를 놓고 고민했다. T군이 고민 끝에 생각해낸 방안은 '면도칼'이었다. 그는 K양을 자신의 하숙방으로 오게 하여 "무슨 하실 말씀이 있습니까?"라고 묻는 그녀 앞에서 갑자기 면도칼로 자신의 왼편 손바닥을 베어버렸다. T군은 붉은 피를 흘리는 상처에 그녀가 뜨거운 키스를 해줄 걸 기대했다. 그러나 K양은 벌벌 떨다가 집에 돌아와 울면서 아버지에게 전말을 보고했다. 아버지의 신고로 T군은 파출소로 끌려 다니다가 급기야 학교까지 그만두게 되었다.[36]

천정환은 당시의 '그로'는 문예학에서 사용되는 '그로테스크'의 본래 의미와는 상당히 거리가 있는, 그야말로 자극적이고 '엽기(獵奇)'적인 취미를 일컫는 말이었다고 했다. 이런 엽기 유행은 1920년대 말에서 1930년대 초 절정에 이르렀다. 일본에서 『엽기전집』(1928)과 『세계엽기전집』이 수입되고, 『괴기(怪奇)』(1929)와 『엽기(獵奇)』가 정기간행물로 창간되었다. 문학과 관련한 엽기 코드는 탐정소설과 야담으로 수렴되었다.[37] 일제의 지배 자체가 엽기였던 상황인지라 더 강한 자극의 엽기가 필요했던 걸까?

실은 연애야말로 일제의 지배 체제하에서 가장 자유로운 영역이었다. 정신이건 육체건 연애는 온전히 두 남녀만의 것이며 연애에 가해지는 그 모든 굴레와 제약은 인습과 관련된 것이지 일제의 음모나 탄압의 결과는 아니었기 때문이다.

02

"정조는 취미다"

순결주의 이데올로기

"남자는 조건만 허용된다면 1년에 100명의 자기 자녀를 낳게 할 수가
있다. 그러나 여자는 아무리 남자가 많고 조건이 허용되어도 1년에 한
명 이상은 낳을 수 없다. 남자는 끝없이 다른 여자를 탐내는데 여자는
한 남자에게 충실하고 의지하려고 하는 것은 자연의 본능적인 결과일
뿐이다. 그런 관점에서 보면 순결이란 남자에게는 부자연스럽고 거추
장스러운 것이지만 여자에게는 자연스러운 것이다. 따라서 예부터 여
자의 외도는 남자의 외도에 비해 훨씬 더 엄격한 도덕적 잣대로 다스
려 온 것이다."[38]

  쇼펜하우어(Arthur Schopenhauer, 1788~1860)의 말이다. 동서고금
을 막론하고 그런 생식 중심의 순결관이 지배해왔다. 일제강점기의
조선이 그런 흐름에서 벗어날 리 없었다. 이는 이광수의 자전소설에

도 잘 나타나 있다.

"이미 동정을 잃어버린 그녀와 나와는 하나로 합하여질 수 없다. 여자는 한 번 남자를 접하면 그 혈액에까지 그 남자의 피엣 것이 들어가 온몸의 조직에 변화를 일으킨다고 한다. 여자는 평생에 한 번만 이성을 사랑하게 마련된 것 같다. 두 번, 세 번째 사랑은 암만해도 김이 빠진, 꺼림칙한 구석이 있는 사랑이다."

권혁웅은 위 대목을 소개하면서 "첫사랑이자 자신의 잘못으로 떠나보냈던 한 여자를 오랜 후에 만났다. 그녀는 과부였는데, 새벽에 떠나려 하자 나를 찾아와 품에 안긴다. 인용한 구절은 그녀를 거절한 뒤 내가 한 생각이다. 몇 년 후 그녀는 자살했고, 나는 그녀와 깨끗한 이별을 했다는 걸 자랑스럽게 여긴다. 참 무섭지 않은가?"라고 했다.

"이광수의 잘못은 친일에만 있었던 게 아니다. 처녀(處女)라는 말에는 장소 개념이 들어 있다. 여자를 정복 가능한 땅으로 여기는 사고방식 때문이다. 처녀막 · 처녀비행 · 처녀출판 · 처녀작 · 처녀지 · 처녀림……역겨운 관용어들이다. 이광수의 생각이 정확히 그렇다. 첫사랑의 상대를 인격으로 대하지 못하고 더럽혀진(?) 살덩어리로 여긴 것, 타인과의 만남을 관계의 형식으로 보지 않은 것, 세상을 제 기준으로만 판단한 것이다."[39]

그러나 이광수만 그런 생각을 갖고 있었다고 보긴 어렵다. 대부분의 남자들은 이광수와 비슷한 생각을 갖고 있었다. 『삼천리』 1930년 6월호엔 김동환의 사회로 이광수, 나혜석, 김기진, 김안서가 나눈 대담이 실렸다. 김기진은 "어느 생물학자의 말을 듣건대 일단 딴 남성을 접한 여자에게는 그 신체의 혈관의 어느 군데엔가 그 남성의 피가 섞여있지 않을 수 없대요. 그러기에 혈통의 순수를 보존하자면 역시 초혼이 좋은 모양이라 하더군요"라고 말했다. 그러자 김안서는 "제 자식 속에 딴 녀석의 피가 섞였거니 하면 상당히 불쾌한 일일 걸요. 여자 측은 어떻게 생각하는지 몰라도"라고 되받았다.[40]

1926년에 이르면 여학교들도 남학교를 따라 학교 마크를 만들어 가슴에 차게 되었는데, 이화를 비롯하여 대부분의 여학교가 '꽃'을 매개로 교표를 디자인했다. 그건 '순결'을 상징한 것이었다. 여성의 서양식 이름으로 '마리아'가 널리 사용된 것도 '순결의 상징'인 성모 마리아를 본받으라는 뜻이었다.[41] 이런 순결주의 이데올로기에 정면 도전한 여자가 있었으니, 바로 나혜석이다.

나혜석은 누구인가?

1930년대의 신여성엔 두 부류가 있었다. '겉멋'만을 추구하는 신여성과 '속멋'도 추구하는 신여성이다. 후자의 신여성은 서구적 공부를 많이 하고 나름대로 이론을 갖춘 페미니즘 운동의 전사들이었다. 이들은 스스로 '나쁜 여자'가 되고자 했다.

『신여성』 1931년 4월호에 실린 「모던 여성 십계명」에는 '노인 말을 듣지 말아라', '땅을 보고 걷지 말아라'가 포함되었다. 이은경은 "노인의 말을 듣지 말라는 것은 불효를 권장하는 것과 다를 바가 없다. 게다가 다소곳하게 눈을 내리깔지 않고 머리를 꼿꼿이 세우고 타인의 시선을 맞받는 당돌한 태도는 반가 여성의 태도일 수가 없었다. 그러므로 모든 여성의 십계명은 가족의 일원이 아니라 여성으로 탄생하기 위한 '나쁜 여자 되기 선언문'이라고 볼 수 있다"고 했다.[42]

당시에 대표적인 '나쁜 여자'는 정월(晶月) 나혜석(1896~1946)이다.

나혜석의 삶을 살펴보자. 나혜석은 구한말 수원의 부유한 집안에서 태어났다. 시흥·용인 군수를 지낸 아버지 나기정은 5남매 중 3남 1녀를 일본에 유학 보냈다. 나혜석은 진명여학교를 우등으로 졸업했으며 1913년 도쿄여자미술전문학교 양화과(洋畵科)에 입학해 여성으로는 최초로 서양화 유학생이 되었다. 나혜석은 약혼자였던 시인 최승구가 사망한 후 도쿄 유학 중 사귄 김우영(1886~1958, 변호사였다가 후에 외교관이 된다)이 청혼하자 약혼자의 무덤에 석비를 세워줄 것을 조건으로 내걸었다. 이때부터 뭔가 비상한 조짐을 보인 셈이다. 그녀는 1920년 김우영과 결혼, 1년 반 동안 남편과 함께 유럽, 미국 등지를 여행하며 서구 문물을 익혔다.[43]

1927년 나혜석은 프랑스 파리에서 18세 연상인 최린(1878~1958, 천도교 지도자이며 3·1운동의 민족대표 33인 중 한 명으로 훗날 친일로 전향)과 연애 행각을 벌였는데, 이것이 남편 김우영에게 발각돼 1931년 이혼을 당했다. 김우영으로부터 "다시는 최린을 만나지 마시오"라는 경고를 한 번 받았건만, 나혜석은 다시 최린을 만나려고 애쓰고 최린은 나혜석을 피하려고 하는 과정에서 사태가 악화되고 만 것이다.

홀로 알거지 상태로 쫓겨난 나혜석은 극심한 생활고에 시달렸다. 나혜석은 1934년 『삼천리』 8·9월호에 나누어 「이혼고백장」을 발표했다. 전남편인 김우영에게 보내는 편지 형식의 글로 그녀는 이혼 사유가 되었던 최린과의 관계를 포함하여 사적인 일을 만천하에 공개했다.

"조선 남성 심사는 이상하외다. 자기는 정조관념이 없으면서 치에게나 일반 여성에게 정조를 요구하고 또 남의 정조를 빼앗으려고 합니다. 상대자의 불품행을 논할진대 자기 자신이 청백할 것이 당연한 일이거늘 남자라는 명목하에 이성과 놀고 자도 관계없다는 당당한 권리를 가졌으니 사회제도도 제도려니와 몰상식한 태도에는 웃음이 나옵니다."[44]

사회적 반응은 냉소적이었다. 『신가정』 1934년 10월호엔 "부부 사이의 내밀한 일을 공개적으로 드러내는 것은 악취미이며 노출증적 광태이고 자녀교육에 악영향을 끼치는 행동"이라는 비난이 실렸다.[45]

「이혼고백장」이 당당했던 것만은 아니다. 나혜석은 김우영에게 다시 새롭게 시작할 것을 애원했다. 그러나 이는 받아들여지지 않았다. 나혜석은 모든 주변으로부터 버림받았을 뿐만 아니라 극심한 생활고에 시달려야 했다. 「이혼고백장」을 발표한 직후인 1934년 9월 19일 그녀가 최린에게 정조유린의 책임을 물어 '위자료'를 내라며 소송을 건 것이나 얼마간의 돈을 받고 소를 취하한 것도 그런 이유 때문이었다.

이 과정에서 나혜석이 스타일을 크게 구긴 건 분명하다. 수개월 후(『중앙』 1935년 2월호 인터뷰) 그녀 자신도 "다시 생각해보면 나의 잘못이었어요. 우스운 일입니다"라고 인

1930년대를 대표하는 페미니스트 '나쁜 여자' 나혜석. 파리에서(위 사진) 그녀는 18살 연상인 최린과 연애했으며, 그 사실을 남편 김우영에게 들켜 이혼을 당했다.

정했다.[46] 그러나 나혜석을 탓하기엔 그녀의 전남편 김우영이나 최린 모두 '강자(強者)'로서 옹졸했고 야비했다.

나혜석의 파격 발언, "정조는 취미다"

자신의 회한을 이론화시키고 싶었던 걸까? 나혜석은 『삼천리』 1935년 2월호에 쓴 「신생활에 들면서」라는 제목의 글에서 "정조는 도덕도 법률도 아무것도 아니요, 오직 취미다"라고 주장했다.

"밥 먹고 싶을 때 밥 먹고, 떡 먹고 싶을 때 떡 먹는 것과 같이 임의용지(任意用志)로 할 것이요, 결코 마음의 구속을 받을 것이 아니다. 취미는 일종의 신비성이니 악을 선으로 해석할 수도 있고 추(醜)를 소(笑)로 화할 수도 있어 비록 외형의 어느 구속을 받는 한이 있더라도 마음만은 자유자재로 움직일 수 있나니, 거기에는 아무 고통이 없고 신산(辛酸)이 없이 오직 희열과 만족뿐이 있을 것이니, 즉 객관이 아니요 주관이요, 무의식적이 아니요, 의식적이어서 마음에 예술적 정취를 깨닫고 행동이 예술화되는 것이다. ……왕왕 우리는 이 정조를 고수하기 위하여 나오는 웃음을 참고 끓는 피를 누르고 하고 싶은 말을 다 못한다. 이 어이한 모순이냐. 그러므로 우리 해방은 정조의 해방부터 할 것이니 좀 더 정조가 극도로 문란해가지고 다시 정조를 고수하는 자가 있어야 한다. …… 우리도 이것, 저것 다 맛보아 가지고 고정해지는 것이 위험성이 없고 순서가 아닌가 한다."[47]

"우리도 이것, 저것 다 맛보아 가지고"라는 말이 놀랍다. 이건 2000년대의 페미니스트도 주저할 말이 아닌가. 이에 대해 이상경은 "나혜석의 정조관은 김일엽(1896~1971)의 이른바 '신정조론'과 비교해볼 때

나혜석과 남편 김우영. 이혼 후 나혜석은 잡지 「삼천리」에 종종 글을 실어 조선 사회의 불합리와 남성들의 모순을 비판하며 남자와 같은 여성의 성적 자유를 주장했다.

그 선진성이 더 두드러진다"며 다음과 같이 말했다.

"일찍이(1927년) 김일엽은 여성에게만 강요되는 육체의 정조를 부정하고 정신의 정조가 중요함을 강조했다. 매순간 대상에게 충실한 것, 그것이 정조라고 정조관념의 외연을 바꾼 것이다. ······그러나 정신의 정조든 육체의 정조든, 그것을 지키든 지키지 않든, 모든 것은 사회적인 도덕의 문제가 아니라 개인의 취미라고 하는 나혜석의 발언은 거기서 한 걸음 더 나아가 관념적으로 구성된 '보편'의 허구성을 드러내는 '해체'로서 반세기의 시대를 선취한 것이다."[48]

나혜석은 『삼천리』 1935년 10월호에 쓴 「독신여성의 정조론」이란 제목의 글에서는 가정의 필요성을 부정하는 '가족해체론'의 수준까지 나아갔다. 개인의 자아실현을 위해 여자 공창뿐 아니라 남자 공창도 두어서 성욕을 해결함으로써 독신 기간을 늘리는 게 좋고, 결혼을 하게 되더라도 각자 배우자 외에 다른 이성을 만나 사교를 하는 것이 쉽사리 권태에 빠지지 않는 길이라고 주장했다. 이에 대해 이상경은 다음과 같이 말했다.

"공창제를 통한 성욕의 해결이란 그 대상의 욕망에 대해서는 전혀 배려하지 않는 일방적인 것이며 '영과 육의 일치'라고 하는 자신의 연애관과도 모순된다. 나혜석이 새롭고 파격적인 정조론을 펼치면서 이렇게 논리적 일관성을 가지지 못한 것은 자신이 김우영을 두고 최린을 만난 것도 권태에 빠진 기존의 부부관계를 새롭게 하기 위한 것이었다는 자기 변호를 늘 염두에 두어야 했기 때문에 그럴 것이다."[49]

나혜석이 자신의 애들은 물론 오빠를 포함해 모든 가족으로부터 버림받았기 때문에 더욱 그런 생각을 했던 건 아닐까? 물론 완전히 버림받는 건 그 이후의 일이지만, 이미 그때에 그녀는 그걸 예감하고 있었던 건지도 모르겠다.

나혜석은 사회의 냉대와 경제적 어려움으로 심신이 피폐해져 신경쇠약증세를 보였다. 이미 1932년경부터 파킨슨병의 증상을 보였다는 주장도 있다.[50] 나혜석은 1937년 말 김우영의 어머니, 즉 과거의 시어머니가 사망했다는 소식에 장례식장을 찾았다가 김우영에 의해 매정하게 거지처럼 쫓겨나는 수모를 당해야 했다.

좌절한 그녀는 몇 해 전에 입산해서 스님이 된 동갑내기 친구이자 선구적 페미니스트 동지인 김일엽이 있는 수덕사를 찾아 스님이 되려고 했지만, 막판에 "유명인 여승이 둘씩 있을 것 있냐"는 이유로 삭발을 거부했다. 조카인 나영균에 따르면, "그 말에는 이렇게 몰락은 했으나 두 번째 여승이 되어 구경거리를 제공하고 싶지 않다는 그녀의 마지막 긍지와 저항이 담겨 있었다."[51]

나혜석은 수덕사, 해인사 등지를 전전하다가 1938년 이후 그 행방조차 묘연해진 채 세속에서 잊혀져갔다. 1948년 12월 10일 서울의 한 시립병원 무연고자병동에서 행려병자로 쓸쓸히 숨을 거두었다. 52세였다. 시신을 거두어준 사람이 없어 무덤도 알려져 있지 않다.[52]

'네 어미는 과도기에 선각자'

1999년 3월 27일 수원 경기도문화예술회관에서는 '나혜석 바로 알리기 제1회 국제심포지엄'이 열렸다. 나혜석을 우리나라 최초의 여성 서양화가·소설가이자 시인, 최초의 여권운동가이자 독립운동가로 재해석한 작업이다. 유홍준은 "나혜석은 단지 너무나 일찍이 주장하고 행동했을 뿐"이라면서 "그래서 세상 사람들은 그에게 동의하거나 동조할 수 없었겠지만 역사의 흐름은 결국 그런 방향으로 가고 있지 않은가"라고 말했다.[53]

나혜석은 1919년 3·1운동에 참가, 일경에 체포돼 5개월 동안 투옥 생활을 했으며 1923년 3월엔 만주로 전근 갔던 남편 김우영과 함께 '의열단의 폭탄 반입 사건' 주동자들이 거사에 성공하도록 직간접으

나혜석과 그녀가 낳은 4남매의 자식들. 사회적 냉대와 경제적 빈곤 속에서 살다간 그녀는 아이들에게 '과도기의 선각자'로서 기억되길 바랐다.

로 편의를 제공하기도 했다. 최홍규는 "의열단 사건에서 그가 보여준 결연한 행동과 민족의식은 다시 평가받아야 한 것"이라고 말했다.[54]

나혜석은 최초의 여성 서양화가이자 1921년 최초의 개인전을 가진 화가로 한국 근대 미술사에서 중요하게 자리매김되고 있다. 또 그녀는 한국 근대 문학사에서 최초의 여류소설가로 역시 중요한 위치를

최초의 여성 서양화가이자 최초의 개인전을 가진 화가 나혜석. 재주가 많은 그녀는 최초의 페미니즘 텍스트라 불리는 소설 「경희」의 작가이기도 하다.

차지하고 있다. 안숙원은 "그의 소설 「경희」는 한국 현대문학사상 최초의 페미니즘 텍스트"라고 평가하면서 이 소설에 나타난 신여성론은 동시대 이광수의 민족개조론과 맞겨룰 만한 담론으로 평가받아야 한다고 주장했다. 또 나혜석은 여성도 '사람'의 대우를 받아야 한다는 여성 계몽적 시 〈노라〉를 발표, 1910년대 계몽주의 문학의 중요 작가로 재평가 받고 있다. 이상경은 "나혜석은 자유연애주의자가 아니라 자기 성취를 추구하며 온몸으로 계몽주의 사상을 밀고 나갔던 인물"이라고 평가했다.[55]

2006년 박노자는 나혜석과 김일엽 같은 급진파 신여성들이 "정조는 자유다. 밥을 먹고 싶을 때 밥을 먹고 떡을 먹고 싶을 때 떡을 먹듯이 정조를 지키고 안 지키는 것은 오로지 내 선택이다"라고 외친 것은 혁명선언과 같았다며, 다음과 같이 말했다.

"나혜석을 완전한 외톨이로 만들게 된 이 '사랑의 자유' 선언은 그때는 물론이거니와 지금도 한국 사회에서는 공개적으로 꺼내기 어려운 말이다. 실제로 남성은 자신의 성적욕망 추구를 제대로 억제한 적이 없다. 남성에게 이름뿐인 일부일처제는 절대적인 가치도 아니고 부르주아 사회가 만들어낸 역사의 산물이다. 그런데 얼마 전 스와핑에 대한 부정적인 여론 등으로 볼 때 아직은 일부일처제와 정면충돌해 그 범위를 공개적으로 벗어난다는 것은 두려운 일이다. 그런데 나혜석과 같은 억압적인 정조에의 도전이 있기에 어쩌면 우리가 '도덕적 파시즘'에서 한 발짝 자유로워진 것인지 모른다."

박노자는 "그런데 목사의 딸이었던 김일엽과 보수적 기독교의 영향을 짙게 받은 나혜석이 과연 어떻게 20대 중반에 순결주의를 과감하게 던져버릴 수 있었을까? 일차적으로 그들의 저항은 남성들의 지배에 대한 현실적 대응의 차원에서 일어났지만 그들이 사용했던 '정조부정론'과 같은 담론은 조선보다 한 발 앞선 일본의 여성해방운동에서 차용된 것이었다"며 다음과 같이 말했다.

"나혜석과 김일엽은 일본 유학 때 『세이토(靑踏)』라는 일본 최초의 페미니스트 잡지를 통해 여성해방에 처음으로 눈뜨게 됐다. 나혜석이 평생 가장 사랑했던 문학작품은 그가 1921년에 한국어로 번역·연재까지 한 노르웨이 작가 입센의 『인형의 집』이었다. 그는 자유를 향해 남편과 자녀를 두고 간 『인형의 집』 주인공 노라의 운명을 자신이 닮아간다고 느꼈다. 그런데 번역 텍스트는 1912년에 나왔던 일본어 번

도발적이고 실천적인 삶을 살았던 나혜석은 사회에서 버림을 받았으며, 거리를 떠돌다 52세의 나이로 비참한 죽음을 맞이했다.(나혜석의 〈자화상〉, 캔버스에 유채, 62cm×50cm, 1982년 作.)

역이었으며, 그의 '노라'에 대한 이해에 결정적 영향을 준 것은 『인형의 집』을 중점적으로 다루며 '노라의 미래는 우리의 미래다' 라고 선언한 『세이토』 제3호이었다."[56]

　나혜석은 도발적인 삶의 실천으로 사회에서 버림받고 이후 비참한 생활을 하면서 처참하게 죽었다. 그녀는 이미 1935년에 쓴 「신생활에 들면서」라는 글에서 자식들에게 사실상의 유언을 남겼다.

"4남매 아이들아, 에미를 원망치 말고 사회제도와 도덕과 법률과 인습을 원망하라. 네 어미는 과도기에 선각자로 그 운명의 줄에 희생된 자였느니라. 후일 외교관이 되어 파리 오거든 네 에미의 묘를 찾아 꽃 한 송이 꽂아 다오."[57]

이때까지만 해도 나혜석은 파리행을 꿈꾸고 있었지만, 그녀는 행려병자로 죽어 꽃 한 송이 꽂을 무덤조차 남기질 못했다. '선각자'는 외롭고 고통스러운 법이라지만, 세상은 그녀에게 꽤나 잔인했다.

최초로 남편에게 위자료를 주고 이혼한 여성

나혜석이 이혼을 당해 몰락의 길로 굴러 떨어지기 시작하던 해인 1931년 10월 온 나라의 이목은 6년간의 미국 유학을 마치고 귀국한 박인덕(1897~1980)이라는 여인에게 쏠렸다. 나혜석보다 한 살 아래인 박인덕도 '조선이 낳은 현대적 노라'라는 별명을 얻은 인물이다. 박인덕은 누구인가?

"박인덕은 이화학당에 다닐 때부터 '노래 잘하는 박인덕' '연설 잘하는 박인덕' '인물 잘난 박인덕'이란 평판이 자자한 인물이었다. 3·1운동 때에는 모교인 이화학당의 기하, 체육, 음악담당 교사로 재직하면서 민족정신을 고취하고 학생을 선동했다는 죄목으로 경찰에 연행돼 3개월간 옥고를 치렀다. 유관순(1902~1920) 열사가 그의 제자다. 재색을 겸비해 뭇 남성의 가슴을 설레게 했던 박인덕은 3·1운동 이듬해인 1920년 배재학당 출신 청년부호 김운호와 결혼했다. 김운호는 박인덕을 아내로 맞기 위해 동대문 밖 홍수동(지금의 창신동)에

'조선의 노라'로 불리는 박인덕(뒷줄 가운데)과 제자 유관순(뒷줄 오른쪽). 박인덕은 재색을 겸비한 여자로 뭇 남성들의 선망과 사랑을 한 몸에 받았다.

저택을 짓고, 다이아몬드 반지와 만 원짜리 피아노까지 선사했다. 당시 만 원이면 고급주택 한 채를 살 수 있는 거금이었다."[58]

유부남을 이혼시키고 한 결혼이었다. 박인덕은 김운호의 재력을 보고 한 결혼이었는데, 김운호가 한 달 만에 쫄딱 망하고 말았다. 그간 김운호를 멋있는 남자로 만들었던 건 오직 돈만의 힘이었던가? 망한 뒤 김운호는 더할 나위 없이 무능하고 파렴치했다. 박인덕이 견디다 못해 탈출구로 택한 게 바로 유학이었다.

1926년 7월 박인덕은 다섯 살 난 맏딸 혜란과 세 살 먹은 둘째딸 혜린을 서울에 두고 미국 유학길에 올랐다. 그리고 3년 만에 웨슬리언

『제일선』 1932년 7월호에 실린 박인덕의 글. 두 아이의 엄마이기도 했던 그녀
는 자기실현과 이상을 위해 과감히 짐을 싸서 미국으로 유학을 떠났다. 그녀는
한국 역사상 최초로 남편에게 위자료를 주고 이혼한 여성이기도 하다.

대학을 졸업하고, 2년 후에는 컬럼비아대학에서 사회학 박사학위까
지 받았다. 대학원에 다니던 1928년 가을부터 1931년 봄까지 국제기
독교청년회 초청으로 미국, 캐나다, 영국, 프랑스 등 32개국을 순회
하면서 260회의 강연회를 열었다. 1931년 6월, 귀국길에 오르면서도
박인덕은 10여 개국을 들른 후 10월 2일 평양, 10월 6일 서울에 도착

했다. 세계 여성계에 자신의 족적을 남기고 돌아온 화려한 귀국이었다. 그런데 곧 언론의 관심은 다른 곳으로 쏠렸다. 『별건곤』 1931년 11월호는 다음과 같이 썼다.

"박인덕 여사는 지금으로부터 6년 전에 미주에 건너가서 그간 컬럼비아, 웨슬리언 두 대학을 마치고 구미의 10여 나라를 만유하다가 얼마 전 귀국했다. 무슨 사정인지는 알 수 없으나 그의 남편인 김운호 씨와 사랑하는 두 따님이 있음에도 불구하고 그의 시집인 아현리에는 발그림자도 보이지 않고 시내 필운동 양주삼 목사 댁에서 체류하며 자기 시집 가족의 면회 사절은 물론이고 신문기자 같은 방문객의 면회도 일체 사절한다. 첨단여성의 최첨단식!"[59]

왜 그랬을까? 박인덕이 훗날(『삼천리』 1938년 11월호) 밝힌 이유를 들어보자.

"이화학당 대학과를 졸업하고 이화학당 중학과에서 얼마간 교편을 잡다가 결혼생활에 들어갔습니다. 내 결혼생활은 지금 여기서 이야기하기도 싫습니다. 6년을 사느라고 사는 사이에 나는 내 자신까지 아주 까맣게 잊어버리도록 정신을 차릴 수 없었습니다. 마음도 몸도 한가할 수 없었습니다. 배화학교 시간교수, 여자신학교 시간교수, 개인교수……. 어쨌든 하루에 14시간 노동으로 몸은 피로할 대로 피로하고 마음도 또한 그 이상으로 피곤하고 우울하고 괴로웠습니다. 지옥에서 사는 것이었습니다. 유쾌한 시간이라곤 없었습니다. 이렇게 6년을 사는 사이에 아이가 둘이 났습니다. 두 아이를 기르면서 그날그날을 밑 빠진 항아리에 물 부어가는 격으로 살아왔습니다. 많은 날이 갈수록 나는 결혼생활에서 오는 지옥보다 더 무섭고 싫은 감정을 억누를 수 없었습니다. '나를 살리자. 아랫돌을 빼 윗목에 막고 윗돌을 빼

아랫목에 막는, 밤낮 마찬가지인 공허한 생활에서 뛰쳐나가자.' 결국 나는 이렇게 결단을 짓고 여장을 꾸려 미국으로 떠났던 것입니다. 남들이야 별별 소리를 하거나 말거나 나에게는 천당이었습니다. 무거운 쇠사슬이 내 발목에 항상 얽혀 내 걸음을 방해하든 것이 툭 끊겨 나간 듯했습니다. 그래서 나는 학교에서나 어디서나 늘 웃는 것으로 일을 삼았습니다."[60]

박인덕은 남편과의 이혼을 원했던 것이다. 두 사람 사이의 분쟁은 오래가지 않았다. 박인덕이 귀국한 지 한 달이 채 되기도 전인 1931년 10월 26일 두 사람은 공식적으로 갈라섰다. 박인덕이 김운호에게 위자료 2,000원을 주고, 두 딸의 양육권은 박인덕이 갖는 조건이었다. 전봉관은 "박인덕은 한국 역사상 최초로 남편에게 위자료를 주고 이혼한 여성이 되었다"고 했다.[61]

윤치호와 박인덕

대부분의 사람들이 박인덕을 비난했지만, 윤치호는 박인덕을 옹호했다. 그는 1931년 10월 26일자 일기에 다음과 같이 썼다.

"나는 이 문제를 어떻게 생각하는가? 첫째로, 나는 수많은 젊은 남자들이 자기 아내와 이혼하는 것과 똑같이 그녀 역시 남편과 이혼할 권리가 있다고 생각한다. 사실 그런 남자들 중에는 더 매력적인 여자와 결혼하길 바라는 것 말고 어떤 이유도 없는 자들이 많다. 이들 무정한 젊은 남자들은 비난하지 않고 그저 박인덕만 욕하고 온갖 험담을 늘어놓는 것은 '여성은 영원히 남성의 노예로 남아 있어야 한다'고 말하는 것이나 마찬가지이다."[62]

1년이 지난 후에도 박인덕에 대한 따가운 시선은 사라지지 않았다. 윤치호는 1932년 12월 16일자 일기에 다음과 같이 썼다.

"박인덕은 남편과 이혼해 많은 사람들로부터 곱지 않은 시선을 받고 있다. 그러나 이혼하지 않았더라면, 그녀는 가사노동에 시달리거나 가정생활에 안주해버렸을 것이다. 그래서 농촌 여성들의 복지향상을 위해 발 벗고 나설 수 없었을 것이다. 주여, 그녀가 큰 역사를 이루도록 해주옵소서!"[63]

윤치호야말로 남성 페미니스트인가? 당시의 기준으로 보아선 그는 매우 선진적인 페미니스트였음에 틀림없다. 다만 그는 1935년 3월 이화여전 졸업식에서 중도좌파 민족주의자인 여운형이 학생들에게 낡은 여성윤리를 버릴 것을 강연한 것에 대해선 생각을 달리 했다. 그는 3월 28일자 일기에서 "젊은 여성들에게 현명치 못한 조언"이라고 우려를 표명했다.[64]

박인덕이 신흥우와 가까워지면서 윤치호의 박인덕에 대한 평가도 확 달라졌다는 게 흥미롭다. 윤치호의 1935년 6월 12일자 일기다.

"차미리사 말로는, 박인덕 양이 근화여자실업학교(훗날 덕성여중고교)에서 일자리를 얻으려고 애쓰고 있다고 한다. 그녀는 미국인 후원자들에게서 돈을 뜯어낼 새로운 '간판'을 만들려고, 혹은 신흥우의 적극신앙단을 위해 이 기관을 장악할 요량으로, 어쩌면 둘 다를 위해서 그러는 건지도 모른다. 저의가 무엇이든 간에, 음흉한 신흥우가 이 계략의 배후에 있다는 건 의심할 여지가 없다. 한때 난 차미리사에게 괜찮은 후계자로 박인덕을 천거한 적이 있다. 그러나 지금은 박인덕의 계획이라면 뭐든지 반대한다. 그녀는 신흥우의 여인이자 부관이니까."[65]

1938년 1월 10일자 일기다.

"신흥우 일당이 조선기독교회를 전복시키려는 음모를 꾸미고 있다는 소문이 빠른 속도로 퍼지고 있다"며 "박인덕은 신군을 위해서라면 무엇이든 기꺼이 할 수 있는 파렴치한 여인이 되어버렸다."[66]

박인덕이 한국 역사상 최초로 남편에게 위자료를 주고 이혼한 여성이 되었다는 점에서 그녀는 한국 페미니즘 역사의 한 장을 차지해야 마땅하겠건만, 친일 활동이 그녀의 발목을 잡았다. 윤민영은 "미국에 대해 호감을 드러내지 않던 김마리아와 달리 박인덕은 철저히 미국을 동경하고 이상화했다"며 다음과 같이 말했다.

"1926년 도미해 3년간 대학에서 공부하면서 박인덕은 전형적인 오리엔탈리즘의 입장에서, 타자(미국)에 동화되어 자기(조선)를 연민의 대상으로 바라보고 나아가 부정했다. 기독교 강연가로 전 세계를 돌며 연설을 하던 박인덕은 한때 여성 평등과 사회적 지위 향상을 주장하다가 친일파로 변신한 뒤에는 침략 전쟁을 위한 모성의 보호와 여성의 참여를 주장했다."[67]

미국을 동경하고 이상화하는 건 여성뿐만 아니라 남성도 마찬가지였거니와 오늘날에도 똑같이 벌어지고 있는 일인 만큼 그걸 문제 삼긴 어려울 것 같다. 시대를 앞서갔던 여인들이 겪었던 고난과 시련은 여전히 현재진행형이다.

03

"유명 인사들의
처녀 농락하기"

'아아, 생식기 중심의 조선이여'

1920년대 중반 이후엔 혈연적 친족집단의 전횡을 비판하는 '신가족론'이 등장했다. 1926년 9월 『동아일보』는 과거의 폐습을 개량하자는 취지로 연속 기획한 기사에서 가족주의적 전통을 비판하며 민족적 의식과 단결을 호소했다.[68] 송진우는 『신동아』 1932년 5월호에 쓴 「가족제도와 가정제도: 소가정제도를 수립하자」는 제목의 글에서 가족주의는 농업이 중심이 되는 과거에는 적합하지만 "개인을 중심하여 유동하는 통상시대"는 그렇지 않은 것이라고 주장했다. 그는 또한 "상공업의 발전과 도시의 발흥"이 개인주의와 부부와 자녀로 구성된 소가족제도를 필요로 한다고 주장했다.[69]

왜 그런 주장이 필요했을까? 그만큼 대가족제도가 전근대적 요소의 산실이었기 때문이다. 조혼(早婚)도 그 부산물이었다. 일제강점기에도 조혼은 여전히 큰 사회적 문제였다. 1912년 조혼금지법이 나와 허혼 연령은 남자 만 17세, 여자 만 15세로 높아졌지만 의미 있는 변화는 아니었다. 여성의 평균 초혼 연령은 1925년 16.7세, 1930년 17.0세, 1940년 17.5세였으며, 도시 여성은 평균보다 두 살 정도 높아 1925년 18.6세였다.[70]

1910년대 구사상·구관습 개혁에 앞장선『학지광』은 조혼의 폐해가 사회적 부패로까지 이어진다고 통탄했다.[71] 이광수는 1917년 11월『매일신보』에 연재한「혼인론」에서 다음과 같이 개탄했다.

"조선의 부모는 전력을 다하여 그 자녀의 생식기가 속히 발육하기를 힘씁니다. 생각하면 우스운 일이외다. 또 가련한 일이외다. 만일 조혼이 여전히 성행하면 조선인의 체질은 대(代)마다 점점 퇴화할 것이외다. 얼굴이 누렇고, 가슴이 움쑥 들어가고, 허리가 구부러지고, 입을 헤벌린 꼴은 영원히 없어지지 아니하다가, 마침내 멸망에 이를 것이외다. '아아, 생식기 중심의 조선이여' 하는 개탄을 금치 못합니다."[72]

『조선일보』1920년 6월 4일자는 "인종이 퇴열(退劣)하고 남녀가 요찰(夭札, 일찍 죽음)하고 가정이 불목(不睦)해지는" 폐해를 지적하며 조혼제 폐지를 주장했다.『조선일보』1924년 11월 23일자는 "12살에 시집간 김성녀는 시부와 시형이 죽자 '네 살(煞)로 그리 되었다' 며 가족들이 구타하고 불로 지져대 무참히 황천의 객이 되어버렸다"고 보도했다.[73]

1921년~1930년간의 한국인의 혼인풍습을 조사한 김두헌의 연구에 따르면, 그 당시 법정 허혼 연령 남 15세, 여 15세 미만의 조혼율은 결혼 총수의 남 7.1퍼센트, 여 6.1퍼센트에 달했다. 이 수치는 "인도를 제하고 세계의 유례가 드문 것"이었다고 한다.[74]

조혼과 자유연애

1920년대~1930년대의 자유연애 바람은 상당 부분 조혼의 결과이기도 하다. 자신의 뜻과는 무관하게 어렸을 때 한 결혼에 만족할 수 없었던 이들은 연애 또는 불륜을 통해 보상을 받고자 했다. 나운규도 그런 사람 중 하나였다. 김수남에 따르면, "1916년 15세 때 나운규는 조혼의 폐습으로 세 살 위인 기골이 장대하고 거칠은 색시를 아내로 맞이하게 되나 색시의 외모에 질겁을 한 그는 결혼 후 집에 들어가지 않고 윤봉춘네 집에서 기거하며 윤마리아와의 사랑에 빠진다."[75] 나운규의 엽색 행각은 이후로도 계속되었다.

"나운규 덕택에 기생에서 일약 배우가 된 유신방과의 불륜의 관계는 촬영 도중에 두 남녀가 사라지는 것은 물론 그들의 유흥비를 대기 위해 촬영기까지 전당포에 잡히는 어처구니없는 행동도 서슴지 않은 안하무인, 더욱이 가족을 돌보지 않아 추운 겨울에 방세가 밀려서 문짝이 뜯긴 채 거적때기를 쳐놓고 사는 가족들의 사연, 이 일로 윤봉춘은 한때 그와의 우정을 결별하기도 했다."[76]

남자는 드러내놓고 바람이나 피울 수 있었지만, 여성은 그럴 수도 없었다. 게다가 나운규 아내의 경우처럼 남편이 바람에 미쳐 돌아가면 기본적인 생계조차 유지하기 어려웠다. 유숙란은 "조혼으로 가장 큰 피해를 입는 것은 여성이었다"며 다음과 같이 말했다.

"특히 축출이혼(부당하게 상대방을 괴롭혀 내쫓고 이혼하는 행위)은 힘없는 여성에게 가해진 커다란 시련으로 다가왔다. 즉 어린 남편을 기르고 그 남편이 도회지로 공부하러 가거나 일본으로 유학 간 후, 시집에 남아 시집을 위해 남편이 올 날을 학수고대하면서 시부모 봉양과 중노동을 하면서 세월을 보내고 나면, 고향으로 돌아온 남편의 옆에는 신여성이 있어 이혼을 강요당하는 경우가 구여성에게 정해진 수순이었다."[77]

조혼의 부작용은 그 이상이었다. 조혼 풍습은 1920년대에 성행한 아내의 남편·시부모 살해의 가장 큰 이유가 되었다. 1925년부터 1929년까지 아내에 의한 남편 살해는 69건으로 간부(姦夫) 등을 합해 90명이 연루되었다. 1929년의 살인범 중 여성이 106명이었고 그중 남편 살해범이 63퍼센트였다. 같은 시기 다른 나라의 범죄 통계와 비교해보면 여성이 살인죄를 저지르는 경우는 남성의 10퍼센트 이내에 지나지 않는데 조선의 경우 88퍼센트를 차지했다. 가장 큰 원인은 조혼이었다. 남편을 살해한 여성의 81.3퍼센트가 16세 이전에 결혼한 것으로 나타났다.[78]

1930년 서대문형무소에 수감된 살인범 100명 중 남성이 53명, 여성이 47명이었는데, 여성 47명 중 31명이 '남편 살해죄'였다. 당시 신문들은 이 문제를 조혼의 폐해라고 하는 관점에서 심각하게 다루기보다는 '독살미인(毒殺美人)'이라는 흥미 위주로 접근하였다. 1924년 수개월간 전 조선을 뒤흔든 '김정필의 남편 독살 사건' 이후 유행하게 된 보도 형식이다. 『동아일보』가 이 사건을 "방년 스물의 꽃 같은 미인이 자기 남편을 독살했다"고 보도하면서부터 법정을 방청하겠다고 수천 명의 인파가 몰리고, 온갖 투서와 탄원서 홍수 사태가 벌어지는 기현상이 벌어졌다. 이후에도 이런 사건엔 이런 일들이 반복되곤 했는데, 그런 소동의 키워드는 늘 '독살미인'이었다.[79]

조혼 풍습을 조금이나마 바꾸기 시작한 건 경제구조의 변화였다. 전체 공장노동자 중 여성이 차지한 비율은 지속적으로 증가해 1922년 20.5퍼센트에서 1930년 33.7퍼센트, 1940년 31.7퍼센트의 수준이었

명동학교 시절의 나운규. 엽색 행각으로 동료들 사이에서 악명이 높았던 그는 '바람에 미쳐 돌아' 자신의 가족을 전혀 돌보지 않았다고 한다.

는데, 1930년대 여공은 전체 공장 노동자의 약 3분의 1 수준을 차지했다. 이에 대해 유숙란은 여성, 특히 어린 여성들은 농촌의 경제적 파탄과 유교의 가부장적 질서 속에서 가족을 위해 먼저 희생됐고, '조혼'과 한 푼이라도 돈을 벌기 위한 '출가'는 어린 그들에게 어쩔 수 없이 강요된 선택이었다고 했다.[80]

농촌에선 조혼이 문제가 된 반면 도시 신여성에겐 만혼이 문제가 되었다. 『신여성』1924년 5월호엔 「만혼(晩婚) 유해론」이라는 글까지 실렸다. 교육 기회 확대로 공부하는 여성은 만혼 경향이 있는데, 그게 좋지 않다는 주장이었다. 『삼천리』1933년 10월호 「만혼 타개 좌담회」에선 "어째서 여자들은 여학교까지 졸업하여 높은 교육을 받아 가지고도 올드미쓰로 늙는 것인가" 혹은 "왜 그들은 독신을 고집하는가"라는 개탄이 나왔다. 당시 노총각 노처녀 기준은 여자 23세~24세, 남자 30세였다.[81]

그러나 농촌의 조혼 풍조가 더 심했다는 것일 뿐 서울에서도 조혼 압박은 대단했다. 앞서 살펴 본 홍옥희, 김용주의 동성애 자살 사건도 실은 조혼의 부작용이었다. 당시 여학생들은 '조혼반대구락부' 라는 모임까지 결성해 조혼에 저항했지만, 김용주가 다니던 동덕여고보엔 '조혼반대구락부' 가 결성돼 있지 않았다. 김용주는 변변한 저항조차 해보지 못한 채 부모의 강요로 결혼을 하게 돼 삶을 비관하다가 결국 죽음을 택한 것이었다.[82]

이혼의 자유가 법적으로 인정된 것은 1918년부터였지만, 아내가 남편을 상대로 이혼소송을 제기한 사건으로 재판상 이혼이 성립된 사례는 1921년이 처음이었다. 1924년 경성지방법원엔 하루 평균 5건~6건의 이혼소송이 접수되었으며, 1932년엔 총 6,712건으로 하루 평균 18건에 이르렀다. 당시 이혼사유는 배우자의 중혼 · 간통, 부부간 성격차이, 경제적 이유, 폭행 등이었다.[83]

축첩과 처녀 농락

조혼과 더불어 문제가 된 건 축첩(蓄妾)이었다. 1923년 법률혼주의가 도입되었지만, 이후에도 축첩은 계속 성행했다.

『동아일보』 1924년 7월 5일자는 "사치품 일체에 대하여는 세금을 비싸게 할 작정인데……장래는 기생의 노름채뿐만 아니라 유객이 요릿집에 지불하는 총금액을 과세의 표준으로 할가한다 하며……그 다음에 이목구비가 남과 같이 멀쩡하여 가지고 사람으로 물품취급을 받는 남의 집 첩을 일종 사치품으로 인정하여 축첩세를 신설하여 볼가한다"고 보도했다. 이 신문은 경성부의 축첩세 구상에 대해 강한 지지를 표명했다.[84]

축첩세 구상이 말해주듯 첩은 실제로 사고팔 수 있는 상품이었다. 1920년대~1930년대엔 귀족과 부호 이외에 관리·교원·학생들도 첩을 두었다. 첩을 두는 데에 연애지상주의가 이용되기도 하였다.[85] 1936년 『조광』에 발표해 1938년에 단행본으로 출간된 박태원의 『천변풍경』을 보자. 50대의 민 주사는 정력에 관심이 많다.

"자기가 그렇게 신임하는 젊은 약방 주인이 권하는 대로 열심히 복용한 '요힌비(요힘빈, yohimbine)'는 그야 오직 잠시 동안의 정력을 도와 일으켜는 주는 것이었으나, 그 뒤에 그것이 가져오는 특이한 그 불쾌감과 피로와 더욱이 심신의 쇠약이 무엇보다도 두려웠다. 그냥 그임시의 최정제 말고, 근본적으로 정기를 왕성하게 하는 약이나 무슨술법이 있다면 돈 천 원쯤 아깝지 않다고, 그는 그렇게까지 생각하였다. 민 주사는 그저 그만한 정도의 부자다."[86]

민 주사가 돌봐주는 안성집은 사실상 민 주사의 첩이다. 그러나 안성집은 젊은 학생과 놀아남으로써 축첩 관행에 멋진 복수를 한다. 물론 민 주사의 심정은 쓰라리겠지만 말이다.

"문득 생각해보니, 며칠씩 두고 밤에는 거의 빼놓지 않고 들러주었어도 낮에 찾은 일이란 단 한두 번이나 그밖에 더 안 되어, 그는 응당 외로이 있을 계집이 자기의 뜻하지 않은 때의 심방을 기뻐하려니 하고 잠깐 관철동으로 발을 들여놓았다. 그러나 민 주사가 참말 뜻밖이었던 것은 계집이 결코 외롭지도 않았고, 또 그 까닭에 자기의 뜻하지 않은 심방을 기뻐해주지도 않은 것이다. 계집은 단속곳 바람으로 어떤 노상(틀림없이) 젊은 전문학교 학생 놈과, 바로 유성기를 틀어놓고 마루에서들 자빠져서 히히거리고 있었다."[87]

자유연애는 기혼남들이 처녀를 농락하는 수단으로도 이용되었다. 『별건곤』 1930년 2월호엔 익명의 한 여성 사회운동가가 그런 현실을 폭로하며 쓴 글이 실렸다. 그녀는 조선의 신문·잡지의 실세들과 기자, 웅변가, 외국에 갔다 온 사람, 인기 스포츠맨, 음악가, 문인 중에 대략 30퍼센트를 제외한 나머지 70퍼센트는 남의 집 처녀를 적게는 3인~4인부터 많게는 10인까지 버려놓은 놈들이라고 폭로했다. 소위 명사라는 사람들이 철없고 단순한 어린 여성들을 흉한 수단으로 꼬여다가 질근질근 깨물어 단물을 빨아먹고는 가래침을 뱉듯이 길거리에다 탁 뱉어버리지만, 그들의 이런 행동은 일반 사회에서 공공연히 묵인된다는 것이다.[88]

여성혁명의 선구자라 할 나혜석과 김일엽도 어느 점에선 그런 희생자였다고 할 수 있다. 김일엽은 "한동안 춘원 이광수와 염문(艶聞)을 뿌리기도 했고, 심지어는 춘원의 아들을 낳았다는 풍문까지 나돌았다."[89] 나혜석도 김우영과 결혼하기 전 이광수와 연애를 했으며, 자꾸 청혼을 하는 김우영에게 "나는 이광수 씨와 결혼하게 됐으니, 미안하지만 단념해주시오"라고 말하기도 했다.[90] 나혜석과 최린의 스캔들 과정도 잘 살펴보면, 나혜석이 18세 연상인 최린의 사회적 위상과 권력 후광 효과에 어느 정도는 휘말려들었다는 느낌을 지우기 어렵다. 두 사람은 역사적으론 시대의 선각자가 되었지만, 그들의 개인적이고 세속적인 삶은 저명한 기혼남들에 의해 농락당해 불행의 수렁으로 굴러 떨어진 이름 없는 처녀들의 불행과 크게 다르지 않았다.

어디 그뿐인가. 보수파든 진보파든 가릴 것 없이 남성 문인들은 성적(性的)으로 자유주의 기질을 가진 여성 문인들을 잔인할 정도로 탄압했다. 김기진은 김일엽에 이어 김명순(1896~1951)의 사생활을 공개적으로 공격하였고, 김동인은 아예 김명순을 모델로 한 「김연실전」을 연재함으로써 김명순이 정신병환자가 되게끔 몰아간 '남성 마초 파쇼'의 극치를 유감 없이 보여주었다.[91]

김기진과 김동인만 문제삼을 일도 아니었다. 그걸 뒤에서 키득키득 웃으면서 즐긴 남성 문단 전체가 나혜석·김일엽·김명순의 삶을 불행으로 몰아간 주범이었다고 보는 게 옳다. 오늘날엔 그런 못된 풍토가 사라졌을까? 전혀 그렇지 않다. '남성 마초 파쇼' 체제는 아직도 건재하다.

04

⋮

"자식이란 모체의 살점을
떼어가는 악마"

현모양처론의 기원

1920년대 고학력 도시 여성 중심의 이른바 신여성이 출현하면서 잠시 사회 일각에 반란의 물결이 일기는 했다. 신여성은 모성과 가족에 대한 관심에서 이탈하여 여성 자신에 대한 관심을 강조했다. 여성의 역할도 현모보다는 양처의 역할에 관심을 두었다. 신여성의 진보성은 "정조는 취미다"라고 단언했던 1930년대 나혜석의 주장으로 정점을 이루기도 했지만, 그건 극소수 선구자들이 뿌리고 간 일순간의 바람이었을 뿐이다. 윤택림에 따르면, "이러한 신여성들의 생각은 1920년대 후반의 경제공황과 1930년대 일본 군국주의의 강화로 인해 급속하게 세속화하였다. 이상적인 결혼의 기준은 사랑이 아니라 부와 능력이 되었고, 이상적인 가족이란 모던 주택에서 부부와 자녀만의 단란한 가정생활을 의미하게 되었다. 1920년대 신여성들이 주장한 자유연애, 자유결혼은 주장에 불과했고 실제로는 경제적 조건이 가장 중요한 중매결혼이 주류였다. 1930년대 후반에 들어오면서 신여성은 보수적 측면을 나타내면서 체제에 타협하기 시작했다."[92]

특히 현모양처(賢母良妻)론이 성행했다. 현모양처론의 기원은 1900년대로 거슬러 올라간다. 『만세보』는 1900년 일본으로 건너가 도쿄 정치학교에서 수학한 주필 이인직(1862~1916)의 영향으로 '사회' 개념 및 사회학의 소개에 매우 적극적이었다.[93] 당시 일본에서 유행하던 '현모양처(賢母良妻)'라는 어휘가 한국에 처음 등장한 것도 『만세보』 1906년 8월 2일자 '잡보'에서였다. 7월 7일자 기사 「부인개명(婦人開明)」은 "문명상에 유지(有志)한 귀부인 280여 명(회장 이숙자)이 여자교육회를 조직하여 양규의숙 내에 개회식을 거행하고 여자교육의 찬성할 의무와 부인 사회의 문명한 목적으로 취지를 연술(演述)하였다"고 소개하였다. 이 연설문의 일부가 8월 2일자에 실렸는데, 여성교육의 목적은 현모양처를 양성하기 위한 것이라는 내용이다.[94]

양규의숙은 일본의 영향을 강하게 받은 학교였다. 현모양처 사상은 서구에서 18세기경 자본주의화에 의한 근대 가족이 나타나면서 공사 영역의 분리와 함께 형성된 것으로, 한국에선 일제강점기에 본격 유행하였다.[95]

현모양처는 '근대적 여성관'

박선미는 현모양처라는 개념은 원래 지금 일각에서 생각하는 것처럼 케케묵은 전통적 여성관이 아니라 '근대적 여성관'이었다고 주장했다. 그녀는 현모양처론의 수입 통로인 여자 일본 유학생에 주목했다.

1930년대는 신여성의 진보성이 급속하게 세속화되고 서구적 가족관을 키워드로 하는 '가정학'과 '현모양처론'이 성행했다. 사진은 도시샤 여자전문학교에 재학 중인 조선인 학생들의 모습(1937년, 기숙사).

박선미가 일본 경찰국, 조선교육회 등의 문서에서 데이터를 뽑은 결과 1910년 34명이던 조선의 여자 일본 유학생은 1930년 215명, 1940년 1,707명으로 늘더니 1942년에는 2,947명으로 폭증, 전체 일본 유학생의 10퍼센트를 차지했다. 1929년 당시 조선 유일의 여자전문학교인 이화여전에 138명이 다니고 있었지만 일본에서는 21개 여자전문학교에 조선인 여학생 158명이 다니고 있었다. 여자 유학생들의 전공은 가정학(31.1퍼센트)과 미술(13.5퍼센트), 의학(13.0퍼센트)이 많았다.

박선미는 '가정학'과 '현모양처론'이란 키워드를 통해 그들이 조선 사회에 미친 영향이 적지 않았다고 말한다. 그들이 배워온 '가정학'은 합리적인 의식(衣食) 생활과 과학적인 육아, 동반자적 부부관계

등 근대 서구적 가족관을 조선 사회에 퍼뜨리는 데 큰 구실을 했으며, 현모양처론은 전통 사회에서 자손 생산, 가사일, 시부모 봉양, 제사 준비 등의 역할에 머물렀던 '며느리'로서의 여성을 해방시켜 '자녀교육자(어머니)', '내조자(아내)', '가정책임자(주부)'라는 주체적인 역할로 새롭게 정의하는 담론이었다는 것이다.[96]

그러나 1930년대 말 전시 체제가 되면서 가정학과 현모양처론은 모두 '내선일체'의 이데올로기에 흡수되고 말았다. 박선미는 "1920년대~1930년대에 현모양처론을 구축해온 여성 지식인들은 총력전 체제 아래서 현모양처를 '총후(銃後, 후방) 부인' '군국의 어머니(국가의 젠더 구성·현모양처의 국가화)'로 전환하는 임무를 맡게 되었다"며 다음과 같이 말했다.

"특히 그들은 가사 합리화로 물자와 에너지의 절약방법을 연구하거나 국가의 전쟁에 기여하는 주부상을 일반 여성들에게 심어주기 위한 선전활동을 했다. ……현모양처의 국가화는 조선 여성에 의한 내선일체와 생활양식의 창출과 황국신민을 낳아 기르는 역할로 귀착되는 것이었고, 여성 지식인들의 현모양처론은 그러한 식민지 지배 측의 논리에 회수되어갔던 것이다."[97]

여성해방론과의 충돌

현모양처론은 그렇게 변질되기 전에도 여성해방론과 충돌했다.[98] 1914년 나혜석은 "현모양처란 여자를 노예로 만들기 위한" 것으로 비판했다.[99] 나혜석은 1923년 1월 『동명』에 쓴 「모(母)된 감상기」에선 모성애란 모든 여성이 태어날 때부터 가지고 있는 것이 아니라, 사회적으로 구성되고 교육되는 관념이며 자식을 기르는 동안에 가지게 되는 것이라고 주장했다. 출산과 양육의 고통을 적으며 "자식이란 모체의 살점을 떼어가는 악마"라고 표현했다. 이에 흥분한 한 남성이 "임신이라는 것은 여성의 거룩한 천직"이라며 여성의 '최대 의무'를 자각하라고 반격하자, 나혜석은 자신의 글은 출산을 해본 경험이 없는 남성들을 위한 글이 아니라면서 "알지 못한 사실을 아는 체하려는 것"은 "용서치 못할" 일이라고 재반박했다.[100]

현모양처론은 당연히 사회주의 여성해방론과도 충돌했다. 조선 최초의 사회주의 여성단체인 조선여성동우회(1924년 결성)의 중심인물인 박원희(1899~1927)는 『동아일보』 1927년 7월 8일자 기고를 통해 "현하 조선 여자교육의 일반 현상을 해부하여 보면 교육의 주지(主旨)는 일선동화(日鮮同化)의 현모양처주의로써 여자를 도구화 상품화하는 것이다"고 비판했다.[101]

또 김은희는 『삼천리』 1932년 2월호에 쓴 「무산부인운동론」에서 먹고살기 위해서 일하는 노동계급의 여성들을 향해 여성의 지위 향상을 위해 현모양처가 되라고 하는 것은 현실과 괴리된 공상이자 기만이라고 비판했다.[102]

아내에게 월급을 주라

1920년대~1930년대엔 가사노동의 의미도 변화되었으며, 이는 언론과 광고에도 반영되었다. 김혜경은 ①가사노동은 '하인의 일'에서 '주부의 일'로 규정되었다 ②가사노동에서 중요한 문제는 '효도'에서 '효율(과학)'로 바뀌게 되었다 ③가사노동은 노동으로서 그치지 않

고 '가정의 단란'을 위한 활동으로 이해되었다는 등 세 가지 변화를 지적했다.[103]

가사노동에 대한 혁신적인 주장은 이미 1920년대 중반부터 나오기 시작했다. 『신여성』 1925년 1월호엔 "아내에게 월급을 주라"는 주장이 실리기도 했다.[104] 『동광』 1932년 1월호엔 신여성들의 신년 희망을 실은 글이 여러 편 실렸다. 이경원은 「혁명은 부엌으로부터」라는 제목의 글에서 자신을 포함한 대부분의 여성들이 부엌일에 많은 시간을 보내고 있음을 한탄했다. 그녀는 "주방의 어멈이 되고 충실한 '암탉'으로만 시종하여서야 어찌 여가시간에 많은 공부를 다 하겠습니까"라면서, 공부를 해서 사회적 활동을 해야 하는데 그러지 못하는 이유가 부엌일과 생활이 복잡한 데에 있다고 보고 부엌의 질박화와 생활의 단순화를 주장했다.[105]

그러나 주류 문화는 여전히 '가정의 평화'였다. 1930년대부터 〈즐거운 나의 집〉이라는 노래가 유행하기 시작했다. 『신가정』 창간호에는 〈즐거운 내 집 사랑〉이라는 노래가 실렸다. 변영로의 시에 현제명이 곡을 붙인 이 노래를 전 국민이 따라 불렀다. 백지혜는 "식민지 시대에 '내 쉴 곳은 작은 집, 내 집뿐이리'라는 가사가 왜 그렇게 공전의 히트를 치며, 이 당시의 감각을 지배했던 것일까?"라는 질문을 던졌다.[106]

당시의 여성 잡지들은 저마다 행복한 가정 만들기를 외쳤다. 여성지는 물론 종합지에서도 '가정탐방기'를 연재했으며, 사회 저명인사들의 집을 탐방해 기사화했다.[107] 1930년대 후반 들어 일간지의 가정면을 장식한 '가정상식'란을 보면 백분, 비누, 감기약, 메리야스, 우유 등 새로운 상품에 대한 정보가 홍수를 이뤘다. 일간지 광고품목별

국적 분류를 해보면, 1920년~1940년 전 기간에 걸쳐 일본 상품이 67.8퍼센트, 조선 상품 25.1퍼센트, 미국 상품 5.6퍼센트 등이었다.[108]

아파트의 출현

1930년대의 조선은 여전히 농업 중심 사회였다. 다만 조금씩 변화 추세를 보이곤 있었다. 무엇보다도 직업구조에 변화에 있었다. 1917년 85퍼센트를 넘었던 농림업은 1940년에는 72퍼센트 정도로 감소한 반면, 광공업이 7.3퍼센트, 상업과 교통업이 8.1퍼센트 등으로 증가했다. 도시 인구도 1915년에 2.0퍼센트에 불과했지만 1935년에는 5.6퍼센트로 성장했다. 해방 직전에야 10퍼센트를 넘어섰다.[109]

당시 주택은 사용 계층에 따라 상류계층이 거주하던 문화주택, 중류계층의 개량한옥, 하류계층의 영단주택으로 나뉘었다. 1930년대 이후부터 욕실이 주택에 등장하였는데, 이때는 욕실과 화장실이 분리된 일본식 욕실이었다. 서민생활 속에 욕실이 나타난 것은 1941년 주택영단에서 주택난의 해결을 위하여 건설한 중소형 주택이 처음이다.[110]

일본에 아파트 단지가 처음 나타난 때는 1923년이며 한국 최초의 아파트는 1930년 서울 회현동에 세워진 미쿠니아파트다. 3층 6호의 작은 규모지만 일종의 브랜드 아파트였던 미쿠니아파트는 1935년 내자동, 후암동에도 들어섰다.[111] 그런데 한편에선 1930년에 세워진 미쿠니아파트의 규모가 너무 작아 1932년 일제가 세운 서울 충정로의 5층짜리 유림아파트를 최초의 아파트로 보기도 한다.

이후 조선총독부는 혜화동에 4층 목조아파트, 서대문에 풍전아파트, 적선동에 내자아파트 등을 세웠다.[112] 하지만 1940년대 전시 체제하에서 아파트 신축공사는 거의 제한되어 있었기 때문에 해방까지 국내의 아파트 전체 호수는 314호에 불과했다.[113] 아파트를 무대로 한 첫 소설은 김남천의 1940년작 『경영』, 1941년 『맥』을 들 수 있다.[114]

색깔옷 입기운동

1930년대에 본격화된 '색깔옷 입기운동'도 가정개혁운동의 일환이었다. 나혜석은 이미 『동아일보』 1921년 9월 29일자에 쓴 글에서 서양에서 속옷으로 입는 옷감을 가지고, 염색도 하지 않고 겉옷으로 입는 것은 이상하며, 이 흰옷 때문에 여성들이 하루 종일 다듬이질을 하며 추운 날에는 손이 터져 피가 흐른다고 지적한 바 있다.[115]

『동아일보』 1928년 1월 19일자는 흰옷을 자주 빨아야 하는 조선 여성의 희생을 거론했다.[116] 또, 창립 1년 후인 1928년 봄 신간회가 내세운 6개 항의 당면 과제엔 "염색의 착용, 단발의 여행(勵行) 등으로 백의 및 망건을 폐지한다"고 들어 있었다.[117]

'색깔옷 입기운동'을 지지한 이광수는 『동광』 1931년 5월호에 「색의(色衣)의 노래」라는 시를 썼다. "흰옷을 벗어놓고 일터로 가세/ 흰옷은 망국의 옷 노는 이의 옷/ 맘을랑 희게 희게 옷은 물들여/ 조선의 사람들아 일터로 가세"[118]

『조선일보』 1931년 10월 25일자는 "우리는 일제히 색옷을 입읍시다. 사람 위해 옷 났지, 옷 위해 사람 났냐"라고 주장했고, 또 10월 27일자는 "색의를 입는 데서 취미도 향상된다. 원색 의복을 입는 것은 취미가 부족한 증거"라고 주장했다.[119]

그런데 총독부가 1932년 7월부터 농촌진흥운동을 본격적으로 시작하면서 생활개선이라는 명목으로 색옷 입기를 장려하고 이를 각 지방에 시달함으로써 '색깔옷 입기운동'이 변질되기 시작했다. 일본 학자들은 한국 주부들이 흰옷 때문에 소용되는 노동량이 전체 노동량의 45퍼센트나 된다는 조사 결과까지 발표하기도 했다.[120] 거기까진 좋았는데, 문제는 총독부가 조장한 실행 방안의 과격성이었다.

저항으로서의 보수

『조선일보』 1932년 12월 7일자에 따르면 황해도에서는 "백의는 유령복(幽靈服)이다. 백의는 미성복(未成服)이다. 백의를 버리고 색의를 입으라. 백의를 입은 회원 등에다 '색'자를 묵서하자. 관공리는 솔선수범하라"하였고, 삼척면장은 "출시(出市)한 백의 중독환자에게 각인압(刻印押)을 하자"고 했다.[121]

실제로 장날 시장에서 물감을 칠하거나 시장 출입까지 금하는 사태가 발생했다. 1933년 11월 청평 장날에서는 면직원이 총출동하여 경찰의 지원을 받아 흰옷 입은 사람들에게 붉은 물감을 칠하였다.[122] 이는 전국적으로 벌어진 일이었다. 장날 시장에서 백의를 입은 사람들에게 먹물이나 잉크 또는 붉은 물감 등을 뿌리는가 하면, '백의흉(白衣凶)', '색의 장려', '색의 착용'이라고 새긴 네모난 큰 도장을 옷에 찍기도 했다.[123]

흰옷 입은 사람은 관청 출입은 물론 채용을 금지하고, 벌금도 징수하는 강경책까지 동원되었다.[124] 동시에 흑의(黑衣) 보급 실행 방안의 하나로 염색 강습회를 각 지역과 기관마다 강제적인 권장에 의해 개최하고 그 성과를 보고케 하였다. 이는 학교에서도 실시하였다.[125]

일제는 생활개선이라는 명목으로
색옷 입기를 강요해 흰옷 입은 사
람에게 먹물이나 잉크, 붉은 물감
등을 뿌리고, '백의흉(白衣凶)', '색
의 장려', '색의 착용'이라고 새긴
커다란 네모 도장을 옷에 찍기도
했다.

1934년 2월엔 색의 착용에 반대해 자살을 한 노인까지 나타났지만, 실적은 높았다.[126] 1926년 조사에선 백의를 입는 사람의 비율이 50~70퍼센트에 이르렀으나, 1933년~1934년경엔 80~90퍼센트가 색의를 착용한 것으로 나타났다.[127]

강압적인 방법은 이후에도 계속되었다. 『동아일보』 1935년 12월 12일자와 1937년 12월 24일자에 따르면, 심지어 상을 당한 사람의 흰옷에 먹칠을 하고 폭행을 하는 일까지 벌어져 "백의동포란 옛날"이란 말이 나올 정도가 되었다.[128] 색의 착용에 저항한 이면엔 '저항으로서의 보수' 현상이 있었지만,[129] 1940년대 들어선 좀 다른 상황이 전개되었다. 이승만은 1942년 '미국의 소리' 단파방송을 통해 "흰옷을 입으시오. 그래야 폭격을 면합니다. 나의 사랑하는 동포들이여. 어떻게 하든지 이 곤란한 시기를 극복해야 합니다. 독립은 곧 옵니다"라고 말했다. 미군기가 폭격을 하는데 흰옷을 입으면 한국 사람으로 알고 폭격을 하지 않으니 흰옷을 입으라고 한 것이다.

이에 대해 고부자는 다음과 같이 말했다.

"물론 이 방송을 들은 사람들은 극소수였겠지만 소문에 의해 번져 나갔으며 다시 흰옷을 입을 수 있는 구실이 생겼다. 이때 한국인의 동요에 놀란 일본 순사는 검정물총을 만들어 쏘아대는 등 방해를 하기도 하였다. 한편 일본인도 폭격을 피하기 위하여 흰옷을 입었다고 한다."[130]

묘지 화장장 매장 및 화장 취체규칙

'저항으로서의 보수' 현상은 장례문화에서도 나타났다. 일제의 미신

타파 운동은 그 숨은 뜻이 불순한 경우가 많았다. 그래서 미신을 타파하는 게 아니라 미신에 집착하는 게 반일적인 의미마저 갖는 경우도 있었다. 당시 많은 문제를 안고 있었던 장례문화만 해도 그렇다.

1912년 6월 조선총독부는 '묘지 화장장 매장 및 화장 취체규칙'을 제정하여 공포했다. 풍수사상에 근거를 둔 미신을 타파하고 분묘의 위생적인 관리와 경관 보호 등을 이유로 내세워 공동묘지에만 매장하도록 강압하고 나선 것이다. 그러나 이는 가족이나 문중묘지 전통에 밀리고 말았다. 특히 유력 문중에서 목숨 걸고 반대하고 나섰기 때문에 이미 마련된 공동묘지는 일본인들과 서민들만 이용했다.

이에 대해 박태호는 "전국 곳곳에 산재한 무덤의 폐단을 줄인다는 명분을 앞세웠지만, 조선을 수탈하는 데 장애가 되는 묘지들을 규제하기 위한 것이었다는 점이 문제였다"며 다음과 같이 주장했다.[131]

"일제 식민 당국이 조선에서 묘지를 둘러싼 문제를 인식하기 시작한 것은 식민지화의 기초작업 가운데 하나인 토지조사를 하면서였다. 사실 조선의 묘지는 곳곳에 흩어져 있었기 때문에, 임업이나 농업뿐 아니라 철도를 건설하고 광산을 개발하며 일본의 군사기지를 건설하는 등 토지와 관련 있는 모든 사업과 충돌하였다."[132]

일제는 1919년 3·1운동 이후 문화정책으로 전환하면서 그 일환으로 조선의 실정에 맞게 취체규칙을 개정하지 않을 수 없었다. 굴총(掘塚)을 보고 느낀 점도 많았을 것이다. 굴총은 1880년대에 기승을 부린 화적(火賊)이 양반과 부자들에게 그들 조상의 무덤을 파 해골을 꺼내거나 서찰을 보내 무덤을 파헤치겠다고 위협해 돈을 탈취한 걸 말한다. 굴총은 일제시대까지도 성행했는데, 1920년대에 조선총독부에서 출간된 잡지는 선조의 묘를 중시하는 한국인에게 이런 협박은 대단히

효과적이며, 분묘 소재지를 매각하기 위해 근친이 이 같은 일을 꾸미는 일도 있다고 기록했다.[133]

1920년대~1930년대 신문엔 전국적으로 화장장 건립을 반대하는 민원 관련 기사가 많이 등장했지만,[134] 동시에 전통혼례와 상례의 폐해를 시정하자는 기사도 자주 게재되었다. 예컨대,『동아일보』1926년 5월 25일자는 다음과 같이 말했다.

"이제 우리 조선서 현재 고유한 혼상(婚喪)제도의 예폐(禮幣)를 봅시다. 그 얼마나 무용한 노력과 금전과 시간을 공연히 허비하는가. 현 사회는 이러한 도덕과 제도가 존재하며 고수한 만큼은 사회도 변하였다. 이것이 원래 중국문화임은 다시 말할 것도 없거니와 타국 문화를 수입한 그 시대와 그 국가에는 태평하였고 백성은 안정하야 의식이 족할 그때에 상당히 숭배할 도덕이나 현세에는 다만 귀중한 금전과 시간을 허비할 뿐이라. 이에 대하여 우리는 자고(自顧)하여야 할 것이다. 종래 습관을 개량하자는 의미에 있어서 우리는 우리다운 문화를 새로이 건설하자."[135]

'의례준칙' 제정

1934년 11월 1일 조선총독부는 관혼상제 예복과 상호부조 폐지를 골자로 한 간소화를 추진하기 위해 '의례준칙'을 제정했다. 상복은 굴건(屈巾) 제복이 아니라 두루마기에 통두건을 착용하거나 상장을 달도록 제한하고, 양복을 입을 경우에는 완장을 차도록 했다. 굴건은 상복(喪服)을 입을 때 두건(頭巾) 위에 꺾어서 덧쓰는 건(巾)을 말한다. 장례 기간은 5일을 원칙으로 하고 최대 14일까지만 할 수 있으며, 복을 입는 기간인 복제는 2개월에서 2년으로 제한했다. 상여로 운구할 때는 상여소리를 못하게 하고 정숙하게 해야 한다고 규정하였다.[136]

또한 사람을 고용하여 곡성(哭聲)을 내게 하는 걸 무의미한 가장허식(假裝虛飾)으로 규정했다. 이광수는 이미 1918년 곡을 할 때 나오는 '아이고 아이고' 소리가 나라를 망하게 하는 흉한 소리라고 비난한 바 있다. 가식적으로 슬픔을 과장한다는 것이다.[137]

박태호는 일제가 이 '의례준칙'을 통해 진정으로 추구한 목적과 관련, "1937년 중일전쟁이 발발하기 전 조선반도에 전시 지원 체제를 마련하기 위해 물자를 절약하고 인력을 동원하기 위한 예정된 순서"였다고 주장했다.[138] 어찌됐건 이 시기에 운구에서 상여수레가 등장하고 트럭을 이용하여 먼 곳까지 운구하기도 했으며, 장의 자동차가 등장하고 도시에서는 장의사라는 직업이 새로 탄생하기도 했다.[139]

1938년 이후 '국민정신총동원'을 강행하면서 '국민정신총동원조선연맹' 산하에 '생활양식개선위원회'를 두면서 의례 간소화는 더욱 강요되었다. 결혼식이나 상례가 있으면 반드시 경찰관 주재소나 면사무소에 부고하게 하고 순사나 관리들을 파견하여 통제하도록 했다.[140]

1940년 묘지 규칙이 개정되어 매장이 신고제에서 허가제로 변하면서 화장은 더욱 늘어났으며 유교식 상례보다는 절차가 대폭 간편해진 기독교식 상례가 성행했다. 사회단체들이 주관하는 연합장이나 사회장이 출현한 것도, 신문의 부고(訃告)가 나타나기 시작한 것도 전부 이 무렵이었다.[141]

해방 후 장례는 신분제의 변화상을 보여주는 바로미터가 되었다. 이만갑은 "해방 후 민주주의가 사회를 풍미하는 강박관념이 되고 자유·평등·진보의 개념이 농촌 사회에까지 침투하게 됨에 따라 양반이라는 신분적 위세는 과거와 같은 힘을 갖지 못하게 되었다"며 다음과 같이 말했다.

"해방 전만 하더라도 대부분의 농촌에서는 결혼과 장례가 있을 경우 양반집의 가마와 상여는 마을의 상민들이 매는 것이 관례였다. 해방이 되면서 농지개혁을 전후하여 경제적으로 대등한 입장에 서게 된 상민은 양반에 대해 이러한 봉사를 할 하등의 필요를 느끼지 않게 되었다. 게다가 상민 출신 가운데는 양반 출신도 자기들이 장례를 치를 때 상여를 메야 한다고 주장하는 사람도 나오게 되었다."[142]

장례문화는 오늘날에도 여전히 사회적 갈등으로부터 자유롭지 못하다. 한국에서 묘지는 철저하게 계급적이다. 이렇게 확연한 계급투쟁이 또 있을까 할 정도로 현실세계 힘의 관계를 고스란히 반영하고 있다. '산 자'에 의한 '죽은 자'의 이용이 철저하다 못해 징그러울 정도다. 오늘날에도 그러할진대, 이미 80여 년 전 출산과 양육의 고통을 "자식이란 모체의 살점을 떼어가는 악마"라고 표현한 이가 있었으니 놀라지 않을 수 없다. 가부장제, 아니 기존 가족제도에 대해 이보다 더 전투적인 도발이 있을 수 있을까?

제2장

1930년대의 대중문화

01

"현대 조선의
4대 광(狂)"

『신동아』『신조선』의 창간

신문사들 사이의 경쟁은 잡지 경쟁으로도 나타났다. 『우석』 1932년 9월호에 실린 「현대 조선의 4대광(狂)」이라는 글은 냉소적으로 금광광, 미두광(쌀 시세차익을 노리는 도박꾼), 만주광 외에 잡지광을 추가해 4대광이라 불렀다.[1]

1931년 11월에 나온 『신동아』 창간호는 발매부수가 2만 부를 돌파하였고 제3호부터는 1만 부에서 9,000부 선으로 고정되었다. 당시 발행되던 잡지들의 발행부수가 많아야 2,000부~3,000부 수준이고 『동아일보』를 비롯한 일간지들의 발행부수가 10만을 넘어본 적이 없었다는 것을 감안한다면 대성공이었다.[2]

『신동아』보다 4년여 앞선 1927년 2월 『신조선(新朝鮮)』이 창간됐다. 그러나 이는 연구자들 사이에만 알려져 있었을 뿐 창간호 실물을 본 사람이 나오지 않았고, 창간 후 지속적으로 발간됐는지 여부가 확실히 밝혀지지 않아 '신문사가 발행한 첫 시사 잡지'란 사실을 공인받지 못했다.

2004년 7월에서야 『신조선』 창간호 원본이 발견됐다. 익명의 소장가가 보관하고 있던 것이 처음으로 공개된 것이다. 창간호는 당시 『조선일보』 주필 안재홍의 「20년 후의 극동정세」를 비롯해 정치·경제·사회·이데올로기·문예·과학·역사·스포츠·어린이 관련 기사·해설을 50쪽 분량으로 보도했다. '일장기 말소사건'의 주역 이길용, 『조선일보』 편집고문 문일평, 『임꺽정』의 작가 벽초 홍명희, 최초의 러시아 특파원 김준연 등 일제하 애국지사들이 필자로 참여했다.[3]

한국외대 교수 정진석은 "이번 발견으로 조선일보사가 국내 언론사 중 처음으로 시사 잡지를 발행했다고 할 수 있게 됐다"고 말했다. 그는 "당시엔 잡지 경영의 3난이 있었다"며 "식견 있는 필자를 찾기 어려워 겪는 원고난, 운영에 따르는 자금난, 그리고 기사 하나하나에 대한 일제의 검열난, 이 세 가지가 일제시대 잡지 발행의 큰 장애물로 꼽혔었다"고 말했다.[4]

단행본의 경우 검열난은 검열 그 자체도 문제였지만, 시간 지연으로 골탕을 먹이는 통에 더 죽을 맛이었다. 검열에 별문제가 없는 일반 문예물이나 소설 같은 단행본의 경우에도 검열에 들어가면 몇 달은 보통이고 심하면 그 이상의 기간이 소요되었다.[5]

독립 잡지의 몰락

『신동아』의 성공에 비판의 소리가 없었던 건 아니다. 정진석은 "1920

창간호부터 발행부수 2만 부를 돌파한 대박 잡지 『신동아』(1931년 11월 창간호)와 그보다 4년 전에 창간된 잡지 『신조선』(1932년 9월호). 그동안 『신조선』은 연구들 사이에서만 알려져 오다가 2004년 7월에 창간호 원본이 발견되면서 그 존재가 입증되었다.

년대까지는 신문이 편집 중심으로 운영되었으나 1930년대 무렵부터 영업 중심으로 바뀌어 수지타산을 우선적으로 생각하게 되었는데, 잡지 역시 그런 경향을 보이고 있었으며 『신동아』도 바로 그런 경향을 띠게 되었다는 비판이었다"며 "또한 『동아일보』의 지면을 이용한 『신동아』의 대량 선전과 지국의 활용으로 인해 독립된 잡지사가 발행하는 의견 잡지는 존립하기 어려운 상황을 만들었다는 비판도 있었다"고 했다.[6]

실제로 개벽사가 『개벽』에 이어 낸 『별건곤』이라는 잡지는 1929년 6월 12일 시인 김동환(1901~1958)의 주재로 『삼천리』가 나오자 독자를 절반 이상 빼앗겼으며, 동아일보사가 『신동아』를 내면서 결정적인 타격을 받고 말았다. 이에 개벽사에선 『개벽』의 전통을 이어받는 뜻에서 종합잡지 『혜성』, 『제일선』 등을 내기도 했으나 재미를 보지 못했고 예전부터 내던 『신여성』도 고전을 면치 못했다.[7]

『혜성』은 1931년 3월 1일에 창간해 1932년 4월 15일에 폐간했고, 『제일선』은 『혜성』을 개제해 속간한 것으로 1932년 5월 20일에 창간해 1933년 3월 15일에 폐간하는 등 단명했다. 『별건곤』도 1934년 3월 1일에 폐간되었다. 『동아일보』는 『신동아』에 이어 1933년 1월에 『신가정』을 창간하였는데, 이 또한 다른 독립적 여성지의 존립을 어렵게 만들었다. 1934년 『신여성』이 폐간된 것도 그런 이유 때문이었을 것이다(『신여성』은 1923년 9월 1일 창간해 1926년 10월호까지 나왔고 1931년 복간된 이후 1934년 폐간되었다).[8] 『신가정』은 1936년 9월 1일 통권 제45호를 발행하고 『동아일보』의 '일장기 말소사건'으로 일제에 의해 강제 폐간되었으나 훗날(1967년) 『여성동아』로 복간된다.

1930년대 중반부터 『조선일보』의 반격이 시작되었다. 『조선일보』는 1935년 6월에 사옥을 준공한 후 『조광』을 창간하였으며(11월), 창간 두 달 뒤인 1936년 신년호를 2만 부나 찍었다. 조선일보사는 이어 『여성』(1936년 4월), 『소년』(1937년 4월), 『유년』(1937년 9월) 등을 계속 창간하였다. 『소년조선일보』는 1937년 1월 10일자부터 본지에서 분리되어 별쇄로 간행되었다(1940년 8월 10일 폐간). 『조선중앙일보』도 1933년 1월 『중앙』과 『소년중앙』 등을 창간하였다.[9]

1930년대는 잡지의 시대라고 해도 과언이 아닐 만큼 수없이 많은 잡지가 창간되고 폐간되었다. 개벽사에서 발행한 잡지만 해도 5종이나 되었다. 위부터 차례로 『개벽』(1920년 6월 25일 발행한 임시호), 『별건곤』(1929년 2월호), 『혜성』(1931년 4월호), 『제일선』(1932년 6월호), 『신여성』(1931년 6월호).

소파 방정환의 사망 이유

2002년 7월, 한국방정환재단은 소파 사망 71주기인 23일을 앞두고 1931년 당시 월간지 『신동아』를 창간한 『동아일보』의 불공정거래행위로 소파가 화병이 생겨 숨졌다고 주장했다. 이는 소파가 지병인 신장염이 악화돼 숨졌다는 당시 신문 보도와는 배치되는 것이다.

재단 측은 "소파가 발행인이었던 개벽사의 월간지 『별건곤』을 위탁 판매했던 『동아일보』가 월간지를 새로 펴내면서 개벽사와의 기존 판매계약을 일방적으로 해지했다"면서 "갑자기 판로를 잃은 충격으로 소파가 코피를 쏟고 쓰러졌다"고 밝혔다. 재단 측은 "소파가 경성제대병원(현 서울대병원)에 입원한 지 일주일 만에 고혈압이 심해지면서 타계한 것으로 미뤄 소파의 직접 사인은 잡지의 판로봉쇄에 따른 충격"이라고 주장했다.

재단 측은 그 근거로 소파의 동료이자 개벽사 영업국장을 지냈던 박진의 증언과 소파의 부인 손용화(1991년 작고)의 수기 등을 제시했다. 재단 측은 "박진 선생이 타계하기 전 '전국의 동아일보지사와 지국이 돌아서니 이를 당할 수 없어 『별건곤』의 면수를 대폭으로 줄이는 등 대항하다가 소파가 쓰러졌다'고 여러 차례 증언한 사실이 지인들에 의해 밝혀졌다"고 말했다.

부친이 당시 『별건곤』의 주간을 지냈던 천도교 선도사 차웅렬도 한 잡지에 기고한 「흘러간 개벽사의 별들」이라는 글에서 이 같은 내용을 실었다. 특히 차웅렬은 "선친이 생전에 '『동아일보』 때문에 개벽사가 망하고, 소파도 숨졌다'고 입버릇처럼 말했다"고 전했다.

또 1931년 11월 『신여성』에 게재된 「사별」이라는 수기에서 손용화는 "갑자기 코피를 다량으로 쏟고 쓰러졌다"고 적어 '충격에 의한 급

샤' 주장을 뒷받침했다. 이와 관련, 소파의 장남인 방운용은 "크게 낙심한 선친이 책 크기와 면수를 줄이고 가격도 내렸지만 판매가 호전되지 않아 마음고생을 심하게 하셨다"고 회고했다.[10]

'일제강점기 최장수 잡지' 『삼천리』

『삼천리』는 1929년 7월에서 1942년 1월까지 14년 동안 152호를 발간함으로써 '일제 치하 종합잡지 가운데 최장수의 기록'을 세운 잡지다.[11] 흥미롭게도 김동환은 당시 조선일보사에 기자로 재직하면서 이 잡지를 창간했다. 그는 잡지가 안정권에 든 1929년 12월에서야 조선일보사를 퇴사했다.

김동환은 창간 직전 총독부 출입기자였는데, 당시 총독부에서 받은 촌지를 창간 자금으로 썼다고 한다. 총독부는 조선박람회(1929년 9월 12일~10월 31일 50일간) 시 100만 명 동원이라는 목표를 세우고 출입기자들에게 홍보용 거액 촌지를 지급했다. 기자 월급이 50원~80원일 때 각 기자에게 300원씩 촌지를 지급했다. 김동환이 이 돈을 밑천 삼아 잡지를 냈다는 것이다.[12]

김동환은 발행정신을 "조선인끼리 헐뜯지 말자(朝鮮人不打朝鮮人)" "민족의 암흑면을 들추지 말자"로 삼았다. 그는 1930년 5월호에선 비장한 각오로 잡지 경영은 '남아 일대(一代)의 사업'이라며 다음과 같이 독백했다.

"이 잡지를 위하여 피와 뼈를 다하려 한다. 남들이 돈으로 할 때에 나는 정성으로써 하고 남들이 재주로 할 때에 나는 노력으로써 하련다. 그래서 100책 중 99책이 아니 팔리고 100페이지 중 99페이지가 삭제된다 해도 붙잡아 나가려 한다. 나는 우리 처지로 잡지를 보자는 놈도 미친놈이요, 잡지를 만들겠다는 놈도 미친놈이요, 잡지에 글 써 달라고 부탁하는 놈도 미친놈이라고 생각한 적이 있었다. 그러나 그 것은 도피자의 자조(自嘲)인 것을 깨달았다. 이제는 글 써주는 대신에 침을 뱉어 준대도 나는 달게 받겠고, 잡지가 보잘 것 없다고 왼뺨을 치면 오른뺨까지 내어밀겠다. 나의 조그마한 노력이 그래도 어느 한 모퉁이에 가선 도움이 될 것을 믿기 때문에, 나는 이미 수난을 각오하 고 나섰다.”[13]

김동환은 실제로 피와 뼈를 다했던 것 같다. 『삼천리』는 만주, 중 국, 일본에까지 보급될 정도로 잘 나갔으며 발행부수는 1만 부~3만 부 수준이었다. 1932년 5월 ‘13만 독자’ 운운하는 발행인의 말도 있 기는 하다.[14]

최덕교는 김동환을 일제강점기의 잡지인 중에서 큰 자취를 남긴 세 사람 중 하나로 꼽았다. 첫 번째는 최남선을, 두 번째는 『개벽』 창간 에 참여하여 15년간 개벽사에서 발행한 10가지 잡지의 기자로 편집주 간, 집필자, 발행인으로도 활약한 차상찬을, 그리고 세 번째로 김동환 을 뽑은 것이다.[15]

『삼천리』에서 『대동아』로

『삼천리』는 한 부에 15전으로 비싸지 않은데다 ‘명사들이 좋아하는 여자 이야기’ ‘남편이 투옥 · 망명 중 부인은 수절해야 하나’와 같이 흥미 있는 주제를 많이 다뤘다. 김동환의 화려한 인맥 덕분에 안재홍, 송진우, 한용운, 김동인 등 당대 초일류 필진이 동원된 대중잡지면서

조선일보사 기자였던 김동환이 창간한 일제시대 최장수 잡지 『삼천리』(1929년 7월 창간호). 그는 "조선인끼리 헐뜯지 말자", "민족의 암흑면을 들추지 말자"는 정신으로 잡지를 발행했다.

도 조잡한 잡지로 여겨지지 않았다.[16]

『삼천리』는 기발하게 재미있는 아이디어를 많이 냈다. 예컨대 1931년 10월 '3주년 기념호'는 '삼천리 일색(一色)'을 발표했다. '미스코리아' 선발대회인 셈이다. 최덕교는 "우리나라의 '미인선발대회'는 삼천리사가 그 효시"라고 했다.[17] 1932년 10월 1일 자매지로 창간한 부인잡지 『만국부인(萬國婦人)』은 유명인사를 대상으로 '부위별 미남'을 뽑았다. 여기서 『조선일보』 편집국장 민태원은 다리 미남, 여운형은 수염 미남, 안재홍은 눈썹 미남, 윤치호는 눈 미남, 최린은 귀 미남으로 선발됐다.[18]

『삼천리』는 1934년엔 "거리의 꾀꼬리요, 거리의 꽃으로 이 땅을 즐

겁게 꾸미는 민중음악가—그는 레코드계 가수입니다. '조선의 보배'
를 찾아냅시다"라고 광고하며 최고 인기가수를 투표로 뽑기도 했다.
이처럼 조선 민중의 오락생활을 위해 아이디어를 많이 낸 건 아주 좋
았는데, 1937년 7월 중일전쟁 발발이 문제였다. 이때를 분수령으로
일제의 '황국신민화 정책' 이 전개되자 김동환도 여타 문사들과 마찬
가지로 친일 대열에 합류하고 말았다.

  김동환은 『삼천리』 1937년 5월호에서 그간 자신이 지켜온 신념인
'조선인불타조선인(朝鮮人不打朝鮮人)' 에 동요가 생겼다며 다음과 같
이 말한 바 있다.

  "그렇게 아껴서 무얼 하누, 혹시는 때려야 하지 않나(朝鮮人或打朝鮮
人), 이러다가 명사 지사연(志士然)하는 일부 인사가 한 가지의 선행 뒤
에 숨어 열 가지, 백 가지의 악행을 하는 것을 볼 때 분연히 일어나 '모
두 때리자(朝鮮人必打朝鮮人)' 하고 격하여지는 때도 있다. 불타냐? 혹타
냐? 필타냐? 이 세 가지는 요즈음 나의 머리를 떠나지 않는 숙제다."[19]

  재미도 있거니와 가슴 아픈 이야기다. 그 말을 한 지 딱 1년 후, 이
젠 김동환이 '필타' 의 대상이 되었으니 말이다. 김동환은 1938년 5월
『삼천리』 창간 10주년 호 '편집후기' 에서 자신의 향후 친일노선을 공
개적으로 천명하는 동시에, 같은 호 기명칼럼 「시평(時評): 권문세가
의 반성을 촉(促)함」에서 "자식과 조카를 단 한 사람이라도 더 많이 군
문(軍門)에 보내야할 것"이라며 지원병으로 나갈 것을 독려하였다. 또
그는 『삼천리』 1939년 12월호에 지원병을 "저마다 폐하의 무궁한 성
대(聖代)를 노래 부르는 젊은 건아"로 묘사하는 친일시를 쓰기도 했다.
『삼천리』를 『대동아(大東亞)』로 개제하면서(1942년 3월부터 이듬해 3월까
지) 더욱 친일로 경도되었다.[20]

『삼천리』를 발행한 김동환(오른쪽)과 문인들(왼쪽부터 이광수, 이선희, 모윤숙, 최정희). 김동환은 1937년 중일전쟁을 전후로 실시된 일제의 황국신민화 정책에 따라 여타 문사들과 마찬가지로 친일 대열에 합류하고 말았다.

『대동아』로 개제한 데에는 경영난도 적잖이 작용한 것 같다. 1940년 1월, 김동환이 '문호'로 모셨던 이광수의 소개로 『삼천리』에 입사한 박계주가 훗날 회고한 바에 따르면, "원고료가 지불되지 못하여 전화로 욕설을 퍼붓는 문인이 있는가 하면 편지로 야단치는 문인들도 있었다. 그래서 원고를 청탁하러 가면 '원고료를 안 주는 당신네 잡지에는 글 쓸 수가 없오' 하여 나는 핀잔 받고 돌아오는 때가 한두 번이 아니었다. ……본문 내용보다 목차나 광고가 나은 때가 많다. 그래서 파인(김동환)은 위선적이라고 비난 받는 때가 많았으나, 그를 이해하는 사람들은 누구나 '파인에게 만일 넉넉했던들 많은 원고료를 지불하여 누가 추종할 수 없는 충실한 잡지를 만들었을 것이다' 하고 동정했었다."[21]

해방 후 김동환은 자신의 친일행각을 뉘우치며 반민특위에 자수하

였다. 반민재판에서 공민권 정지 5년을 선고받은 그는 6 · 25때 납북
됐다. 1994년 그의 3남 김영식은 부친의 전기를 펴내면서 부친의 친
일행적에 대해 대신 사죄했다.[22]

이태준의 『문장』과 언론전문지

1939년 2월 1일 문학지 『문장(文章)』이 창간되었다. 일제의 강압으로
폐간된 1941년 4월까지 통권 26호를 발행한 잡지다. 이태준(1904~?)이
주간으로 활동했다. 박헌호는 "『문장』지는 1930년대 초반부터 일어나
기 시작한 이른바 '조선주의 문화운동' 의 영향권 속에서 활동한 것으
로 판단할 수 있다"며 "창간에 관여하고 책임편집을 맡으면서 이태준
은 식민지 말기 우리 문학을 지키는 일에 남다른 공헌을 한다"고 평가
했다.[23]

　이태준이 『문장』 창간호부터 연재하다가 9회로 그치고 이듬해 문장
사에서 단행본으로 출판한 책이 바로 그 유명한 『문장강화(文章講話)』
다. '강화' 란 강의하듯이 쉽게 풀어서 이야기한다는 뜻이다. 이제는
오래 묵은 고전이 된 『문장강화』에서 이태준은 교양인의 사고나 감정
을 표현하려면 한자어가 필요하다고 주장했다. 그는 순수 우리말을 속
어(俗語)라고 부르면서 한자어와 속어의 각기 다른 기능을 역설했다.

　"극히 개념적인, 생기 없는 과거의 한자 문체는 배격해 마땅할 것
이나 한자어가 나온다 해서 필요 범위 내의 한자어까지 배척할 이유
는 없다 생각한다. 속어만의 문장과 한자어가 주로 쓰인 문장이 성격
으로, 표현 효과로 서로 다른 장단점을 가진 것은 이미 설명한 바와
같다. 그러기에 자기가 표현하려는 내용이 속어로 된 문장이어야 효

과적일지, 한자어가 주로 씌어야 효과적일지, 또는 속어와 한자어를 반씩 섞어야 효과적일지 한번 계획할 필요가 있다."[24]

이태준의 위와 같은 주장은 오늘날엔 모든 이들로부터 환영받기 어려울지 모른다. 일본식 용어, 영어식 표현, 한자어에 대한 반발이 만만치 않기 때문이다. 그러나 대체적으로 여전히 유효한 이야기가 많다. 그래서 지금도 꾸준히 읽히고 있다.

1930년 7월 언론전문지인『철필(鐵筆)』이 창간됐다. 이 잡지는 창간사에서 '조선의 신문인, 다시 말하면 조선의 저널리스트 제군을 위하여 세상에 나온 것'이라고 그 성격과 방향을 밝히고 있다. 1931년 2월까지 통권 4호를 발행한 이 잡지에 실린 주요기사는「대기자와 명기자론」(민태원),「쏘휘엣트 로서아의 붉은 신문」(이세용) 등이다.

우리나라 최초의 언론전문지는 1928년 7월, 같은 해 5월 창립된 우리나라 최초의 언론연구단체 '조선신문연구회'가 발행한,『신문연구』지만, 이 잡지는 실물이 남아 있지 않고『동아일보』(7월 6일자)에 게재된 광고로만 그 존재를 확인할 수 있다. 1933년 12월엔『호외(號外)』가 창간됐다. 이 잡지는 3년 전 발행된『철필』과 달리 주로 일반 독자를 의식하고 편집한 대중 지향의 잡지였지만 창간호만 내고 종간되고 말았다. 창간호이자 폐간호의 주요내용은 '동아 · 조선 · 중앙 삼대신문 편집총평'(청진루 주인), '김성수냐? 방응모냐? 전라도냐? 평안도냐? 동아 · 조선의 일기전(一騎戰)'(황금산인) 등으로 가명의 필진이 많고 일반 독자의 호기심을 자극하는 것들이었다.

1935년 9월에 나온『쩌-날리즘』역시 1호로 생명이 끝난 잡지였다. 이 창간호이자 폐간호는 당시 언론계의 민감한 쟁점을 다뤘다.[25] 예컨대 보성전문학교(지금의 고려대학교)가 학생을 입학정원 이상으로

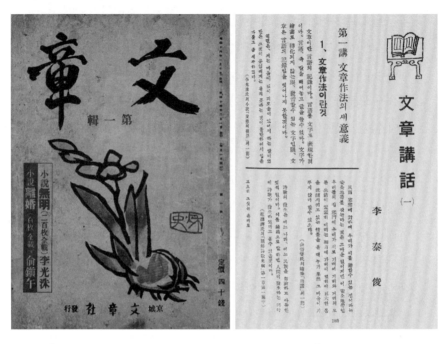

『문장』(1939년 2월호) 창간호 표지와 총 9회에 걸쳐 연재됐던 이태준의 「문장강화」. 글쓰기에 있어 고전(古典)이 된 이 글에서 이태준은 교양인의 사고나 감정을 표현하려면 한자어가 필요하다고 주장했다.

뽑아 문제가 된 일이 있었는데(이른바 '보전문제'), 『쩌-날리즘』은 이 문제로 신문지상에서 일대 접전을 벌인 『동아일보』와 『조선일보』의 싸움 원인과 경과 및 시비를 밝히려고 애썼다. '심판자(審判子)'라는 가명으로 「동아 대 조선전의 진상 급기 비판」 등과 같은 기사를 게재한 것이다.

언론전문 잡지들이 제대로 발행될 수 없었던 이유는 아무래도 '전문'이라는 데에 근본적인 한계가 있었던 것으로 보인다. 그리고 언론비평은 잘나가는 종합지들이 이미 다루고 있었으므로 특별한 희소가치를 주장하기도 어려웠다.

"라디오에 인이 박히면"

이중방송의 실시

라디오 방송은 1930년대에 하드웨어 측면에서는 큰 발전을 이루었다. 1931년 9월 18일 일본이 만주를 침략한 이후 전쟁 관련 뉴스의 수요 증가로 라디오 등록 대수가 다소 늘었다.[26] 일본어 방송과 한국어 방송을 따로 내보내는 이중방송은 1933년 4월 26일부터 실시되었으며 방송시간도 1일 16시간으로 크게 늘어났다. 이런 변화에 힘입어 경성방송은 1933년 9월 서울에서 열린 경평축구전 세 경기를 모두 실황 중계하기도 했다. 아나운서로 이름을 날렸던 박충근이 중계를 맡았다.[27]

축구 중계에 앞서 이미 야구 중계가 큰 인기를 끌고 있었다. 1930년 4월~10월 사이에는 야구 중계를 70회나 했다. 야구, 축구, 육상, 럭비 같은 스포츠뿐만 아니라 각종 이벤트도 중계했다. 황해도 사자놀이, 부산관부연락선 시승 실황, 웅변대회, 조선의 시장풍경, 심지어 경성제국대 외과교실의 수술 실황까지 중계했다.[28]

한일 양국어 혼합방송시대인 1932년에 약 2만 명이던 청취자 수는 한국어 방송이 독립 분리된 이중방송 후에는 크게 늘기 시작했다. 청취자 수는 1934년 1월에 3만 명을 돌파했으며 조선인의 증가가 현저해 총 가입자의 40퍼센트에 달하게 되었다.[29]

라디오의 최고 메뉴 중 하나는 대중가요였다. 1934년 1월 27일 전옥과 강홍식은 함께 라디오 출연을 했는데, 신문엔 "콜럼비아레코드 비장의 예술가 강홍식과 전옥, 대중의 기대 속에 7대 명곡 오후 8시 방송"이라는 광고까지 실렸다. 이들이 부른 7곡 중 대성공을 거둔 건 이른바 '신민요'로 분류되는 〈처녀 총각〉(범오 작사, 김준영 작곡)이었다. 팔린 레코드가 10만 장에 달해 김준영은 이 곡의 판매 수입으로 피아노를 샀다고 한다.

"봄은 왔네 봄이 와 숫처녀의 가슴에도/ 나물 캐러 간다고 아장 아장 들로 가네/ 산들산들 부는 바람 아리랑 타령이 절로 난다/ 흥~"[30]

이처럼 당시 가요계는 방송출연을 음반 홍보의 기회로 활용하였다. 요즘 영화배우들이 영화 개봉을 앞두고 각종 TV 오락프로그램에 출연하는 홍보활동의 원조인 셈이다. 1940년 5월 1일 백년설과 신인 진방남이 출연해 가요 7곡을 선보였는데, 이 가운데 진방남의 〈불효자는 웁니다〉는 방송출연 직후 레코드가 발매되기 2개월 전인에도 주문이 쇄도했다고 한다.[31]

아나운서가 제공하는 '라디오 드라마'도 인기를 누렸다. 『별건곤』 1934년 5월호에 따르면, 한 여자 아나운서가 톨스토이의 『부활』을 방송하면서, 카츄사와 네흘류도프 공작이 시베리아 벌판에서 이별하는 장면에서 그냥 울어버리더니 내내 계속 흐느끼기만 하는 '방송사고'가 발생했다. 그러나 청취자들은 그걸 '사고'로 여기기보다는 여자 아나운서의 울음에 공감했으리라는 해석이 뒤따랐다.[32]

방송의 전국 네트워크화

이중방송이 실시되기 전까지 약 6년여 동안의 방송시설은 '라디오의 아버지' 마르코니(Guglielmo Marconi, 1874~1937)가 공급해준 것이라고 한다. 마르코니 부부는 1935년 11월 25일 특별열차 편으로 서울에 도착해 기자회견을 가졌는데, 『조선일보』 11월 25일자는 마르코니가 "무선시대 다음에는 TV시대가 온다"고 이야기했다고 전하고 있다.[33]

『조광』 1936년 1월호는 "한번 라디오를 논(들여놓은) 사람은 여기에 말하자면 인이 박혀 하루도 못 들으면 궁금할" 만큼 되었지만, "상점 앞에서 떠들어대는 '라디오' 확성기의 아우성"은 "도회인의 가뜩이나 날카로운 신경을 마비시키고" 있다고 했다.[34]

전국 중계 정기방송은 1934년 1월 8일부터였지만, 경성방송국이 개국한 이래로 8년 7개월간 조선에는 경성방송국 하나뿐이었다. 1935년에 이르러서야 부산방송국(9월 21일)이 개국했고 뒤이어 1938년까지 평양방송국(1936년 11월 15일), 청진방송국(1937년 6월 5일), 이리방송국(1938년 10월 1일), 함흥방송국(1938년 10월 30일) 등이 차례로 개국했다. 함흥방송국이 개국하기 3개월 전인 1938년 10월 기술 계통에 종사하던 노창성은 함흥방송국 국장이 되었는데, 한국인이 지방 방송국장이 된 경우는 일제강점기 동안 노창성 한 사람밖에 없었다.[35]

그런 네트워크 확충에 힘입어 라디오 수신기는 1936년 말에 7만

1930년대 미국에서 만들어진 제니스 라디오. 그 당시 라디오는 대중문화를 이끄는 선두주자였으며 제국주의 국가에선 라디오를 정치 선전매체로 적극 활용해 '라디오 파시즘'이라는 말이 생겨났다.

3,000여 대, 1937년 말 11만 1,000여 대, 1938년 12만 9,000여 대에 이르렀다. 1939년 4월 1일 월 청취료를 1원에서 75전으로 내리자 청취자는 16만 7,000여 명으로 증가했다. 라디오 수신기는 가장 비싼 것이 185원, 싼 것은 78원이었는데, 당시 하숙비는 30원에서 40원이었다(1939년 전등 보급률은 100세대당 12호였다).[36]

독일과 일본의 '라디오 파시즘'

라디오 방송의 영향력이 점점 커지자 조선총독부는 방송통제를 더욱 강화하면서 방송을 선전에 이용하고자 하였다. 아마도 당시 라디오를 최고의 선전매체로 활용하고 있던 독일의 히틀러(Adolf Hitler, 1889~1945)에게서 '라디오 파시즘'의 원리를 배운 것도 있었으리라.

1934년 8월 2일, 87세의 힌덴부르크(Paul von Hindenburg, 1847~ 1934) 대통령이 사망한 이후 대통령의 권한마저 흡수하는 철권을 쥐게 된 히틀러의 모든 연설은 라디오로 전국에 중계되었다. 파시즘의 등장과 관련하여 이 라디오가 대단히 중요한 의미를 갖는다. 인류 역사 이래로 라디오를 통해 한꺼번에 수백, 수천만 명의 사람들에게 선전을 할 수 있게 된 건 바로 이때가 최초였음을 상기할 필요가 있다. 1939년경엔 독일 전체 가구의 70퍼센트 이상이 라디오를 보유하였는데, 이는 당시 세계에서 가장 높은 보급률이었다.[37] 또 영화도 최대한 활용되었으며 모든 활자매체엔 시시콜콜한 것에 이르기까지 '보도지침'이 하달되었다.[38]

히틀러는 괴벨스(Paul Joseph Goebbels, 1897~1945)라는 선전선동 전문가를 잘 활용하였지만 그 자신도 괴벨스 못지않은 전문가였다. 히틀러는 나치 선전선동가들에게 대중은 일용할 빵에 굶주리듯이 정치적 행동에서 지속적인 이상주의에도 굶주려 있다는 사실을 인식해야 하며, 이러한 영적 굶주림을 만족시키지 못하는 운동은 대중들의 전폭적인 지지를 얻어낼 수 없고 결국 실패한다고 가르쳤다.[39] 또 이런 말도 했다.

"뇌에는 수많은 벽으로 나누어진 많은 공간이 있는데, 만약 당신의 구호로 그곳을 채우면 그 반대의 것은 나중에 들어갈 자리가 없어진다. 왜냐하면 뇌 속의 구역이 이미 당신의 구호로 가득 차 있기 때문이다."[40]

마찬가지로 일제는 조선의 라디오를 황국신민화 사업에 적극 활용하고자 했다. 1937년 중일전쟁의 발발과 함께 일제는 본격적으로 방송을 국민동원과 전시선전의 도구로 삼기 시작했다. 조선총독부는 황국신민화, 내선일체, 일본어 상용 등의 명분을 내걸어 우리말 뉴스방송에서도 일본어 혼용을 강요하였고 '궁성요배(宮城遙拜)의 시간'이니 '심전개발(心田開發)'이니 하는 프로그램을 방송토록 하였다. 그런가 하면 나중엔 "일본군이 되어 천황폐하를 위해 싸우다가 백골이 되어 호국신사에 봉안되는 것이 효도의 길이라는 노래 '아들의 혈서'를 당대의 인기 가수 백년설이 매일 방송하느라고 2개월간 방송국에 통근했다."[41]

특히 '방송선전협의회'의 활동에 대해 임종국은 "이른바 내선일체의 선각자들을 총동원해서 사회 교화의 일선 역할을 수행하게 할 목적으로, 총독부 사회교육과가 주동해서 발족시킨 기구이다. 제2부 방송인 조선어 방송강좌를 통해서 대중의 일본적 교화·계몽을 실현하려 하였다. 제1차 협의회는 1937년 1월 13일 관계기관, 방송관계자 및 총독부의 위촉을 받은 강사들이 열석하여 조선호텔에서 개최되었다"고 했다.[42]

라디오 황국신민체조

일제는 1938년 전시 동원 체제로 전환하면서 조선에 '황국신민체조'를 제정했고, 라디오를 그 매개체로 이용했다. 백미숙은 "라디오체조가 황국신민화사업에서 중요하게 부상하게 된 것은 시간과 개개인의 신체를 연결시킴으로써 '총후동원령'에 의한 '직역봉공' 운동을 구현하는 사회적이고 일상적 의례였기 때문이었다"며 다음과 같이 말했다.

"직역봉공이란 국민 각자가 자기 직업을 통해 국가에 봉사한다는 뜻이다. 전장에 나간 군인 못지않게, 총후(銃後)에서 민간인들이 시간

라디오체조(황국신민체조)를 하고 있는 학생들의 모습. 일제는 라디오 체제와 함께 전쟁을 수행하는 군인과 같은 긴장감과 규율 체제를 수립해 조선인들의 일상생활을 병영화하려고 했다.

과 신체를 철저히 관리하여 아낀 시간과 물자를 국가를 위한 봉사활동에 사용하도록 하고, 통제 체제에 자발적으로 흡수되어 복종을 지향하는 국민, 즉 황국신민으로 신체와 정신을 획일화시키는 훈육과정이었다. 아침 기상 시간과 궁성요배의 의례는 라디오 체제와 더불어 전쟁을 수행하는 군인과 같은 긴장감과 규율 체제를 수립하여 일상생활을 병영 체제화하려는 것이었다."[43]

　조선에 들어온 스포츠와 체조들은 거의 모두 일본으로부터 유입된 것이었지만, 황국신민체조만큼은 식민지 조선에서 역으로 일본으로 흘러들어갔다. 체력장제도는 일본 후생성의 발표보다 앞선 1939년 7월 경성(서울)에서 실시됐다. 1942년 일제는 건민(健民)운동을 대대적으로 벌이며 "강철 같은 신체는 흥아(興亞)의 초석"이라고 강조했다.[44]

일제강점기 방송의 두 얼굴

마이클 로빈슨은 "식민지 시기에 대한 일반적인 민족주의적 역사 서술은 라디오에 대해 언급할 때에도 일본의 선전과 문화적 동화정책에 봉사하는 광범위한 정보통제시스템의 한 측면으로 해석하고 있다"며 다음과 같이 주장했다.

"물론 그러한 해석은 옳다. …… 그러나 좀더 자세히 들여다보면 식민지 라디오 방송의 역사는 훨씬 더 애매모호해진다. 식민지의 라디오가 중앙으로부터 엄격히 통제받긴 했지만, 그 설립과 확장 문제 때문에 조선총독부는 문화정책상 몇 가지 중요한 양보를 할 수밖에 없었다. 가장 주목할 점은 일본 당국이 수신기를 확산하고 청취 대중을 늘리기 위해 순 한국어만을 사용하는 제2방송과를 설립할 필요에 부딪혔다는 점이다. 게다가 방송국을 꾸리는 데는 광범한 유료 청취자 집단이 필요하였다. 최초 6년간(1927~1933년)의 방송 경험에서 드러났듯이, 그것은 오로지 한국인들이 라디오를 구입하고 사용하는 데 관심을 가질 때에만 가능한 것이었다. 이렇게 해서 식민지에 방송을 도입한 지 6년도 되지 않아 당초의 혼합 언어 방송채널에 순 한국어 방송채널이 추가되었고, 라디오 판매는 급증하였다."[45]

그래서 어떻다는 건가? 로빈슨은 "조선총독부 체신국 관리들의 엄격한 통제를 받으면서도, 순 한국어 라디오 방송은 공중파를 통해 송출하는 다양한 정보·교육·경제·연예 프로그램을 통해 독특한 문화적 공간—즉 문화적·정치적 동화 논리(만일 그런 것이 있었다면)를 반박하는 공간—를 창출하였다"며 다음과 같이 주장했다.

"1933년부터 1941년 태평양전쟁이 발발하고 더욱 엄격한 검열이 부과(한국어 방송은 1944년에 전면 중단되었다)될 때까지 한국의 라디오

방송은 전통적인 음악 장르의 부흥을 자극하고 새로운 극예술 형태를 만들어냈으며, 서구의 고전음악과 재즈를 소개하는가 하면 근대적 대중가요(유행가)에 대한 청취자들의 끝없는 욕구를 충족시키면서 한국어의 표준화 매체로 봉사하였다. 실로 한국어 라디오 방송은 식민지 한국에서 근대 대중문화를 창조하는 중요한 생산력이 되었다. 비록 이러한 문화가 식민 통치하에서 일본의 정치적·문화적·경제적 우위의 산물이긴 했지만, 일본의 문화적 헤게모니를 전복하는 데도 역시 한몫을 하였다."[46]

로빈슨의 주장에 공감하긴 어렵지 않지만, 그것이 기존 주장에 크게 반하는 것 같진 않다. 문제는 '통제'라는 개념을 어떻게 정의하느냐에 있는 것 같다. 통제 개념을 넓게 본다면, 로빈슨이 지적한 것들도 통제에 포함될 수 있다는 뜻이다. 앞서 소개한 바와 같이 일본 총독 사이토가 이른바 '문화정책'을 실시하면서 "『동아일보』는 조선 민족의 뱃속에서 끓어오르는 가스를 배출하는 굴뚝이다. 가스는 배출하지 않으면 쌓이고 쌓여서 끝내는 폭발한다"고 말한 걸 상기할 필요가 있다.[47] 방송이 일본의 문화적 헤게모니를 전복하는 데에 한몫을 했다 하더라도, 그것 역시 '가스 배출'로 간주한다면 통제의 범위에 포함시킬 수 있지 않겠는가.

03

'세기의 총아' 이자 '현대의 패왕'

찬영회 사건의 진실

1929년 12월 31일 조선 영화인들은 송년회를 열었다. 그 자리에서 영화인들은 연예부 기자들의 모임인 찬영회(讚映會)를 성토하다 그간 쌓인 분노가 폭발했다. 앞서 지적한 바와 같이 일부 찬영회 회원은 배우와 제작자를 공개적으로 무시했고 기자들 모임에 여배우를 불러내 술을 마시기도 했으며, 시사회를 열 때마다 영화사에 부담을 씌웠기 때문이다.

다음 날인 1930년 1월 1일 새벽 나운규(1902~1937), 윤봉춘(1902~1975), 복혜숙(1904~1982) 등이 조선 · 동아 · 중외 등 3개 신문사에 난입해 윤전기에 모래를 뿌리는 등 소동을 벌였다. 복혜숙은 "『조선일보』의 경우는 학예부장인 염상섭 씨를 필두로 한 기자들과 배우가 난투극을 벌이기도 했다"며 "기자의 집까지 찾아가 벌인 이 행패는 연

3일 동안 장안을 소란케 했다"고 증언했다.[48]

그러나 김수남은 이 사건의 내막이 세상에 알려진 것과 다르다고 주장했다.

"그 진상은 카프계의 영화인들을 주축으로 나운규의 비행을 성토하려 했는데 이 사실을 미리 안 그가 엉뚱하게도 자신에게 향한 비난의 화살을 영화비평 기자들의 모임인 '찬영회'에 돌려 일으킨 사건이다. 그 당시 영화인들은 영화에서 많은 돈과 명예를 얻은 나운규가 영화인의 어려움을 모른 척하고 혼자서 호강을 누리며 저속한 일본 영화에 출연하는 추태를 부려 못마땅해하였다. 그래서 카프계의 영화인들이 무산노동자의 권익옹호에 나서지 않는 반동 작가라고 규탄하는 것과 때를 맞춰 많은 영화인들이 나운규를 매장시키려고 집단행동한 것이다."[49]

안종화에 따르면, 당시 나운규는 이렇게 선동했다고 한다.

"여러분! 우리 영화계에는 하나의 암이 있습니다. 그것은 다름 아닌 찬영회라는 거머리 족속들인 것입니다. (옳소!) ……저들은 외국 영화 배급업자들의 대접을 받고 있습니다. 또 필름을 빌려 흥행을 해서 그 수입으로 기금을 삼습니다. 물론 우리도 그들을 소홀히 대접하지는 않지만, 우리 손으로 만든 영화는 신문의 영화란에 잘 눈에도 띄지 않는 정도로밖에는 안 실어줍니다. 다만 돈을 집어주는 제작자의 것만은 아주 인심을 써서 호평을 해줍니다. 결국 돈을 달라는 수작이 아니고 무엇이겠습니까? (옳소!) 갑시다! 그놈들을 때려눕힙시다!"[50]

그러나 이효인은 안종화의 이런 시각에 의문을 제기했다.

"이미 안종화는 카프 영화인들의 모태였던 조선영화예술협회에서 그들에 의해 밀려난 바 있다. 따라서 안종화는 자신이 쓴 『한국영화측면비사』에서 카프 영화인에 대해서는 항상 우스갯거리감으로 묘사하거나 대단히 사악한 사람들로 서술하는 것이 어쩌면 자연스러운 일이다. 그러므로 안종화가 그 책에서 카프 영화인에 관해 쓴 부분은 왜곡, 위작일 가능성이 대단히 높다는 결론에 도달할 수 있다."[51]

이어 이효인은 "12월 31일 송년회에 모인 조선 영화인들은 처음엔 중구난방의 의견들을 교환하다가—이 속에는 카프 영화인들의 나운규 비판과 찬영회에 대한 비판도 물론 포함되어 있었을 것이다—급기야 가장 자신들의 치부를 건드린 『중외일보』의 최근 기사 「배우들의 생활내막」을 목표로 집중 성토를 하다가 행동에 나선 것이다"며 다음과 같이 말했다.

"(경찰의) 검거를 피한 나운규, 윤봉춘 등이 계속 행동에 나서려 하자 찬영회와 영화인 간의 협상과 마침 일어난 광주학생운동으로 찬영회 측의 고소취하와 사과문 발표로 매듭을 지었다. 사실 찬영회 측의 일부 사람들은 외화에 대해 특별 배려를 하였으며 이 때문에 금전수수나 향응접대 등을 받았으므로 영화인들의 불만대상이었지만 대다수 영화인들의 사생활 또한 불건전한 것이 사실이었다. 따라서 찬영회 사건은 당시 조선 영화계의 치부를 단적으로 드러내 보인 수치스런 일 중의 하나이며 아직까지 내려오는 한국 영화계의 악습을 반영하는 과거의 사건일 뿐이다."[52]

정확한 진실이 무엇이건, 연예부 기자를 접대하는 문화가 이때에도 있었다는 게 흥미롭다. 오늘날엔 거대 연예기획사의 횡포 때문에 연예부 기자 못해 먹겠다는 말도 나오지만, 사람 사는 세상은 그때나 지금이나 크게 다른 것 같진 않다.

우리나라 최초의 발성영화 〈춘향전〉

이미 1920년대부터 미국 할리우드 영화는 전 세계 시장을 석권했다. 당시 미국 영화는 1년에 700여 편이 제작된 반면, 독일은 200여 편, 영국은 40여 편, 다른 유럽 국가들은 10여 편에 불과했다. 1920년대에 할리우드의 영화는 전 세계 모든 상영 영화의 5분의 4를 차지했다.[53] 1925년의 경우, 미국 영화는 영국 시장의 95퍼센트, 프랑스의 77퍼센트, 이탈리아의 66퍼센트를 장악했다.[54]

이러한 추세는 1930년대에도 지속되었으며, 식민지 조선조차 그 추세에서 열외는 아니었다. 전국의 영화 상설상영관이 79곳에 이른 1932년 조선에서 상영된 필름량의 국가별 비율을 보면 외국산 62.7퍼센트, 내지산 32.3퍼센트, 조선산 4.1퍼센트였는데, 가장 인기가 높은 건 할리우드 영화였다. 1932년~1934년간『동아일보』에 실린 영화 관련 기사 중 미국 영화는 73건, 프랑스 영화는 16건, 영국 영화는 7건, 일본 영화는 5건이었다. 1929년~1932년간 수입된 미국 영화의 4분의 3은 연애, 범죄, 섹스 등 3가지를 다룬 영화였다. 한편 전용 영화관은 1916년 11개 곳에서 1924년에는 25곳, 1934년엔 43곳, 1942년에는 74곳으로 늘어났다.[55]

왜 일제는 미국 할리우드 영화의 압도적 우위를 허용했을까? 이와 관련, 브라이언 이시즈는 1926년에서 1936년 사이의 식민지 시대 조선의 영화산업을 논하면서 조선총독부가 할리우드 영화 6,700편의 검열을 통해 막대한 이득을 챙겼고, 이들 대부분이 거의 아무런 수정 없이 검열을 통과했다고 주장했다. 바꿔 말하면, 할리우드가 조선총독부의 재정에 크게 기여한 의도하지 않은 '일제 협력자'였다는 것이다. 이에 대해 조흡은 쟁점은 일제가 "왜 정치선전을 위해 훨씬 효과

1935년 제작된 우리나라 최초의 유성영화 〈춘향전〉은 10월 4일 단성사에서 개봉하자마자 초만원을 이룬 대박 영화였다. 이와 같은 발성영화는 1920년대에 최고의 주가를 올리며 많은 돈을 벌어들이던 변사의 몰락을 가져왔다.

적일 일본 극영화를 놔두고 굳이 할리우드 영화의 수입을 허용했냐는 것"이라며 다음과 같이 말했다.

"이는 단지 천문학적 규모의 수수료 수입을 기대할 수 있는 거대한 이익사업이었기 때문에 그런 결정을 내린 것으로 이해하긴 어려운 문제다. ……그것은 한마디로 할리우드 영화가 일본 영화보다 정치적으로 더 효과적이기 때문이었다. 무엇보다 조선에서 일본 영화를 대량 보급시키는 것에 따른 조선인들의 반감을 무마할 수 있고, 할리우드 영화가 일본의 식민정책을 펴나가는 데 위협적인 내용을 담고 있지 않았기 때문이었을 것이다. ……뿐만 아니라 할리우드 영화는 좀 더 중립적인 입장에서 서양의 우월한 문화적 가치를 담고 있어, 아시아에서 유일하게 서양의 제도와 문물을 받아들여 서양 국가처럼 행세하던 일본의 입장에서는 할리우드 영화가 제기하는 문화적 이데올로기가 자신들의 가치와 동일한 것으로 생각했을 것이라는 설명도 가능하다."[56]

조선 영화의 시장점유율이 한 자릿수에 머무는 가운데 1935년 우리나라 최초의 발성영화인 〈춘향전〉이 제작되었다. 1935년 10월 4일 단성사에서 개봉하자마자 초만원을 이뤄 영화를 보려는 사람들이 단성사에서 동대문 쪽은 물론 창덕궁 쪽으로도 죽 늘어설 정도였다.[57]

발성영화의 등장 덕분에 처음으로 여성이 여성의 목소리로 말할 수 있었다. 무성영화 시대엔 여배우의 목소리도 남성 변사의 몫이었다.[58] 당연히 발성영화는 변사의 몰락을 가져왔다. 변사는 일류 상설관에서 변두리 극장으로 밀려나기 시작했다. 외국 영화의 경우 여전히 변사의 몫이 남아 있었으나, 중일전쟁 이후 외국 영화 수입이 통제된 1938년부터 변사는 전면 퇴출 대상이 되었다. 『동아일보』 1938년

6월 15일자엔 생활고로 자살한 변사의 이야기가 등장한다.[59]

〈춘향전〉과 항일민족운동

『춘향전』은 1923년 12월에 개봉된 〈춘향전〉 이후 2000년 임권택의 〈춘향뎐〉에 이르기까지 모두 16번이나 영화화됐다. 놀라울 정도로 질긴 생명력이다. 1935년의 『춘향전』은 1930년대에 판매가 더욱 활발해진, 흔히 딱지본이라고 하는 구활자본 신구소설의 바람을 탔다. 당시 가장 많이 팔린 딱지본 소설이 바로 『춘향전』이었다. 『춘향전』은 1930년대 중반까지도 1년에 40만 부씩 판매되다가 1930년대 말에 들어 절반 정도로 감소했다.[60]

행상을 통해 판매된 딱지본 소설은 1910년대에는 시장의 국수 한 그릇과 같은 가격인 6전에 판매된다 하여 '육전소설'이라고 광고하기도 하였다. 1920년대엔 20전~30전으로 올랐지만, 그래도 80전이었던 신문구독료보다는 훨씬 저렴했다. 신문 1년 구독료로 딱지본 소설들을 30권~40권이나 구매할 수 있었다. 이들은 눈길을 사로잡는 삽화들이 들어간 표지로 포장되었기 때문에 딱지본이라고 불렸으며, 이는 1970년대까지도 성행했다.[61]

딱지본이 식자층의 경멸 대상이었듯이 『춘향전』과 같은 구소설도 비판 대상이었다. 이미 1910년대부터 신소설 작가 이해조(1869~1927)는 『춘향전』뿐만 아니라 『심청전』과 『홍길동전』도 백해무익이라고 비판하고 개탄했다. 그는 "『춘향전』은 음탕 교과서요, 『심청전』은 처량 교과서요, 『홍길동전』은 허황 교과서"라 했다. 이에 대해 조동일은 다음과 같이 말했다.

오랜 세월 민중에게 사랑받아왔던 전래소설들
은 1930년대에 들어 '딱지본 소설'로 제작 판
매되었다. 주로 행상을 통해 판매된 이 책들은
가격이 시장의 국수 한 그릇 값(6전)이라 하여
'육전소설'이라고도 불렸다. 그림은 『춘향전』
(1913년), 『심청전』(1916), 『홍길동전』(1915)의
책표지.

"자기는 도덕 교과서를 소설로 지었는가 하면 그렇지 않다. 소설이 지니는 음탕·처량·허황의 요소를 다 지닌 작품을 써서 독자를 사로잡고자 하면서 새 시대에 맞는 주장을 얼마쯤 곁들였을 따름이다. 자기가 지은 신소설이 돋보이게 하려고 구소설은 나무라면서 그 이유를 도덕적 가치 부재에 두었다."[62]

그런데 1930년대엔 『춘향전』에 좀 다른 의미가 부여되었다. 민족주의적 의미가 부각된 것이다. 3·1절 12주년인 1931년 3월 1일 전라북도 남원 광한루 동편에 춘향사당이 세워진 것이 그 좋은 예다. 완성된 춘향사당 정면에는 거북의 등을 타고 붉은 해를 뒤로한 채 용궁을 빠져나오는 토끼 모양의 조형물이 조각돼 있다. 설성경은 "일본을 상징하는 해를 뒤로하고 바다를 탈출하는 토끼는 일본의 지배에서 벗어날 날을 염원하는 의미"라고 설명했다. 설성경은 "일제강점기 지식인들이 춘향을 소재로 한 예술작품 발간, 춘향사당 건립, 언론보도 등을 통해 항일민족정신을 고취했음이 확인됐다"고 밝혔다.[63]

설성경의 논문 「춘향전과 항일민족운동」에 따르면, 1940년 시인 김영랑은 『문장』에 발표한 시 「춘향」을 통해 "성문이 부서져도 이 악물고 사또를 노려보던 교만한 눈, 그는 옛날 성학사 박팽년이 불지짐에도 태연하였음을 알았으니라"며 지조와 역사의식을 강조했다. 또 유치진도 "춘향의 정조는 그 시대의 부패한 권력과 싸워 나가는 의지"라며 희곡 「춘향전」을 통해 식민지 시대의 민족의 고통을 풍자하며 민족 주체성의 회복을 형상화했다.[64] 영화 〈춘향전〉의 인기도 이런 맥락에서 이해할 수 있지 않을까?

영화통제와 무관한 관객의 물결

1935년 우리나라 최초의 발성영화인 〈춘향전〉이 제작되었지만, 1930년대 중반 이후 한국 영화는 내리막길을 걷고 있었다. 1934년 일제는 "현재 조선에 있어 외국 영화의 상영은 총체의 6할 2푼여 일본 내에서는 평균 2할여를 점하고 있"다는 걸 지적하면서 새로운 취체규칙을 만들었다. 그 세칙 사항은 외국 영화의 상영을 1개월에 한 극장에서 한번으로 제한하는 한편 전체적으로는 4분의 3 이내로 제한하여 일본과 조선의 영화는 의무적으로 4분의 1 이상 상영토록 규정하였다.

이효인은 "이것은 1936년에는 일본, 조선 영화의 3분의 1 이상 의무 상영, 1937년에는 2분의 1 이상을 의무 상영토록 하는 것을 의미하였다"며 "일제는 이러한 조처를 통하여 조선 영화와 일본 영화의 중흥을 꾀했지만 사실상 이는 조선 영화의 쇠퇴와 일본 영화의 발전을 보장하는 장치에 불과했다"고 평가했다.

"당시 조선 영화계는 발성영화를 만들지 못했지만 극장에서 상영하던 발성영화의 비율은 1933년 25퍼센트, 1934년 40퍼센트, 1935년 85퍼센트 정도였으므로 관객이 외국 영화와 일본 영화에 쏠리는 것은 당연하였다. 그리고 일제의 극악한 검열이라는 이중적 난관 속에서 조선 영화의 진로는 더욱 암담할 뿐이었다."[65]

그러나 관객은 영화 자체를 사랑한 것이지 한국 영화만을 사랑하는 건 아니어서 관객은 계속 늘었다. 『조광』 1937년 12월호에 실린 글은 대중이 영화관을 찾는 이유에 대해 '기호성(嗜好性)의 발작(發作)', '생(生)의 적막(寂寞)', '피로(疲勞)된 영(靈)의 안식', '심심풀이'라는 4가지로 설명하면서 이렇게 말했다.

"값이 싸고 화려하고 자미(滋味, 재미)있는 오락은 영화를 제외하고

1938년 11월 최초의 영화제인 조선일보영화제가 열린 경성부민관(지금의 서울시의회 본관)과 바로 옆에 위치한 당시 조선일보사 건물. 이 영화제에서 1위는 각각 무성영화 부문 〈아리랑〉, 발성영화 부문 〈심청전〉이 차지했다.

는 달리 없는 까닭이다. ······영화관중들은 누구나 메리이(메리 픽포드)의 애인 될 자격이 있는 셈이 된다. 가르보(그레타 가르보)도 웨스트(매웨스트)도 디트리히(마를렌 디트리히)도 다 애인이 될 수 있다."[66]

1938년의 기록에 따르면 연극과 영화를 보러 다니는 관객이 경성 시내에만 하룻저녁에 1만 명가량이나 되었다.[67] 관객 총수는 1939년에는 경기도에서만 700만 명, 조선 전체로는 1,722만 명에 달했다. 1942년에는 2,639만 명에 이르렀다.[68]

1938년 11월 조선일보사 주최로 열린 조선일보영화제는 무성영화 33편, 발성영화 12편을 상영한 후 관객들을 대상으로 투표를 실시했는데, 무성영화 부문에서는 나운규의 〈아리랑〉이 1위, 발성영화에서는 〈심청전〉이 1위를 차지하였다. 나운규의 영화는 〈아리랑〉 이외에도 〈임자 없는 나룻배〉(2위), 〈사랑을 찾아서〉(8위), 〈풍운아〉(9위), 〈오몽녀〉(발성 2위) 등 모두 5편이 뽑히는 영예를 누렸다.[69]

영화는 '대중을 타락시키는 코카인'?

영화의 인기는 '영화소설'의 성행으로도 입증된다. 〈아리랑〉이 개봉되고 한 달 후인 1926년 11월부터 신문에 '영화소설'이 연재되기 시작했는데, 이후 시나리오 · 콘티뉴이티 · 촬영 대본 · 시놉시스 · 영화 방송대본 · 시네소설 · 시네포엠 등의 이름을 가진 이른바 '영화문학'이 신문 연재소설란의 한 자리를 차지하게 되었다. 영화문학이 크게 인기를 얻자 기존 영화의 소설판도 출간되었다. 서광제는 『조광』 1937년 7월호에 쓴 글에서 영화의 소설판에 대해 "하등 형식과 내용이 영화와 관련이 없음에도 불구하고 '영화소설'이라는 렛텔을 붙여 놓았으니 이것도 조선이 아니고는 볼 수 없는 현상의 하나이다"라고 했다. 현존하는 영화의 소설판 중 가장 오래된 것은 1930년 박문서관이 펴낸 『영화소설 아리랑』이다. 초판은 1929년 11월 30일에 발간되었고, 현존하는 것은 1930년 4월 10일에 발간된 재판이다.[70]

전용 영화관을 포함하여 영화를 상영할 수 있는 흥행장은 1935년에 96곳을 넘어섰다.[71] 그러나 전용 영화관일지라도 시설은 여전히 열악했다. 경성의 유명극장들은 근대적 건축양식으로 지어진데다 좌석 수 1,000여 석의 복층구조로 선진국 극장에 못잖은 규모였지만, 화려한 외양과는 달리 관객 편의나 위생 측면에선 문제점이 많았다.

"조선의 영화관은 겨울에 춥고 여름에 덥다는 것이 통례가 됐다"거나 "난로 2개와 선풍기 2개~3개가 전부"라는 말이 있었을 만큼 냉난방 시설이 무척 열악했다. 1930년대 말까지도 서울 도심 극장조차 지정좌석이 없었고 한번 극장에 들어가면 문 닫을 때까지 계속 볼 수 있었기 때문에 실내는 무척 혼잡했다. '냄새' 문제도 심각했다. 화장실 악취, 정원을 초과한 관객이 빚어내는 체취와 담배 냄새가 뒤엉켜 "유아를 데리고 극장에 가는 것은 위험천만한 일"이라는 신문기사까지 나올 정도였다.[72]

그러나 이런 문제들은 관객의 영화사랑에 아무런 장애가 되지 않았다. 특히 신여성들에게 서양 영화는 패션과 더불어 연애의 실감나는 교과서였기 때문에 그 어떤 불편을 무릅쓰고서라도 '향학열'을 불태울 만한 가치가 있는 것이었다. 과거엔 영화에 키스 장면이 나오면 고개를 숙였다지만, 이젠 키스하는 법을 배우기 위해 눈을 부릅떴다. 『신여성』 1932년 8월호에 따르면, "독일 영화 〈가소린보이 삼인조〉의 연애 장면에 키쓰하고 두 남녀가 부둥켜안고 있는 시간이 확실히 1분 이상이나 되었"음에도 "부인석의 여자들은 고개를 숙이기는커녕 그냥 태연히 쳐다보고 있을 뿐이었다." 1933년경부터는 일부 극장이나마 남녀 합석의 방식으로 바뀌었기 때문에 극장은 은밀한 연애의 장소이기도 했다.[73]

1939년 안석영은 『조광』에 쓴 글에서 미국의 상업주의 영화가 대중을 타락시키는 것을 '코카인'으로 비유하면서 "나는 이런 미국 영화를 즐겨 하지 않는다"고 주장했다.

"한때는 종로통 대로로 활보하는 남녀 청소년은 영화에 나타난 인물들의 분장을 하고 다닌 때도 있었으며……여성들은 안면의 화장,

1939년 1월호 『조광』에 쓴 안석영의 「영화발전책: 인기있는 기업가의 대망」. 이 글에서 그는 미국 상업주의 영화가 대중을 타락시킨다며, 미국 영화를 '코카인'에 비유했다.

양말 신은 모양, 구두, 또는 스커트가 오르고 나리는 것도 영화의 여배우를 따랐었고 지금은 파마넨트 웨이브가 양가의 집 처녀의 깜정 머리카락을 못살게 굴고 또는 옥시풀로 머리의 깜정물을 빼어 여호털 같이 만드는 이 기관(奇觀) 역시 영화가 가져온 범죄⋯⋯."[74]

그러나 박노춘은 『영화 연극』 제1호(1939)에 쓴 「영화와 여학생」이란 글에서 "영화가 대중의 생활에 파고든 침투력은 대단한 것이었고 앞으로 더하리라고 예측할 수까지 있다"며 "우리는 영화에서 배우고 영화와 같이 사색하고 철학한다"고 했다. 이에 대해 천정환은 "이미 두 세대 전에 영상 이미지를 통해 모든 것을 사고하는 '영상세대'가 등장하고 있었다. 그들은 문자시대를 건너뛰고 있었던 것이다"고 평가했다.[75]

영화와 '현대성의 형성'

일제의 엄격한 통제에도 불구하고 영화가 당시 대중에게 미친 영향은 매우 컸다. 김진송은 '현대성의 형성'이라고 하는 관점에서 나운규의 〈아리랑〉과 그 이후 수년간 영화가 대중에 미친 영향에 대해 "영화는 이제 대중들의 단순한 호기심에서 벗어나 대중의 정서와 미의식을 장악하는 가장 강력한 대중문화로 부상했다"고 평가했다.

"외국 영화가 대거 수입되면서 영화는 도시적인 일상의 하나가 되었으며, 특히 서양 영화의 상영은 서구화된 육체, 성에 대한 개방적 관심을 포함한 도시적 삶의 모든 양식을 변모시켰다. 그리하여 1930년대 '모던 걸'과 '모던 보이'의 등장에 영화만큼 커다란 영향을 미친 것은 없었다."

이어 김진송은 영화에 대한 대중의 관심은 오늘날 대중 스타에 대한 것과 마찬가지로 "'실리 템플'의 일주일 수입이 얼마니, '케이불'식 구두가 어떤 뿜세니, '쪼온 크로포드'는 몇 번째 결혼하느니" 하는 것들로 채워져 갔으며 서양 영화배우에 대한 신상명세를 시시콜콜히 주워섬기는 것이 끽다점이나 바에서 '사교권'을 장악하는 방법이었다고 했다.

"영화가 보다 대중적인 장르로 확산되자 '조선의 나이어린 여성들은 하등의 민족적으로나 계급적 의식이 없이 공상적 푸치뿌르(쁘띠 부르주아) 심리에서 스크린에 나타나는 미모와 고흔 목소리에 유혹되여' 영화배우로 나서려 했다. 스타를 동경하는 청소년의 연예계에 대한 지대한 관심이 오늘만의 이야기가 아니었던 것이다. 영화에서 수많은 서양 배우들이 지대한 영향을 미치고 일상에 침투했지만 이와 함께 조선의 배우들이 등장하고 이들이 스타시스템에 의해 작동되면서 대중들의 새로운 스타로 부상했다. 당시의 많은 잡지에서 영화배우에 대한 소개나 프로필을 소개하는 난이 빈번했던 것은 영화가 지니는 대중적 파급효과를 고려하면 그리 놀라운 일은 아니었다."[76]

『조광』 1937년 12월호에 실린 한 영화비평은 영화야말로 가장 "값이 싸고 화려하고 재미있는 오락"이며 "세기의 총아"이자 "현대의 패왕"이라고 주장하면서 그 이유를 이렇게 설명했다. "오십 전 혹은 삼사십 전으로 세 시간 동안 어여쁜 여배우의 교태와 소름끼치는 자극과 노래와 음악과 춤을 실토록 맛보고 게다가 서양원판 예술을 풍성하게 감상할 수 있으니까 예서 더 바랄 것이 없다."[77]

그랬다. 무얼 더 바랄 것인가? 게다가 사교권까지 장악할 수 있는 보너스까지 주어진다는데 말이다. 서양의 새로운 유행을 남보다 빨리 입수하고 활용해야만 앞서갈 수 있는 건 비단 이 시절에만 국한된 것이 아니었으며 이후 더욱 강화돼 한국적 삶의 중요한 구성 요건이 되었다. 그것은 결코 '사대주의'라고 말할 수 없는, 아니 '근대성'이라고 하는 삶의 중요한 경쟁력이었던 것이다. 오늘날 '다이내믹 코리아'라는 말이 나온 건 바로 이런 전투성 때문이 아닐까?

04

"울다, 사랑, 눈물"

베토벤의 〈월광곡〉은 찾아도

1930년대 조선의 중상류층은 행여 뒤처질세라 서양 냄새를 피우기 위해 무진 애를 썼다. 서양화가 곧 계급이요 교양의 척도이자 상징이었다. 1930년 11월 『매일신보』가 여러 차례에 걸쳐 그런 경향을 지적하고 나선 게 흥미롭다.

11월 23일자에 따르면, "서양류의 가수는 성악가라 하여 숭상하고 우리 조선의 고유한 가수는 광대라 하여 천시하고 멸시함은 무슨 까닭인고? 물론 이에는 여러 가지 원인과 동기가 있겠으나 도대체 남의 것이라면 좋으나 그르나 귀하게 여기고 우리의 것이라면 덮어 놓고 천하게 여기는 과도기에 처한 조선의 사회적 결함과 일반 가수의 인격적 저하(低下)가 그 주요한 원인이 된 것은 묻지 않아도 알 일이니 조선의 가수가 결코 본시부터 천한 것은 아니었다."[78]

11월 26일자에 따르면, "근래 조선의 일부 사람들은 알고서 그러는지, 또는 모르고서 그러는지 덮어놓고 서양 음악에 도취하는 경향이 농후하다. 그래서 서양류의 음악회에서는 알지도 못하는 서양 노래에 손바닥이 아프도록 재청 삼청을 하면서도 순 조선식의 음악회에서 가수가 연단에서 팔을 뽐내고 '구구천변 일륜홍' 등을 부르면 '와' 하고 아주 우습다는 듯이 갑자기 소란한 웃음판을 만들고 있다. 예술에는 국경이 없다니까 구태여 서양 음악을 배척할 필요는 없지만은 그렇다고 또 수천 년의 긴 역사가 남겨 놓은 자랑할 만한 우리의 고유한 음악을 일부러 배척할 필요는 없지 않은가?"[79]

또 11월 28일자에는 "시내 모 악기점 주인의 이야기를 들으면 일반 조선 사람의 악기 구매 경향이 대개 외국 음악의 편애주의로 유성기판 하나를 사는데도 우리 조선 사람은 서양 사람 자신들도 잘 이해하기 어렵다는 '에르겐(베토벤)'의 '월광곡' 같은 것을 찾는 것을 일종의 자랑으로 아는 대신에 혹 악기점 주인이 이러이러한 유명한 가곡(歌曲)이 있으니 이것이 어떠하냐고? 조선의 음율(音律)을 주장하는 일이 있으면······ '아 그까짓 거, 조선 음악 우리는 재미없어요!' 식으로 일언으로 거절하여 조선 음악을 말하며 조선 음률을 아는 것을 일종의 치욕으로 아는 듯한 표정을 하는 사람도 적지 않다고 한다."[80]

그러나 그건 그들의 '구별짓기' 몸부림이었을 뿐 절대다수의 대중은 대중가요를 뜨겁게 사랑했다. 물론 여기에도 서양적 편견이 없는 건 아니었다. 점점 더 외면당하는 전통가요와는 달리 대중가요엔 서양색이 꽤 가미되었기 때문이다.

이애리수의 〈황성 옛터〉

가요 전문가들은 1930년대를 대중가요의 전성시대로 보고 있다. 레코드 상점 앞에 수백 명이 모여 스피커에서 흘러나오는 노래를 따라 불러 경찰이 출동하기도 했다. 『매일신보』 1930년 6월 14일자에 따르면, "20년이란 짧고도 길며 우습고도 눈물겨운 시간이 경과한 1930년의 첫 여름에는 만중표 '담배'와 같이 13도 방방곡곡이 '에디슨'의 선물에 귀를 기울이지 못한 불행한 조선의 남녀노소는 없게 되었다"며 "귀를 기울이고 들어 보아라. 지나가던 길거리에서 이 상점, 저 상점, 이 집 마루, 저 집 대청에서 길 건너 담 넘어 들려오는 이 여름의 유일한 위안거리인 '레코드' 소리를!"[81]

일부 지식인들은 레코드 열풍을 마땅치 않게 생각했다. 예컨대, 김기림은 1931년 레코드 소리를 위안거리로 삼는 대중들을 "악기점에서 흘러나오는 '레코드'의 '왈츠'에 얼빠져" 있는 "불건전한 무리들"이라고 비판하기도 했다.[82]

그러나 '왈츠'가 아닌 '황성 옛터'라면 이야기가 좀 달라질 수도 있지 않을까? 이 경우엔 '상업주의'가 비난의 대상이 되지만, 어차피 대중가요는 지식 엘리트들 즐기라고 만든 건 아니었다. 1932년 4월 이애리수의 〈황성 옛터〉(왕평 작사, 전수린 작곡) 레코드판이 빅타레코드에서 발매되었는데 순식간에 5만 장이 판매되었다. 1928년 가을부터 〈황성 옛터〉가 종로 거리에서 불려지기 시작했다는 설도 있지만, 이 노래가 언제부터 불려졌는지는 확실치 않다.[83] '황성 옛터'는 고려의 도읍이었던 왕성(王城)의 옛터, 즉 개성을 의미하는 것으로 여겨져 왔다.

원래 제목은 '황성의 적(跡)'이었으나 〈황성 옛터〉로 불리게 되었

〈황성 옛터〉를 부른 16세의 소녀배우 이애리수. 일제는 이 노래가 조선왕조를 떠올려 애국심을 일깨울 우려가 있다며 '금지곡'으로 정하고 단속에 들어갔다.

다. 〈황성 옛터〉는 이애리수가 전국순회공연마다 막간(幕間)을 이용해 부른 것이 전국에 전파되면서 인기를 얻게 되었다. 1920년대의 대표적인 흥행연극단체인 '취성좌'에서는 1927년부터 신파에 염증을 내는 대중을 즐겁게 해주기 위해 전속악단원을 조직하여 막간 프로를 신설했는데, 당시 16세의 소녀배우 이애리수가 막간에 이 노래를 부르곤 했다. 서울 단성사에서 공연할 때는 관객들이 눈물을 흘리면서 〈황성 옛터〉를 따라 불러 임석 경관이 공연을 중지시킨 일도 있었다. 일제는 조선왕조를 생각나게 해 애국심을 일깨울 우려가 있다며 이 노래를 금지곡으로 단속하였다. 〈황성 옛터〉의 민족주의적 색깔 때문에 이애리수는 '민족의 연인'으로 불려졌다.[84]

"황성 옛터에 밤이 되니 월색만 고요해/ 폐허에 서른 회포를 말하여 주노나/ 아 외로운 저 나그네 홀로 잠 못 이뤄/ 구슬픈 버레(벌레) 소래(소리)에 말없이 눈물 져요// 성은 허물어져 빈터인데 방초만 푸르러/ 세상의 허무한 것을 말하여 주노나/ 아 가엾다 이 내 몸은 그 무엇 찾으려/ 덧없난(없는) 꿈의 거리를 헤매여 있노라// 나는 가리라 끝이 없이 이 발길 닿는 곳/ 산을 넘고 물을 건너 정처가 없이도/ 아 한 없난(없는) 이 심사를 가삼속(가슴속) 깊이 품고/ 이 몸은 흘러서 가노니 넷(옛)터야 잘 있거라"

대구에서는 어느 보통학교 교사가 음악시간에 〈황성 옛터〉를 가르쳤는데, 한 학생이 길을 가면서 이 노래를 부르다가 일본 순사에게 잡혀가고 교사는 구속되었다고 한다. 책마다 좀 다른데, 교사가 그냥 학교에서 쫓겨났다는 이야기도 있다.[85]

레코드의 홍수

1930년대 초 유성기 음반은 한 해 평균 100만 장 이상 팔려나갔다.[86] 『삼천리』 1933년 5월호는 "레코드의 홍수이다. 레코드 예술가의 황금시대이다. 레코드 외에는 오락을 갖지 못한 중산 가정에서는 찾는 것이 레코드뿐이다"며 "전 조선에 300개가 넘는 대소 축음기 가게에서 매달 각 음반회사가 적어도 50종에 가까운 신보(新譜)를 내놓는다. 그 것이 한 종류에 1,000매, 2,000매가 손쉽게 팔려 나간다"고 했다.

"6개 회사에서 한 달에 600종의 신보가 나오는데, 1종에 5,000매, 1개월에 300만 매, 1년에 3,600만 매에 달한다. 한 장에 1원씩만 쳐도 3,600만 원이란 큰 시장의 점탈전(占奪戰)이다. 경쟁이 백열화(白熱化)하지 않을 수 없겠다."[87]

또 『매일신보』 1933년 12월 29일자는 "조선 레코드계의 전선은 콜럼비아, 빅타, 시에론, 오케, 포리돌 5개 회사가 혼전 상태를 연출하고 있다"며 "5개 회사가 33년 안에 제작한 종류는 537종. 이를 다시 회사별로 나누면 콜럼비아 200종, 빅타 74종, 포리돌 72종, 시에론 71종, 오케 120종이다"고 했다.[88]

이상길은 일제시기에 유성기로 인한 '사적 영역에서의 사업화된 오락의 소비'라는 현상의 출현에 주목하면서 "일부 계층을 중심으로 한 핵가족화와 사적 영역의 맹아적인 발생은 유성기의 소유와 다양한 음반의 가족적 소비에 우호적인 배경이 되어주었다"고 했다.[89]

장유정은 "유성기의 등장은 단순히 사적인 영역과 핵가족 중심의 생활 변화를 지지하는 것에서 한걸음 더 나아가 음악의 대중화를 가능하게 하였다. 따라서 유성기의 등장이 지니는 보다 근본적인 의미는 이른바 '고급의 것'에 대한 금기가 사라졌다는 데에서 찾을 수 있다"며 "고전적 대 대중적, 고급예술 대 저급예술이라는 해묵은 범주 구분은 더는 유지될 수 없었고, 이른바 '고급예술'을 향유하는 사람들도 대중음악을 비롯한 대중문화를 무조건 백안시할 수 없게 되었다"고 분석했다.[90]

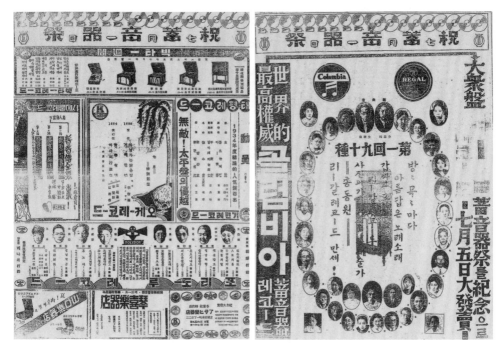

축음기와 레코드음반에 관한 신문 전면광고(1934년 7월). 1930년대는 '대중가요의 전성기', '레코드의 홍수', '레코드 예술가의 황금시대'라고 불러도 좋을 만큼 대중가요의 인기가 높았다.

그런 범주 구분의 약화와 더불어 문인들이 생계를 위해 대거 신문사에 들어가야 했던 것처럼 지식인을 압박하는 식민지적 상황으로 인해 고급예술 진영의 인사들도 대거 대중가요 분야에 뛰어들었다.

1933년 빅타레코드에서 나온 신민요 〈삼수갑산〉(김교성 작곡, 강홍식 노래)은 시인 김억(1896~?)의 작품 「삼수갑산」을 노랫말로 썼다. 김억은 유행가 작사가로 본격 활동해 1938년까지 최소한 70곡 이상의 유행가를 발표했다. 영문학자 겸 시인이었던 이하윤(1906~1974)은 1933년부터 1941년까지 100곡이 훨씬 넘는 곡을 작사했다. 김억과 이하윤

뿐만 아니라 이 당시엔 문인들이 유행가 가사에 창작에 많이 참여했다. 드물게나마 김동환(1901~?), 이광수(1892~1950), 이은상(1903~1982), 윤석중(1911~2003), 홍사용(1900~1947), 노자영(1901~1940), 김영수(1911~1979) 등의 유행가 작품을 확인할 수 있으며, 홍난파(1898~1941)는 나소운이라는 예명으로 유행가를 작곡했다. 가장 많은 유행가 가사를 남긴 조명암(1913~1993)도 1934년 신춘문예를 통해 등단한 시인이었으며, 그에 버금가는 박영호(1911~1953)도 극작가였다.[91]

전국 가수선발대회

레코드산업의 마케팅 전략은 날이 갈수록 발전했다. 가수의 잠재력이 뛰어난 사람을 적극 모집하고 스카우트하는 건 기본이 되었다. 기생도 발굴 대상이 되었다. 기생이 전통가요가 아닌 대중가요 가수로 나타나게 된 것은 1933년경부터였다.

『매일신보』 1933년 5월 27일자에 따르면, "평양 기생 권번 왕수복과 최명주 두 명이 금번 도쿄 콜럼비아 축음기 회사의 초청으로 조선 가사(歌詞)를 취입하러 오는 30일 오전 3시에 평양역발 열차로 도쿄에 가는데, 취입 기사는 대체로 다음과 같이 내정되었다고 한다. 수많은 기생 가운데에서 선정됨과 동시에 평양 기생으로서 취입하게 된 것은 처음인 만큼 레코드 팬들은 다대한 흥미와 기대를 갖고 있다고 한다."[92]

1933년 10월 콜럼비아레코드사는 전국을 순회하면서 가수선발대회를 개최했다. 서울을 시작으로 평양, 부산, 대구, 진주, 신의주, 함흥, 군산, 청주, 원산 등 10개 도시에서 각 지역당 3명 정도의 가수를 선발했으며, 그 이듬해인 1934년 2월 15일~16일 이틀 동안에 콜럼비아 경성지점 사무실에서 1차 예심으로 19명을 선발했다. 이어 2월 17일 소공동에 있는 장곡천공회당에서 최종예심과 최종결선대회를 열었다. 경성라디오방송은 최종합격자 13명의 예심을 저녁 8시부터 9시 20분까지 현장 중계했으며, 참가자들은 지정곡으로 1930년에 첫 음반을 낸 '최초의 유행가 전문 가수' 채규엽의 노래 〈비련〉과 자유곡 1곡을 불렀다. 1등엔 전남대표 정일경, 2등은 경남대표 고복수, 3등은 함북대표 조금자가 차지했다.[93]

가수 선발 심사위원은 이화여대전문학교 음악교수 메리 영, 연희전문학교 음악교수 현제명, 〈사의 찬미〉로 화제를 일으킨 윤심덕의 여동생 윤성덕, 콜럼비아 전속 작곡가 김준영 등이었다. 윤심덕의 여동생 윤성덕이 가요계에 관여한 게 흥미롭다. 사실 이때까지도 윤심덕에 관한 관심은 식지 않은 상태였다. 윤심덕이 이탈리아에 살고 있다는 식의 풍문이 떠돌았고, 이에 대한 해명이 1932년에 이어 1935년에도 잡지에 실리기도 했다.[94]

현제명(1902~1960)은 1930년대 초반 〈고향생각〉(현제명 시), 〈산들바람〉(정인섭 시), 〈그집 앞〉(이은상 시), 〈희망의 나라로〉(현제명 시), 〈나물캐는 처녀〉(현제명 시) 등 불후의 가곡들을 작곡했다. 여기에 김동진(1913~?)이 〈가고파〉(이은상 시), 〈봄이 오면〉(김동환 시) 등을 작곡함으로써 1930년대 초반을 주옥같은 가곡의 풍년기로 만들었다.[95]

고복수의 〈타향살이〉

가수선발대회에서 2등을 차지한 고복수(1911~1972)는 4개월간의 맹훈련 끝에 1934년 6월 〈타향살이〉(금능인 작사, 손목인 작곡)를 내놓았다.

전국 가수선발대회에서 2등을 차지해 가수
가 된 고복수와 그의 대표곡 '타향살이'의
레코드판. 국내보다는 만주 지역 동포들 사
이에서 많이 불려졌다.

대히트였다. 축음기 보급률이 30만 대를 넘어서던 시점에 단시일에
레코드가 5만 장 이상 팔리는 기록을 세웠다.[96] 박찬호는 "조선의 가
요 황금기는 이 〈타향살이〉에 의해 시작되었다고 해도 과언이 아닐
것이다"고 했다.[97]

　고복수는 콜럼비아에서 간판스타인 채규엽과 강홍식에 치어 노래
곡조차 배당받지 못하는 처지였는데, 오케레코드 사장 이철이 스카우
트해서 성공시킨 경우였다. 원래 제목은 '타향'이었으나 가사의 첫

구절인 '타향살이'가 제목으로 변해 굳어졌다. 국내보다는 중국 만주 지방으로 간 사람들 사이에서 더 많이 불려졌다.[98]

"타향살이 몇 해던가 손꼽아 헤여보니/ 고향 떠나 십여 년에 청춘만 늙고/ 부평 같은 내 신세가 혼자도 기막혀서/ 창문 열고 바라보니 하늘은 저쪽/ 고향 앞에 버드나무 올봄도 푸르련만/ 호들기를 꺾어 붉던 그때는 옛날/ 타향이라 정이 들면 내 고향 되는 것을/ 가도 그만 와도 그만 언제나 타향"

이동순에 따르면 "이 노래만 부르면 가는 곳마다 눈물바다를 이루었다고 한다. 비록 눈물을 한바탕 쏟아낼지라도 만주로 옮겨간 우리 동포들은 이 노래를 부르며 향수를 달래고, 삶의 고통을 이겨 가는 일에 위로가 되었다. 대개 창가풍의 노래로 세 박자로 엮어진 소절을 느릿느릿 구성지게 풀어가는 고복수의 노래는 저녁나절 일정하게 떨어진 거리에서 들려오는 아련한 라디오 소리로 들을 때 가슴속에 가라앉아 있던 삶의 슬픔 따위가 구름처럼 피어올랐다."[99]

고복수는 가는 곳마다 울음바다를 만들었을 뿐만 아니라 여성 팬들을 거의 까무러치게 만들었다. 고복수의 노래를 듣다가 실제로 까무러친 여성 팬도 있었다. 기생들은 고복수를 자기 집으로 모셔 가려고 치열한 경쟁을 벌였다. 고복수가 여관에 들면 여성 팬들의 전화공세로 전화통에 불이 났고, 고복수에게 사랑을 고백하기 위해 손수건에 혈서로 사랑 애(愛)자를 써 보낸 팬도 있었다.[100]

'타향'의 범위는 점점 확대돼 1930년대 후반부터는 채규엽의 〈북국 오천 키로〉, 남인수의 〈울니는 만주선〉, 황금심의 〈만포선 천리길〉, 백년설의 〈북방 여로〉, '그리운 만포선', 〈복지 만리〉, 〈아리랑 만주〉 등 북극이나 만주를 소재로 한 대중가요가 많이 발표되었다.[101]

〈타향살이〉를 발표한 지 9개월 만인 1935년 3월엔 고복수의 또 다른 노래 〈사막의 한〉(금능인 작사, 손목인 작곡)이 발매되었다.

"자고 나도 사막길 꿈속에도 사막길/ 사막은 영원의 길 고달픈 나그네 길/ 낙타 등에 꿈을 싣고 사막을 걸어가면/ 황혼의 지평선에 석양도 애달파라// 저 언덕 넘어갈까 끝없는 사막의 길/ 노을마저 지면은 둘 곳 없는 이 마음/ 떠나올 때 느끼며 눈물 뿌린 그대는/ 오늘밤 어느 곳에 무슨 꿈을 꾸는고// 사막에 달이 뜨면 천지는 황막한데/ 끝없는 지평선도 안개 속에 싸이면 낙타도 고향 그려 긴 한숨만 쉬고/ 새벽이슬 촉촉이 옷깃을 적시우네"[102]

일제강점기 시절 이 노래를 비롯하여 가요 제목에 '사막'이 들어가는 노래는 모두 25곡이나 되었다. 2곡을 제외한 나머지는 모두 〈사막의 한〉 이후에 나왔다. 장유정은 "이처럼 트로트에 사막이란 시어가 자주 등장하였던 것은 한 곡이 유행하면 그와 유사한 형태의 노래가 대거 등장하는 대중가요의 속성 때문이라고 할 수도 있으나, 당대를 사막과 같은 불모지로 인식하였던 시대 인식의 반영으로 볼 여지도 충분하다"고 분석했다.[103]

이난영의 〈목포의 눈물〉

1935년의 최대 히트작은 그해 9월에 나온 이난영(1916~1965)의 〈목포의 눈물〉이다. 1933년 오케레코드사의 사장 이철이 일본을 순회 공연 중인 태양극단에서 노래하는 16세 소녀를 빼내왔는데, 그 소녀가 바로 이난영이었다. 이난영의 등장은 여배우도 아니고 권번 기생도 아닌 순수한 가수의 등장을 의미했다. 〈목포의 눈물〉은 오케레코드사에서 향토 찬가 가사 모집을 하였는데 목포의 문일석이라는 청년이 투고하여 당선된 작품으로 손목인의 곡이다.[104]

"사공의 뱃노래 가물거리며/ 삼학도 파도 깊이 숨어드는 때/ 부두의 새악씨 아롱 젖은 옷자락/ 이별의 눈물이냐 목포의 설움// 삼백연 원안풍(三栢淵願安風)은 노적봉 밑에/ 임 자취 완연하다 애달픈 정조/ 유달산 바람도 영산강을 안으니/ 임 그려 우는 마음 목포의 노래// 깊은 밤 조각달은 흘러가는데/ 어찌타 옛 상처가 새로워진가/ 못 오는 임이면 이 마음도 보낼 것을/ 항구의 맺는 절개 목포의 사랑"

서울 종로경찰서 고등계는 이 노래의 가사에 의심을 품고 레코드사 사장 이하 관련자들을 불렀다. 경찰이 문제 삼은 건 '삼백연 원안풍은 노적봉 밑에'라는 구절이었다. 손목인의 회고에 따르면, "사장 이하 관련자들은 '원한풍은'을 '원한 품은' 아니라 '원안풍은'이라고 극구 해명하고 사정하여 간신히 무마는 되었지만, 솔직히 말해 '목포의 눈물'의 '삼백연 원안풍'은 '삼백 년 원한 품은'이라는 뜻으로 우리 민족의 설움과 일제에 대한 겨레의 분노를 노래한 것이다. '목포의 눈물' SP는 이 사건을 겪으면서 더욱 잘 팔려 나갔다."[105]

배경식은 "누구나 한 번쯤은 들어보았을 대중가요 '목포의 눈물'은 쌀을 빼앗긴 식민지 백성의 한 서린 분노를 읊은 것이다. 농민들은 '삼백 년 원한 서린' 유달산 노적봉을 바라보면서 나라를 잃은 슬픔과 빼앗기는 곡식에 대한 분노와 탄식을 눈물로 달래야 했다"고 평가했다.[106]

당시 목포는 군산과 더불어 쌀과 면화 등 농산물을 일본으로 보내는 주요 항구였다. 본래 목포의 '목(木)'이란 '목화'에서 따온 것으로 늦가을이 되면 눈처럼 흰 목화가 가득 든 자루가 부두 여기저기에 산

기생도 아니고 배우도 아닌 최초의 전문 여가
수의 등장을 알리는 이난영. 그녀가 부른 〈목포
의 눈물〉은 오케레코드사에서 주최한 향토 찬
가 가사 모집에 목포 청년 문일석이 응모해 당
선된 것이다. 사진은 월간 『중앙』(1934년 6월
호)에 소개된 이난영 관련 기사.

더미처럼 쌓이곤 했기에 '목포'라 붙여졌다는 설도 있다.[107] 1935년 목포의 인구는 6만 명을 돌파했고, 인구증가율은 11.2퍼센트로 전국 최고를 기록했다.[108] 이때가 20세기 목포의 최고 전성기였던바 〈목포의 눈물〉은 아이러니 효과가 있다고 볼 수 있겠다.

고복수는 이난영을 짝사랑해 작곡가 손목인(1913~1999)에게 그녀에게 쓴 연애편지를 전해달라고 내밀었다가 노래나 열심히 하라는 꾸지람만 들었다. 고복수는 나중에 신인가수 황금심(1922~2001)과 결혼해 환상의 2인조로 활약하게 된다.[109]

레코드 가수 인기투표

『삼천리』1935년 10월호엔 '레코드 가수 인기투표 결선 발표'라는 기사가 게재되었다. 남자가수 1위는 일본 도쿄중앙음악학교를 졸업한 성악가 출신의 채규엽이었다. 그는 1930년 콜럼비아레코드에서 〈봄노래 부르자〉로 데뷔한 가수였다. 남자 2위는 포리돌레코드의 김용환(1909~1949), 3위는 오케레코드의 고복수였다. 여자가수 1위는 평양기생 출신인 포리돌레코드의 왕수복(1917~2003)이었으며, 2위는 평양기생 출신으로 왕수복과 함께 포리돌에서 활동한 신민요 가수 선우일선이었다. 3위는 오케레코드의 이난영이었는데, 1935년 10월은 〈목포의 눈물〉이 발표된 직후라 아직 그 노래의 인기가 반영되지 않았다.[110]

음악 공부를 정식으로 한 채규엽은 '우리나라 최초의 싱어송라이터'였다. 1930년 3월에 나온 〈유랑인의 노래〉는 채규엽이 작곡·작사·노래를 도맡아서 한 곡인데,[111] 그는 대중가요에 자긍심이 있었을뿐만 아니라 대중문화 이론에도 밝았다. 채규엽은 『삼천리』1933년 3

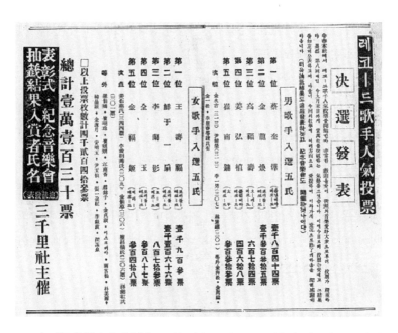

1935년 10월호 『삼천리』에 실린 「레코드 가수 인기투표 결선 발표」 기사. 대중가요 및 레코드의 인기로 인해 가수들 또한 대중의 뜨거운 관심과 사랑을 받았다. 열렬한 팬레터는 물론이었으며 극성 여성팬들은 남자가수의 숙소로 직접 찾아가기까지 했다.

월호에 쓴 글에서 "어떤 사람은 유행가곡(流行歌曲)이 민중에게 유행되는 것은 민중의 자발적 심리로 말미암은 것이 아니라 레코드 회사의 상업술책상의 선전으로 인한 것이라고 한다"며 이에 대해 다음과 같은 반론을 제시했다.

"물론 그런 점도 없지는 않겠으나 가령 예술가요(藝術歌謠)나 오페라(歌劇)를 대대적으로 선전한다고 해서 이것이 일반 민중에게 유행되겠는가 하면 의문이다. 역시 민중은 시대의 심리를 꼭 맞으면서도 평이하게 그려낸 유행가라야 자기네의 음악욕(音樂慾)을 만족시키며 위안을 받을 수 있는 것이니 그러므로 유행가곡은 필연적으로 유행되지 않을 수 없는 것이다. 여기에 유행가곡의 생명이 있으며 사회적 존재가치가 있는 것이다."[112]

「레코드 가수 인기투표 결선 발표」라는 기사가 시사하듯이, 당시 가수들은 뜨거운 팬레터 공세를 받는 등 대중의 사랑을 원 없이 누렸다. 왕수복, 선우일선, 김복희 등의 가수들은 1936년경 하루에 대여섯 장 정도의 팬레터를 받았다. 남자가수들에 대한 여인들의 공세는 더욱 적극적이었다. 앞서 소개한 고복수의 경우처럼 남자가수들이 극장 문을 나서면 장안의 기생들이 자동차나 인력거를 줄지어 대놓고 자기 집으로 모셔 가려고 치열한 경쟁을 벌였으며, 기생이 아닌 여인들도 가수의 숙소로 찾아들곤 했다.[113]

'짝사랑'과 '항구의 선술집'

1936년 연말에 나와 히트를 친 고복수의 〈짝사랑〉(박영호 작사, 손목인 작곡)은 이후 70년 넘는 수명을 자랑하게 된다. 훗날 박정희가 대통령으로서 나라의 중요한 정치적 문제에 직면해 고독한 결단을 내릴 때마다 참모들과 술잔을 기울이며 즐겨 부르던 18번으로 알려져 있다.[114]

"아 으악새 슬피우니 가을인가요/ 지나친 그 세월이 나를 울립니다/ 여울에 아롱 젖은 이즈러진 조각달/ 강물도 출렁출렁 목이 메입니다/ 아 뜸북새 슬피우니 가을인가요/ 잃어진 그 사랑이 나를 울립니다/ 들녘에 떨고 섰는 임자 없는 들국화/ 바람도 실랑실랑 맴을 돕니다/ 아 단풍이 휘날리니 가을인가요/ 무너진 젊은 날이 나를 울립니다/ 궁창을 헤매이는 서리맞은 짝사랑/ 안개도 후유후유 한숨집니다"

1937년 2월 김정구(1916~1998)의 데뷔곡 〈항구의 선술집〉(박영호 작사, 박시춘 작곡)이 발표되었다. "부어라 마시어라 탄식의 술잔"으로 시작하는 이 노래는 전국 술집의 애창곡이 되었다. 최규성에 따르면, "빅 히트가 터졌다. 전국의 주점에선 젓가락을 두드리며 그의 노래 '부어라 마시어라'를 부르며 목청을 드높이는 청년들이 넘쳐났다. 일제의 탄압에 입과 귀를 봉쇄당한 젊은이들의 마음을 담은 '항구의 선술집'은 가수로의 기반을 다져준 첫 히트곡이었다. 창경원 벚꽃가지마다 김정구의 사진을 주렁주렁 매단 사진을 썼던 신보 '창경원 벚꽃'의 사진 홍보는 큰 화제가 되었다."[115]

『조선일보』까지 뛰어든 대중가요 장사

1935년 전국의 축음기 보급은 30만 대를 넘어섰고, 1930년대 중반 히트 가요의 음반 발매는 4만~5만 장에 이르렀다.[116] 그러나 당시 대중가요의 영향력이라는 건 음반 판매만으로 평가하기 어려운 것이었다. 이와 관련, 이영미는 "이미 민속학자 송석하가 쓴 1930년대의 글을 보면 장터를 돌아다녔던 소리꾼들 대신 축음기를 가지고 다니며 노래를 들려주고 돈을 버는 사람이 생겼다는 기록이 있으며, 대중가요가 전통 민속예술에 비해 신문화로서 우월한 위치에서 보급되어, 기생의 술자리 레퍼토리에도 통속 민요뿐 아니라 '메기의 추억' 같은 교양가곡과 대중가요가 함께 등장할 정도였으므로 그 사회적 영향력은 음반 발매 수량에서 짐작되는바 이상이었으리라 생각된다"고 했다.[117]

송석하는 무슨 발견을 했던가? 『동아일보』 1935년 6월 22일부터 7월 10일까지 20회에 걸쳐 연재된 송석하의 「농촌오락의 조장과 정화에 대한 사견: 특히 전승오락과 장래오락의 관계에 취(就)하여」라는 논문은 전통오락의 몰락을 개탄하면서 그 복원과 진흥을 꾀하고자 하였다. 그렇게 해야 될 이유에 대해 송석하는 '머리말'에서 다음과 같이 말했다.

"우리의 오락도 정한 시일에만 하는 연중행사로 하게 되더니 약 20년 전후부터는 그나마도 없어지고(일부 특수 계급은 개인적 오락을 가졌겠지만) 일반 민중은 사막 행로와 같은 고달프고 무미한 인생의 여행을 하게 되었다. 그러다가 축음기가 발달하고 인하여 매전(媒傳)한 퇴폐한 유행가가 산간벽지와 고원(孤遠)한 어촌에까지 틈타 와서 그들의 입에 오르게 되자 그것이 유일의 위안품도 되고 부조(父祖) 전래의 기름진 땅도 헌 신짝 같이 내버리게 하는 장본(張本, 어떤 일이 크게 되는 근원)도 되고 있는 형편이다."[118]

이어 송석하는 본문에서 "유성기는 점차로 대중성을 띠고 가두로 나서게 되어 매약(賣藥) 행상인의 선전도구로, 오입쟁이 풍류도구로, 손님 소실(少室)의 화초(花草)도구로 퍼지게 되었으며, 시골 농촌민도 오일에 한 차례씩 개최되는 장날에 아무 할 일 없이 다만 유성기를 들으러 가는 현상도 나타난다. ……농촌 청년 중 기름진 땅을 버린 채 호화를 꿈꾸고 출향(出鄕)해서는 한 달이 못 가서 방황하는 사람이 몇천 몇 만이 된다"고 했다.[119]

유성기의 유행을 부정적으로 본 건 전통문화에 애정을 가진 이들만이 아니었다. 고급문화 애호가들은 좀 다른 이유에서 반감을 가졌다. 순수음악파 홍난파는 『조광』 1935년 12월호에 쓴 글에서 "길거리니 가게 앞에서 소란스럽게 울려나오는 레코드의 부르짖는 소리는 '내 소리판 한 장 사주시오' 하고 애원하는 소리가 아니고 무엇이냐"고 비판했다.[120]

또 『조선일보』 1937년 4월 6일자는 "요사이 가두의 점포에서 울려 나오는 소위 유행가라는 것을 들어 보면 어찌 귀를 씻고 싶은 생각을 금할 수가 있을 것인가?"라며 다음과 같이 주장했다.

"첫째 그 음조나 가사가 퇴풍패속(頹風敗俗)의 극도에 이른 것은 말할 것도 없으니 '뾰로퉁하면 싫어요'라는 등, '알아달라우요' 하는 따위가 그것이다. 아무리 유행가라 하더라도 이 지경에 이르면 이것을 가지고 시비를 말하는 것부터 어리석은 일이나 또 어떤 것은 '금상 호랑이 으르렁' '북악 꾀꼬리 꾀꼴' 같은 것이 있으니 이것이 대체 가사인지, 해어(諧語)인지 이런 따위가 아니면 유행이 되지 않는 것이 현대라면 그야말로 이 일을 어찌할꼬! 자녀를 가르치는 선량한 가정에 만약 이러한 유행가가 침입한다면 그야말로 사회적으로 볼 때 한심한 일일 것이다. 유행가의 정화! 이것이 오늘 문화 영역에 있어서 어찌 경시할 문제이랴?"[121]

그러나 대중가요 장사가 워낙 잘 되니까 『조선일보』도 사업에 뛰어들었다. 『조선일보』 1938년 2월 24일자에 실린 「백열(白熱)의 인기를 끄는 본사 주최 현상 유행가」라는 제목의 기사에 따르면, "본사 학예부 주최인 유행가 현상모집은 조선에 있어서 처음으로 착수한 쾌거인 만큼 사고(社告)가 나던 날부터 전 조선 방방곡곡으로부터 응모된 작품은 날로 그 수(數)를 거듭해서 최후의 마감을 며칠 남기지 아니한 지금에 와서는 벌써 2,153편이라는 놀라운 수에 달하고 있는데……" 최종 응모 편수는 4,178편이었다.[122]

또 『조선일보』는 1939년엔 태평레코드와 '전국 신인 남녀 콩쿠르 대회'를 공동 주최하였다. 이 대회에서 1등으로 입상한 가수가 다음 해에 〈불효자는 웁니다〉라는 히트곡을 부른 진방남(1917~)이다.[123]

"때는 바야흐로 에로티시즘의 퇴폐시대"

신문인들 아무리 마음에 안 들어도 어찌 대중가요의 그 놀라운 관심과 인기를 외면할 수 있었으랴. 대중가요는 점점 더 산업적 차원의 규모로 성장해갔다. 『조광』 1937년 11월호에 실린 한 가요 비평은 "어떤 유행가가 '힛트'를 갈겼다고 하는 데는 레코드 제조회사의 자본력과 판매망과 선전이 비례하고 있는 것"이라며 "작금에 와서는 유행 가수에 미인 가수를 예찬하는 경향(思想)이 대두하고 있고 마치 영화배우의 미모가 상품 가치를 많이 갖게 하듯이 개인의 미가 유행가의 유포에 영향하게 된 것을 보니 때는 바야흐로 에로티시즘의 퇴폐시대다"고 진단했다.[124]

소위 '비디오형 가수'라는 비판이 이미 1930년대에도 제기되었다는 게 흥미롭다. 어디 그뿐인가. 이미 이때에 한국 최초 '얼굴 없는 가수'도 등장했다. 훗날 사람들은 1998년 〈투 헤븐〉으로 등장한 조성모가 '얼굴 없는 가수의 원조'라고들 하지만, 이미 1934년 〈마의 태자〉로 데뷔한 얼굴 없는 가수 '미스코리아'가 있었다. 그 당시 음반사는 '미스코리아'를 "금강산에 숨어있다 레코드계에 봉화를 들고 나온 천사"라고 선전하며 신비주의 마케팅을 펼쳤다.[125]

"울고 왔다 울고 가는 설은 사정을/ 당신이 몰라주면 누가 알아주나요/ 알뜰한 당신은 알뜰한 당신은/ 무슨 까닭에 모른 체하십니까요// 만나면 사정하자 먹은 마음을/ 울어서 당신 앞에 하소연할까요/ 알뜰한 당신은 알뜰한 당신은/ 무슨 까닭에 모른 체하십니까요"

'은쟁반에 옥구슬 굴리듯 청아한 목소리'라는 평가를 받은 황금심이 1937년 말 18세 때 데뷔곡으로 발표한 〈알뜰한 당신〉(이부풍 작사, 전수린 작곡)이다. 이 노래가 히트하자 황금심은 아버지에게 발각되어

머리까지 깎이고 집에 구금되었다. 황금심은 단식투쟁으로 맞서서 결국 승리했는데, 이젠 10살 연상인 고복수와의 연애가 문제되었다. 아버지의 결사반대로 몇 번 가출을 한 끝에 결국 임신 8개월의 몸으로 간신히 결혼했는데, 그게 1941년이다.[126)

남인수의 '애수의 소야곡'

1938년 1월 오케레코드사 전속가수인 남인수의 〈애수의 소야곡〉(이노홍 작사, 박시춘 작곡)이 발표되었다. 이 노래는 발표되자마자 폭발적 인기를 얻었다. 언론은 남인수를 '100년에 한번 나올까 말까 한 미성의 가수 탄생'이라며 찬사를 보냈다. 대중의 반향이 워낙 커 이 노래는 일본 여가수 도로키 유키꼬가 남인수와 함께 일본어로도 취입했는데, 그 제목은 〈애수의 세레나데〉였다.[127)

"운다고 옛사랑이 오리오마는/ 눈물로 달래보는 구슬픈 이 밤/ 고요히 창을 열고 별빛을 보면/ 그 누가 불어주나 휘파람 소리// 차라리 잊으리라 맹세하건만/ 못생긴 미련인가 생각하는 맘/ 가슴에 손을 얹고 눈을 감으면/ 애타는 숨결마저 싸늘하구나// 무엇이 사랑이고 청춘이던가/ 모두 다 흘러가면 덧없건마는/ 외로이 느끼면서 우는 이 밤은/ 바람도 문풍지에 애달프구나"

〈애수의 소야곡〉과 같은 슬픈 사랑 노래를 어떻게 해석할 것인가? 이영미와 장유정의 각기 다른 견해를 소개한다.

이영미는 "이루지 못한 사랑에 대한 화자의 태도가 폭발적 분노나 안절부절못하는 불안감, 슬픔의 절규가 아니라 '운다고 옛사랑이 오리오마는'이라는 것은 그야말로 트로트의 독특한 태도이다"며 다음과 같이 말했다.

"이렇게 무력한 태도로는 가능한 사랑조차 얻어내지 못할 정도이다. 화자는 이별과 패배를 스스로 받아들이고 그에 순응하는 행동을 보여주고 있다. 그는 자신의 무력함과 어쩔 수 없음을 너무나도 쉽게 인정해버리고, 그래서 다른 적극적 행동을 지레 포기한다. 그러면서도 잊지 못한다. 그러니 못난 것이다. 그래서 이 작품의 슬픔은 '눈물로 달래보는' 자기 위안이나 '외로이 느끼면서 우는' 애달픈 슬픔에 젖어 '조용히 창을 열고 달빛을 보며' 눈물짓는다는 그런 질감의 슬픔이 된다."[128)

반면 장유정은 "그러나 '애수의 소야곡'에 보이는 시적 화자의 태도를 무력하다고만 비판할 수는 없다"며 다음과 같이 말했다.

"그보다는 오히려 시적 화자가 보여주는 태도는 '체념과 달관의 경지'에 가깝다고 할 수 있다. 게다가 '애수의 소야곡'처럼 슬픔에 침잠하는 내용이 트로트의 전부를 표상하는 것도 아니다. 트로트에 등장하는 다양한 시적 화자의 태도를 무시한 채, 트로트 전체를 눈물과 탄식의 노래로만 몰아가는 것은 재고의 여지가 있다. 이보다 더 중요한 것은 '애수의 소야곡'에 등장하는 시적 화자의 정서가 이미 민요에서 찾을 수 있는 우리나라의 보편적인 정서라는 점이다. 그리고 '애수의 소야곡'이 그러한 보편적인 정서를 담지하였기 때문에 당대에도 인기를 얻었고 오늘날까지도 사랑을 받을 수 있었던 것이다."[129)

남인수의 〈꼬집힌 풋사랑〉

박찬호는 남인수가 '조선가요사상 불멸의 기린아'로 일컬어진다고

'100년에 한번 나올까 말까 한 미성의 가수' '조선가요사상 불멸의 기린아'로 칭해지던 가수 남인수. 그의 노래 〈애수의 소야곡〉은 우리 민족의 보편적인 정서를 담지하고 있다고 평가받는다.

했다.[130] 그 '불멸의 기린아'가 두 달 뒤인 1938년 3월에 취입해 유행시킨 〈꼬집힌 풋사랑〉(조명암 작사, 박시춘 작곡)은 기생들이 즐겨 부르는 애창곡이 되었다.

"발길로 차려무나 꼬집어 뜯어라/ 애당초 잘못 맺은 애당초 잘못 맺은/ 아 꼬집한 풋사랑/ 마음껏 울려다오 네 마음껏 때려라/ 가슴이 찢어진들 가슴이 찢어진들/ 아 못 이겨 갈소냐/ (여자의 대사) 발길로 차라구요? 꼬집어 뜯으라구요? 마음껏 차고 싶고 꼬집어 뜯고 싶어요. 그러나 당신은 가라고 했소. 싫다 버렸소. 밤거리 사랑이란 담뱃

불 사랑. 맘대로 피우다가 버리는 사랑. 하지만 당신만은 아……/ 뿌리친 옷자락에 눈물이 젖는다/ 속아서 맺은 사랑 속아서 맺은 사랑/ 아~ 골수에 사무쳐"

박찬호에 따르면, "'꼬집힌 풋사랑'은 화류계의 덧없는 운명을 노래한 것으로서 박복한 여성들의 눈물을 짜내게 했다. 레코드가 발매되자 '애수의 소야곡'을 능가할 정도의 매상을 과시했다. 이 곡이 인기 절정에 있을 무렵 청진동 요정의 어느 기생이 음독자살을 했는데 그 머리맡 축음기에는 '꼬집힌 풋사랑'의 레코드가 태엽이 끊긴 채 얹혀 있었다고 한다."[131]

먼 훗날 서울 강남 유흥가의 여인들로부터 사랑을 받아 뜨는 가요들이 많이 나타나는데, 대성공을 거두었다는 점에서 〈꼬집힌 풋사랑〉은 그런 노래들의 원조라 할 만하다. 『삼천리』 1936년 4월호의 다음과 같은 기사에 따르면 당시 화류계 경기와 인구가 만만치 않았던 것 같다.

"장안 800명의 네 권번(券番) 기생은 병신이 아닌 이상 모두 연석(宴席)으로 총출동이다. 이 까닭에 얼마나 한 돈이 주연대(酒宴代)로 흘렀는가─확실한 측의 조사에 의하면 음력 섣달 스무날께부터 정월 열흘까지 약 10일 동안에 기생화대로 나간 돈만 16만 원의 거액에 달하고 거기 요리대, 자동차대 합치면 30만~40만 원을 불하(不下)하리라 한다. 이 경향을 바라보고 몇 사람이 울어야 옳을가, 대경성의 밤은 환락의 세기말의 가탄(可歎)할 물결 속에 오고 가고 한다."[132]

기생을 다룬 노래들이 그 수를 헤아리기 힘들 정도로 많은데, 기생의 처지를 조선의 처지로 대입시켜 보는 효과도 어느 정도 작용했으리라. 이동순은 1940년 10월에 나온 〈산 팔자 물 팔자〉(처녀림 작사, 이재호 작곡, 백년설 노래)의 노랫말에는 당시 식민지 백성들의 암울하고 답답한 심정이 그대로 드러나 있다고 보았다.

"산이라면 넘어주마 강이라면 건너주마/ 화류계 가는 길은 산길이냐 물길이냐/ 흑싸리 한 장에도 담지 못할 풋사랑/ 인심이나 쓰다 가자 소원이나 풀어주자"

그밖에도 이동순이 열거한 기생 관련 노래들은, 〈물방아 사랑〉(박영호 작사, 박시춘 작곡, 남인수 노래), 〈분홍손수건〉(박영호 작사, 문호월 작곡, 장세정 노래), 〈이원애곡〉(김능인 작사, 손목인 작곡, 고복수 노래), 〈흐르는 장미〉(박영호 작사, 박시춘 작곡, 고복수 노래), 〈돈반 정반〉(조명암 작사, 박시춘 작곡, 이난영 노래), 〈왕서방 연서〉(김진문 작사, 박시춘 작곡, 김정구 노래), 〈번지 없는 주막〉(처녀림 작사, 이재호 작곡, 백년설 노래), 〈홍도의 고백〉(산호암 작사, 어용암 작곡, 남일연 노래), 〈그늘진 순정〉(산호암 작사, 김준영 작곡, 왕죽희 노래) 등이다.[133]

김정구의 〈눈물 젖은 두만강〉

"두만강 푸른 물에 노 젓는 뱃사공/ 흘러간 그 옛날에 내 님을 싣고/ 떠나던 그 배는 어데로 갔소/ 그리운 내 님이여/ 그리운 내 님이여/ 언제나 오려나"

1938년 2월 〈눈물 젖은 두만강〉이 발표됐다. 이 노래에 얽힌 사연은 복잡하거니와 두 가지 설이 있다. 첫 번째는 '이시우 주도설'이다. 최규성에 따르면 "1935년 여름, 악극단 예원좌의 일원으로 두만강 유역의 도문에 공연 갔던 작곡가 이시우가 만들었다. 당시 여관에서 쉬고 있던 이시우는 먼 길을 찾아와 독립군 남편의 전사 소식을 접한 어

〈눈물 젖은 두만강〉을 부른 김정구.
일제는 〈눈물 젖은 두만강〉이 민족
의식을 고취시킨다며 판매를 금지시
켰다.

떤 여인의 통곡에 밤새 잠을 이룰 수가 없었다. 무심하게 흐르는 두만
강의 정경과 여인의 통곡에서 민족의 한을 느낀 그는 멜로디가 떠올
랐다. 공연 마지막 날, 소녀가수 정성월에게 이 노래를 부르게 했다.
그리고 노래의 사연을 소개하자 공연장은 이내 눈물바다를 이루었다.
일생의 역작을 작곡한 이시우는 이 노래를 정식 음반으로 남기고 싶
어 인기가수 김정구를 찾아갔다. 노래가 마음에 들었던 김정구는 작
곡가 박시춘을 찾아가 음반제작 허락을 받아내고 작곡가 김용호에게
부탁해 1절밖에 없던 노래를 3절까지 완성시켜 취입을 했다. 노래가
발표되자 김정구는 무대에서 이 노래를 꼭 불러야 했을 정도로 반응
이 대단했다."[134]

　두 번째는 '김용환 주도설' 이다. 이 설은 8년 전으로 거슬러 올라
가야 한다. 앞서 보았듯이 1928년 8월 박헌영은 만삭의 아내를 데리

고 두만강을 건너 블라디보스토크로 탈출하는 데에 성공했다. 박헌영의 탈출은 신문에 대서특필되었다. 그의 인기도 치솟았다. 당시 영화 촬영차 두만강변에 와있던 배우이자 가수이며 작곡가인 김용환(가수 김정구의 형)은 박헌영의 탈출 소식을 듣고 두만강을 찾았다. 푸른 물 위에 빈 배를 젓는 뱃사공이 보였다. 박헌영의 국경 탈출이 저 강을 건넘으로써 이루어졌을 것이라는 생각에 미치자 음악적 영감이 떠올랐다.

김용환은 노래 가사를 지어 다년간 서랍 속에 보관했다. 이시우가 작곡을 하고, 김정구가 오케레코드 회사에서 취입해 발표한 노래가 바로 〈눈물 젖은 두만강〉이다. "두만강 푸른 물에…… 그리운 내 님이여"의 '내 님'은 다름 아닌 박헌영이었던 것이다.[135]

'내 님'이 박헌영이라는 게 알려졌더라면 〈눈물 젖은 두만강〉은 내내 금지곡으로 묶여 불리지 못했을 것이다. 그래서 이 두 번째의 '김용환 주도설'이 더 가슴에 와 닿지만, 그 기원이야 어찌됐건 이 노래의 가치에 무슨 변함이야 있으랴.

1940년대 김정구의 두만강 부근 공연 때, 일본 경찰에 잡혀간 남편이 옥사해 소복을 입고 있던 여성 관객이 사연과 함께 노래를 듣고는 두만강에 투신자살을 했다고 한다. 이 사연이 알려지며 〈눈물 젖은 두만강〉은 더욱 널리 불려졌으며, 이에 일제는 1943년경 "민족의식을 고취시킨다"는 이유로 판매를 금지시켰다.[136]

〈눈물 젖은 두만강〉은 1997년 서울리서치 여론조사에서 '통일 후 북한 동포와 함께 부르고 싶은 노래' 1위를 차지했다. 2000년 8월, 가수 분과위는 두만강변에 연변조선족전통문화연구센터를 세우고, 도문성 옛 두만강 나루터에는 〈눈물 젖은 두만강〉 노래비 건립을 추진했다.[137]

〈왕서방 연서〉와 〈오빠는 풍각쟁이〉

일제강점기에 슬픈 가요만 있었던 건 아니다. 만요(漫謠), 오늘날의 '코믹송'도 꽤 인기를 끌었다. 1936년 6월에 나온 강홍식의 〈유쾌한 시골영감〉(범오 작사, 외국곡)을 비롯하여 수많은 만요들이 발표되었다.

1938년 2월 김정구는 〈눈물 젖은 두만강〉과 거의 같은 시기에 〈왕서방 연서〉(김진문 작사, 박시춘 작곡)라는 만요를 내놓았다.

"비단이 장사 왕서방 명월이한테 반해서/ 비단이 팔아 모은 돈 통통 털어서 다 줬어/ 띵호와 띵호와 돈이가 없어도 띵호와/ 명월하고 살아서 왕서방 죽어도 괜찮다/ 우리가 반해서 하하하 비단이 팔아도 띵호와// 잠이가 들어도 명월이 밥이가 먹어도 명월이/ 명월이 생각이 다다데 왕서방 병들어 누웠어/ 띵호와 띵호와 병들어 누워도 띵호와/ 명월이 하고 살아서 왕서방 죽어도 괜찮다/ 우리가 반해서 하하하 비단이 팔아도 띵호와"

김정구는 이가 빠진 중국인 분장을 하고 바보 같은 제스처로 세태를 풍자함으로써 최고 인기가수로 솟아올랐다. 〈눈물 젖은 두만강〉은 그의 대표곡이자 대중음악사상 최고의 명곡으로 손꼽히지만, 당시 흥행에 성공한 건 〈왕서방 연서〉였다. 어린이들도 "띵호와 띵호와"하고 떠들며 부를 정도로 대박이었다.[138]

이번엔 1938년 12월에 나온 박향림의 〈오빠는 풍각쟁이〉(박영호 작사, 김송규 작곡)를 보자.

"오빠는 풍각쟁이야 무어 오빠는 심술쟁이야 무어/ 난 몰라 난 몰라 내 반찬 다 뺏어 먹는 건 난 몰라/ 불고기 떡볶이는 혼자만 먹고/ 오이지 콩나물만 나한테 주고/ 오빠는 욕심쟁이 오빠는 심술쟁이/ 오빠는 깍쟁이야// 오빠는 트집쟁이야 무어 오빠는 심술쟁이야 무어/

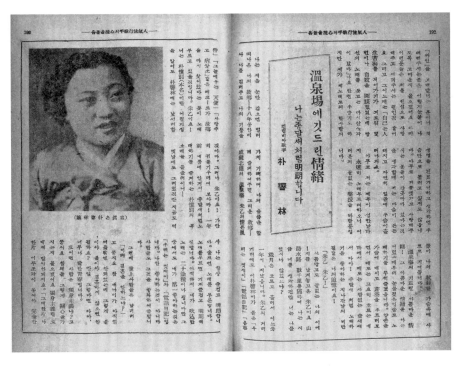

1937년 7월호 『조광』에 실린 가수 박향림의 글 「인기유행가수의 심경을 드름: 온천장에 깃드린 정서」. 1938년 12월에 나온 박향림의 〈오빠는 풍각쟁이〉라는 노래는 그녀의 간드러지는 콧소리와 재밌는 가사 내용이 절묘하게 어우러져 웃음을 자아낸다.

난 싫어 난 싫어 내 편지 남몰래 보는 건 난 싫어/ 명치좌 구경갈 땐 혼자만 가고/ 심부름 시킬 때면 엄벙뗑 하고/ 오빠는 핑계쟁이 오빠는 안달쟁이/ 오빠는 트집쟁이야// 오빠는 주정뱅이야 무어 오빠는 모주꾼이야 무어/ 난 몰라 난 몰라 밤늦게 술 취해 오는 건 난 몰라/ 날마다 회사에선 지각만 하고/ 월급만 안 오른다고 짜증만 내고/ 오빠는 짜증쟁이 오빠는 모주쟁이/ 오빠는 대포쟁이야"

장유정은 풍각쟁이는 '시장이나 집을 돌아다니면서 노래를 부르거나 악기를 연주하며 돈을 얻으러 다니는 사람'을 지칭하지만 여기에선 심술쟁이나 짜증쟁이처럼 일종의 비어로 사용된 것이라며 다음과 같이 말했다.

"이 노래는 박향림의 간드러지는 콧소리와 가사의 내용이 절묘하게 조화를 이루면서 웃음을 유발시킨다. '-쟁이'의 열거와 노래 중간 중간에 삽입되어 있는 '무어'와 같은 감탄사의 연발은 노래를 더욱 재미있게 만들어주는 역할을 한다."[139]

만요로도 모자라 만요 분위기로 만든 상인들의 호객용 음반까지 등장했다. 1939년 서울의 리갈레코드가 내놓은 '점두선전(店頭宣傳)'이란 음반이 바로 그것이다. 음반 서두의 해설은 이렇다.

"싸구려 싸구려……도시의 점두(店頭)에서 외치는 소리는 이 실(實)로 생활음악이다. 고객을 음악으로써 흡인하려는 상업전술은 날로 격렬하여 간다. …… 이 경쟁은 날로 심해갈 것이니 본사의 이 음반을 이용하는 것은 신시대의 첨단을 영합하는 것이 될 것이다."

지나가는 행인들을 호객하는 소리를 악단 연주와 함께 담은 것인데, 그냥 눈으로만 봐도 소음에 가깝겠다는 생각이 든다.

"싸구려-자-싸게 파는구려/ 싸구려 싸구려 마수가 싸구려/ 아름다워라 눈까지 사가세요 싸구려 싸구려/ 매진이 났구려 싸구려 싸구려 막싸게 파는구려/ 사가지 않으시더라도 구경만 하고 가세요/ 들어오셨다 안 사가셔도 괜찮습니다 막싸게 파는구려/ 왜 이제 나오셔요 어서 나오셔요 앉으십쇼/ 예 안녕합쇼 저것들 싸죠?/ 싸구려 어 싸구려 막 팔아먹고 강원도 금깅산 구경갈려고 그럽니다/ 막 싸게 파는구려 싸구려 싸구려 막 싸게 팔아요……"[140]

김영춘의 〈홍도야 우지마라〉

1939년엔 4월에 나온 김영춘 (1918~2006)의 〈홍도야 우지마라〉 (이서구 작사, 김준영 작곡)가 전국을 휩쓸었다. 1938년 봄 동양극장에서 청춘좌에 의해 공연된 연극 〈사랑에 속고 돈에 울고〉(임선규 작)가 1939년 영화로 제작되었는데, 이때 영화 주제가가 〈홍도야 우지마라〉다. 여주인공 홍도의 입장에서 부른 주 주제가인 남일연의 〈사랑에 속고 돈에 울고〉보다는 부 주제가인 〈홍도야 우지 마라〉가 더 큰 인기를 끌었다.[141]

"사랑을 팔고 사는 꽃바람 속에/ 너 혼자 지키려는 순정의 등불/ 홍도야 울지 마라 오빠가 있다/ 아내의 나아갈 길을 너는 지

『콜럼비아레코드 신보』에 실린 김영춘의 모습. 〈홍도야 우지마라〉는 신파극 〈사랑에 속고 돈에 울고〉의 부 주제가였다.

켜라// 구름에 싸인 달을 너는 보았지/ 세상은 구름이요 홍도는 달빛/ 하늘이 믿으시는 네 사랑에는 구름을 걷어주는 바람이 분다// 홍도야 울지 마라 굳세게 살자/ 진흙에 핀 꽃에도 향기는 높다/ 네 마음 네 행실만 높게 가지면/ 즐겁게 웃을 날이 찾아오리다"

영화 스토리는 이렇다. 오빠의 공부를 위해 스스로 기생이 된 홍도

는 오빠를 졸업시켜 경찰관으로 만든 뒤 화류계를 떠나 시집을 간다. 그러나 시어머니의 학대에 견디다 못해 남편이 출장을 간 사이에 시어머니를 찔러 죽이는데, 홍도의 손에 수갑을 채운 경관이 홍도의 오빠라는 이야기다. 연극에선 홍도가 남편이 자신을 버리고 새로 결혼하려는 여인을 죽이려다 미수에 그치는 것으로 설정되었으며 오빠의 직업도 경관이 아니었다는데, 영화에선 더욱 드라마틱하게 바뀐 듯하다.[142]

박찬호에 따르면 "홍도가 지쳐 쓰러지자 오빠가 위로하는 영화장면에서 '사랑을 팔고 사는~'의 노래가 흘러나오면 관중석은 눈물바다로 바뀌었다. 또 어떤 기생은 이 노래를 듣고 비관한 나머지 한강에 투신하여 박복한 청춘에 종지부를 찍었다고도 한다. 이 사건의 보도가 더욱 이 노래를 유명하게 만들었다고 한다."[143]

여기서 이 노래를 탄생시킨 배경이 된 동양극장 이야기를 좀 해보자. 1935년 11월 동양극장의 개관을 계기로 신파극은 전성기를 맞게되었다. 648석에 회전무대까지 갖춘 우리나라 최초의 연극전문 극장이었기 때문이다. 동양극장 연극 구경은 시골사람들의 서울 나들이에 필수 코스였다. 동양극장 연극은 '고등신파'에 속하는 것으로 상업극적인 취향이 한층 강화된 것이었다.[144]

동양극장에서 무대에 올린 창극 공연이 인기를 얻자 조선일보사가 창극 후원에 앞장섰으며, 창극 공연은 제일극장 등 서울 전역의 극장에 이어 지방으로 확산되었다. 동양극장에서 활약한 대표적인 인물은 전설적인 판소리 명창 임방울(1904~1961)이다. 한명희·송혜진·윤중강은 "동양극장은 일제강점기의 억압받는 민중들의 설움을 달래주는 데 큰 역할을 하였다"며 다음과 같이 말했다.

"나라를 잃은 대중들의 마음속에는 '극장에 가서 마음 놓고 실컷

우리나라 최초의 연극전문 극장인 동양극장(위)과 전설적인 판소리 명창 임방울(아래). 1935년에 개관한 동양극장은 648석에 회전무대까지 갖춘 조선 최고의 극장이었으며, 임방울은 우리의 전통 판소리로 일본, 만주 등지에서 20만 장의 음반이 팔릴 정도의 폭발적인 인기를 누렸다.

울어나 보자'는 심리가 있지 않았을까 추측해볼 수 있다. 임방울의 소리는 계면조 중심의 슬픔의 정서를 강하게 드러내고 있었고, 암울한 시대적 상황으로 인해 민중들은 더욱 그런 소리를 원했던 것이다. ……판소리 소리꾼들의 말에 의하면 판소리와 창극 공연을 할 때마다 대본을 검열당하고, 공연을 할 때에는 일본 경찰이 극장 임검석에 앉아 감시를 하곤 했다고 한다. 특히 1942년 가을 무렵부터는 창극이 부분적으로 일본어로 공연되기도 하는 수난을 겪기도 하였다."[145]

임방울은 전남 광산군 송정리 출신으로 25세에 동아일보사에서 주최한 판소리명창대회에서 〈춘향가〉 중 〈쑥대머리〉를 불러 일약 스타가 되었고, 일본에서 취입한 〈쑥대머리〉는 조선을 비롯하여 일본, 만주 등지에서 20만 장(일설에 의하면 100만 장)이 팔릴 정도로 폭발적인 인기를 누렸다. 임방울은 창극이 성황을 이루던 시기에 창극무대를 외면하고 전통적인 판소리를 무대를 외롭게 지킨 것으로도 유명하다.[146]

남인수의 〈감격시대〉

"거리는 부른다 환희에 빛나는 숨쉬는 거리다/ 미풍은 속삭인다 불타는 눈동자/ 불러라 불러라 불러라 불러라 거리의 사랑아/ 휘파람 불며 가자 내일의 청춘아// 바다는 부른다 정열에 넘치는 청춘의 바다여/ 깃발은 펄렁펄렁 바람세 좋구나/ 저어라 저어라 저어라 저어라 바다의 사랑아/ 희망봉 멀지 않다 행운의 뱃길이// 잔디는 부른다 봄향기 감도는 희망의 대지여/ 새파란 지평 천리 백마야 달려라/ 갈거나 갈거나 갈거나 갈거나 잔디의 사랑아/ 저 언덕 넘어가자 꽃 피는 마을로"

남인수의 〈감격시대〉(강해인 작사, 박시춘 작곡)다. 오케레코드가 1939년 4월 발매했다. 앞서 말했듯이 〈감격시대〉가 친일가요냐 하는 데 대해선 논란이 있다.

1998년 이영미에 따르면, "군가를 연상시키는 강한 트럼펫 연주로 시작되는 이 노래는 일제시대의 대중가요로서는 매우 드물게 행진곡 풍의 노래이다. 갑자기 행진곡이 등장하는 것도 심상치 않은데다가 가사의 내용이나 어조조차 시종 '전진'을 선동하는(명령형과 청유형 어미가 많이 쓰이고 있다) 분위기이다. 특히 '희망봉이 멀지 않다'나 '저 언덕을 넘어가자' 등에서는 선명한 선동성을 드러낸다. 이러한 행진 곡풍의 노래는 후의 노골적인 친일가요를 예비하고 있다."[147]

2003년 10월 6일 '해방 전 조선민족 대중가요 연구'라는 주제로 남 북한 학자들이 중국 지린성 옌지에서 세미나를 열었다. 이때 북한 학 자들은 "'감격시대'나 '바다의 교향시' 등이 광복의 앞날을 눈앞에 그 려보며 '환희' '정열' '희망'으로 부풀어 오른 인민의 감정을 밝고 약 동적인 정서로 노래하였다"고 강조한 반면, 남한의 이영미는 "'감격시 대'에 적극적인 친일 내용은 없지만 행진곡은 주민 동원 체제나 전쟁 에 어울리는 음악"이라며 친일적인 요소가 있음을 시사하였다.[148]

장유정은 "'감격시대'의 노랫말을 살펴보면, 노랫말에서 친일의 흔 적을 찾아내기가 어렵다는 것을 알 수 있다. 다만 노랫말이 전체적으 로 '어떤 대상에 대한 강한 지향성'을 드러낸다는 것은 알 수 있는데, 그 대상의 실체가 무엇인지는 쉽게 단정할 수 없다"며 다음과 같이 주 장했다.

"'감격시대'가 친일가요라고 주장하는 사람들은 이 지향성의 정체 를 '일제 식민정책에 대한 부응'이라 하고 그 반대쪽에서는 이러한 지향성을 오히려 '조국 광복에 대한 열망'으로 보고 있는 것이다. 결국 '감격시대'가 드러내고 있는 지향성은 관점에 따라 다르게 평가될 수 있으므로 어느 것이 옳다고 쉽게 단정할 수 없다."[149]

또 장유정은 "'감격시대'를 친일가요로 보는 논자들은 이 노래가 행진곡풍으로 불리고 장조 음계를 사용하고 있으며 미래지향적인 가사로 이루어졌다는 점 등을 들어서 일제의 침략정책에 부응하는 노래라고 보고 있다"며 다음과 같이 말했다.

"그러나 장조 음계는 '감격시대' 외에도 상당수의 대중가요가 사용하고 있는 음계이며, 행진곡풍이라고는 하지만 친일가요에 해당하는 군국가요의 것과는 음악적 질감이 달라서 단순히 행진곡풍이라는 이유로 '감격시대'를 친일가요로 단정하기는 어렵다. 또한 미래지향적인 노랫말을 사용하고 있다고 해서 '감격시대'를 친일가요로 규정할 수 있을지도 의문이다."[150]

장유정은 "'감격시대'의 노랫말이 미래지향적인 것은 사실이나 막연한 낙관주의만을 표명하여 대중에게 헛된 희망만을 품게 하는 노래는 아니다. 오히려 언덕이라는 장애물을 넘어서라도 함께 '꽃 피는 마을'에 가자고 한 데에서 보듯이 '감격시대'에 드러난 낙관주의가 노력과 고난 뒤의 선물로 주어지는 낙관주의라는 것을 알 수 있다"며 다음과 같이 결론 내렸다.

"이를 통해 대중이 당시에 이 노래를 좋아한 이유가 무엇이며, 광복 후에는 이른바 '해방가요'로 이 노래가 다시 대중의 사랑을 받게 된 이유를 짐작할 수 있다. '감격시대'가 해방가요로 인기를 얻을 수 있었던 것은 '감격시대'의 노랫말이 광복이라는 시대적 상황과 조응하면서 8·15 광복이 주는 이미지와 잘 어울렸기 때문이다. 사실상,

일제강점기에는 '감격시대' 처럼 희망의 정서를 표출한 트로트가 많았다. 그런데 희망을 꿈꾼다는 것은 시대가 희망을 품어야 할 만큼 시대적 여건이 좋지 않았다는 것을 반증한다. 아울러 당시 대중이 그러한 상황에서도 희망을 잃지 않았다는 것과 희망을 품고 삶을 견뎌냈다는 것을 강하게 보여준다."[151]

〈번지 없는 주막〉과 〈불효자는 웁니다〉

1940년대에 대중가요는 주로 일제의 전쟁 동원 목적에 이용되지만, 대중의 사랑을 받는 히트 가요도 있었다. 1940년~1941년의 인기 가요 다섯 작품만 살펴보자.

첫째, 1940년 2월에 나온 백년설의 〈나그네 설움〉(조경환 작사, 이재호 작곡)이다.

"오늘도 걷는다마는 정처 없는 이 발길/ 지난 온 자욱마다 눈물 고였다/ 선창가 고동소리 옛 님이 그리워도/ 나그네 흐를 길은 한이 없어라// 타관땅 밟아서본 지 십년 넘어 반평생/ 사나이 가슴속에 한이 서린다/ 황혼이 찾아들면 고향도 그리워져/ 눈물로 꿈을 불러 찾아도 보네// 낯익은 거리다마는 이국보다 차워라/ 가야 할 지평선엔 태양도 없어/ 새벽별 찬 서리가 뼛골에 스미는데/ 어데로 흘러가랴 흘러갈 거냐"

10만 장이 넘는 대히트를 기록해 무명의 백년설을 스타로 만들어준 노래다.[152] 악극단에서도 유달리 반일감정이 강했던 조경환과 백년설이 경기도 경찰부 고등과의 호출을 받고 혹독하게 고문을 받은 뒤에 서울 광화문 뒷골목의 선술집에서 홧술을 마시며 울분을 토해내다가

만든 노래라고 한다.[153]

둘째, 1940년 6월에 나온 백년설의 〈번지 없는 주막〉(처녀림 작사, 이재호 작곡)이다.

"문패도 번지수도 없는 주막에/ 궂은 비 내리는 이 밤도 애절구려/ 능수버들 태질하는 창살에 기대어/ 어느 날짜 오시겠소 울던 사람아// 아주까리 초롱 밑에 마주 앉아서/ 따르는 이별주는 불같은 정이었소/ 귀밑머리 쓰다듬어 맹세는 길어도/ 못 믿겠소 못 믿겠소 울던 사람아// 깨무는 이빨에는 피가 터졌소/ 풍지를 악물며 밤비도 우는구려/ 흘러가는 타관 길이 여기만 아닌데/ 번지 없는 그 술집은 왜 못 잊느냐"

2002년 10월 14일 KBS 〈가요무대〉 800회 특집 프로그램에서 '한국인의 심금을 울린 노래 50곡'에서 〈번지 없는 주막〉은 9위, 〈나그네 설움〉은 31위를 차지했다.[154]

셋째, 1940년 7월에 나온 진방남의 〈불효자는 웁니다〉(김영일 작사, 이재호 작곡)이다.

"불러봐도 울어봐도 못 오실 어머님을/ 원통해 불러보고 땅을 치며 통곡해요/ 다시 못 올 어머니여 불초한 이 자식은/ 생전에 지은 죄를 엎드려 빕니다// 손발이 터지도록 피땀을 흘리시며/ 못 믿을 이 자식에 금의환향 바라시고/ 고생하신 어머님이 드디어 이 세상을/ 눈물로 가셨나요 그리운 어머님/ 북망산 가시는 길 그리도 급하셔서/ 이국에 우는 자식 내 모를 니리 가셨나요/ 그리워라 어머님을 끝끝내 못 뵈옵고/ 산소에 엎으러져 한없이 웁니다"

1917년 마산에서 태어난 진방남은 비 내리던 날 우산도 쓰지 않고 고향을 떠나는데 "반드시 성공해라"라고 격려해준 어머니를 생각하며

가수 백년설(좌)과 진방남(우). 백년설의 〈나그네 설움〉은 10만 장이 넘는 대히트를 기록했으며, 진방남은 작사에도 손을 대 '반야월'이라는 명작사가로서도 이름을 날렸다.

불러 더욱 실감을 냄으로써 대중의 공감을 얻어 열광적인 반응을 불러일으켰다고 한다.[155] 진방남은 곧 작사에도 손을 대 명작사가로 이름을 날리는데, 작사가로서의 이름은 반야월이다. 그는 그 밖에도 추미림, 백남포, 남궁려, 금동선, 허구, 고향초 등 15개의 펜네임을 썼으나 가장 좋아한 이름은 반야월이었다. 가수 진방남으로 약 400곡을, 작사자 반야월로서는 3,500여 편에 달하는 작품을 발표하게 된다.[156]

넷째, 1940년 12월에 나온 이인권의 〈꿈꾸는 백마강〉(조명암 작사, 임긴식 작곡)이다.

"백마강 달밤에 물새가 울어/ 잊어버린 옛날이 애달프고나/ 저어라 사공아 일엽편주 두둥실/ 낙화암 그늘 아래 울어나 보자// 고란사 종소리 사무치는데/ 구곡간장 올올이 찢어지는 듯/ 누구라 알리요 백마강 탄식을/ 깨어진 달빛만 옛날 같으니"

다섯째, 1941년 8월에 나온 고운봉의 〈선창〉(조명암 작사, 김해송 작곡)이다.

"울려고 내가 왔던가 웃으려고 왔던가/ 비린내 나는 부둣가엔 이슬 맺힌 백일홍/ 그대와 둘이서 꽃씨를 심든 그날도/ 지금은 어데로 갔나 찬 비만 내린다// 울려고 내가 왔던가 웃으려고 왔던가/ 울어 본다고 다시 오랴 사나이의 첫 순정/ 그대와 둘이서 희망에 울든 항구를/ 웃으며 돌아가련다 물새야 울어라"

이 노래는 해방 후에 더 폭발적으로 유행했으며, 그때엔 '울려고 내가 왔던가'라는 제목이 더 알려지게 되었다.[157]

가요 437곡의 내용 분석

인기 가요의 공연은 1940년대에도 계속되었다. 최규성은 "김정구는 최초의 음반사의 전속연주단인 오케연주단과 함께 전국을 순회했다. 1940년대에 들어서며 오케악극단은 베이징, 상하이, 만주, 일본으로까지 활동 반경을 넓히는 한편 이름도 조선악극단으로 변경해 최고의 인기를 구가했다"며 다음과 같이 말했다.

"당시 멤버는 작곡과 반주 박시춘·손목인·김해송, 가수 남인수·고복수·김정구·송달협·이난영·장세정·백설희 등 가히 최강의 라인업이었다. 당시는 남인수와 김정구의 라이벌 시대······두 사람의 공연 후에는 항상 장인의 기생 인력거가 길게 줄을 섰다. 김정구의 한 달 수입은 당시 집 2채에 해당하는 거금 1,000원에 달했다. 그가 출연했던 서울의 명치좌(명동국립극장 전신)와 부민관(구 국회의사당)은 입장권을 사려는 관객들이 건물 둘레를 뱀이 또아리 틀 듯 휘감았다. 그가 종로 거리를 걸으면 거리가 마비되었을 지경이었다. 심지어 달리던 전차가 멈추기까지 했다."[158]

월간 『조광』 1943년 5월호에 실린 「인기 유행 가수 군상」에 따르면, 1930년대 전반에 데뷔한 채규엽, 이규남, 이난영 등은 모두 100곡 이상의 노래를 불렀으며, 이난영은 200곡이 넘었다. 1930년대 후반에 데뷔한 스타로는 1936년에 데뷔한 남인수, 김정구, 이화자, 1937년에 데뷔한 장세정, 박단마, 1938년에 데뷔한 황금심, 김영춘, 1939년에 데뷔한 백년설, 진방남, 1940년에 데뷔한 백난아, 1941년에 데뷔한 이해연 등이 꼽혔다.[159]

김광해가 1925년에서 1945년 사이에 유행했던 가요 437곡을 내용 분석한 결과에 따르면, 주제별로 '사랑'이 전체의 33.9퍼센트로 가장 많았고, 다음은 '고향, 타향살이' '생활(삶의 애환)'이 각각 16.2퍼센트, '현실 반영·풍자' 12.4퍼센트, '자연' 7.6퍼센트, '친일' 6.6퍼센트, '육친' 3.7퍼센트, '조국애' 3.4퍼센트 순이었다. '울다'라는 동사는 전체 437곡의 거의 절반에 가까운 213개의 노래에, '눈물, 사랑'이라는 명사는 3분의 1에 가까운 노래들에 나오는 것으로 나타났다.[160]

천정환은 "흥미로운 점은 당시 일본 대중가요에 자주 사용된 단어 또한 '울다, 사랑, 눈물'이었다는 사실이다"며 다음과 같이 말했다.

"특정 시기 한 사회 전체가 지속적으로 '절망'하거나 '우울'하기는 어렵다. ……식민지 조선의 경우에도 '흘러넘치는 식민지인의 눈물'이 유일한 분석도구이자 결과로 제기되는 경향이 있는데, 이를 통해 무엇인가를 설명하려는 시도는 자주 실패로 귀결된다. '넘치는 눈물'은 당대 대중예술에서 또 다른 한 축을 이룬 '터지는 웃음'이나 그 외의 다른 정서적 코드를 설명하지 못한다. 식민지시대에도 유머와 코

미디, 경박함 등의 요소는 흘러넘치고 있었다."[161]

일제강점기 대중가요 논쟁

장유정은 김창남 등 많은 논자들이 일제강점기의 대중가요가 "대중의 표피적인 감정을 자극해서 결과적으로 현실에의 체념과 순응, 인간답게 살고자 하는 모든 건강한 노력을 포기하게 만다는 결과를 낳았다"는 식으로 분석해왔다며, 이에 대해 이의를 제기했다. 그녀는 "당시의 자료를 통해 대중가요를 바라보면 오늘날 행해진 당시 대중가요에 대한 부정적 인식과 평가는 설득력을 잃을 수밖에 없다"며 다음과 같이 주장했다.

"오히려 당시의 대중가요는 타향살이하는 사람들의 마음을 위로해주고 자살을 도모하던 누군가에게 다시 살아갈 힘을 주는 등의 긍정적인 역할을 하였음을 알 수 있다. 물론, 당시의 대중가요 중에는 오늘날의 그것과 마찬가지로 시대와 대중의 기호에 영합하여 상업성만을 추구한 노래도 있고, 일제의 지배에 찬동한 시국가와 같은 이른바 군국가요도 있다. 그러나 그러한 노래는 잠시 유행할 수는 있을지라도 지속적으로 유행하면서 대중의 사랑을 받지는 못하였다. 특히 군국가요는 그 음반 판매율마저 저조하여 당대의 대중이 군국가요를 외면하였던 당시의 사정마저 엿볼 수 있다."[162]

장유정은 이영미의 '이식설'에 대해서도 이익를 제기했다. 이영미는 "대중가요는 근대 이후 대중매체에 의해 전달되면서 나름의 작품적 관행을 지닌 서민들의 노래를 말한다"며 "특히 우리나라의 경우 식민지 시대가 시작된 이후에 출현함으로써 서구의 자생적인 대중가요와는 다른 여러 특성을 지니게 되었다"고 했다. 이어 그녀는 '대중가요의 뿌리 깊은 이식성'에 대해 다음과 같이 주장했다.

"특히 이러한 이식 현상은 우리나라에 강한 정치·경제적 영향을 미친 나라로부터 주로 이루어진다는 점에서 주목할 만하다. 이식의 대상은 단지 외국의 예술이 아니라 '선진국' 즉 '강자'의 예술이며, 그 이식을 앞서서 담당한 주체들은 우리나라 안에서 최고의 선진성의 평가를 얻게 된다. 즉 강자가 된다. 따라서 이 선진의 대열에 일찍 끼지 못한 사람들은 앞다투어 이를 받아들임으로써 그 선진의 대열에 늦지 않게 동참하거나 적어도 낙후한 문화를 지닌 사람으로 취급받지 않기 위해 애쓴다. 대도시의 엘리트들이 받아들인 외래문화는 중소도시로 중산층으로 확산된다. 즉 이식은 국내에서 다시 같은 방식으로 재생산된다."[163]

이에 대해 장유정은 "그러나 대중가요의 핵심이 이식성이라는 점은 선뜻 동의하기 어려울뿐더러, 이식의 반대편에 있는 자생을 아우를 수 없다면 이식이란 용어 사용 자체부터 문제가 될 수밖에 없다"며 다음과 같이 주장했다.

"이식의 강조는 자칫 자생적인 요소를 무시하거나 아예 배제할 위험성마저 안고 있기 때문이다. 실제로 이제까지 일제강점기의 대중가요는 이식과 단절의 상징인 것처럼 취급되었던 것도 사실이다. 그러나 이제는 좀더 객관적인 시각을 가지고 균형 감각과 형평성을 유지하면서 당대의 시각에서 대중가요를 살펴볼 필요가 있다. 그렇게 해야만 켜켜이 얽히고설켜 있는 이식과 자생의 수없이 많은 결들을 감지할 수 있을 것이다. 결국, 이식이니 자생이란 용어의 사용부터 신중을 기할 필요가 있는 것이다."[164]

슬픔도 힘이 되는 게 아닐까?

오늘날에도 한국 대중가요는 주로 '사랑, 이별, 눈물' 타령이다. 일종의 '자기 반영'이라고나 할까? 흥미롭게도 2000년 송대관의 〈유행가〉(이정심 작사, 최정환 작곡)는 "유행가 노래 가사는 사랑과 이별 눈물이구나"라고 확인해주었다.

최상진·조윤동·박정열의 연구는 『가요반세기』(아름출판사, 1996)에 실려 있는 749곡의 대중가요를 분석했다. 해방 이후부터 1996년 사이에 유행했던 노래들로, 1950년 이전 75곡, 1950년대 135곡, 1960년대 183곡, 1970년대 134곡, 1980년대 114곡, 1990년~1996년 108곡 등이었다. '사랑' '이별' '그리움'을 주제로 한 노래가 전체의 66퍼센트를 차지했으며, '사랑' 노래 중에서도 거의 대부분이 이미 지나간 과거의 사랑에 대해 노래한 걸로 밝혀졌다. 가사에 나오는 주요 어휘는 '사랑, 마음, 눈물, 떠남, 이별, 그리움, 기다림, 추억, 인생, 청춘' 등이었으며, 가장 많은 빈도수를 보인 어휘는 '울다'(269번)와 '눈물'(139번)이었다.[165]

이지연·신수진의 연구는 젊은 미혼남녀의 사랑 감정을 소재로 하는 노래들이 전체 가요 중에서 점하는 비중이 1960년대에는 62.6퍼센트, 1970년대에는 63.9퍼센트, 1980년대에는 73.6퍼센트, 1990년대에는 82.6퍼센트로 증가한 것으로 보았다. 일제시대부터 1950년대까지는 임을 잃은 사람들의 사랑, 1960년대부터 1980년대 사이에 낭만적 사랑의 정착이 이루어진 것으로 분석했다.[166] 1990년대 이후는 아무래도 도발적 사랑의 시대로 불러야 할지도 모르겠다.

대중가요 속 사랑은 주로 슬픈 사랑이다. 일제강점기부터 오늘에 이르기까지 대중가요에 대해 제기된 비판 중 가장 많은 게 바로 그것이다. 대중가요가 비관 · 염세 · 허무주의를 퍼뜨린다는 비난이 그치질 않았다. 갈수록 가사의 정신연령이 낮아진다고 개탄하는가 하면 심지어 망국 · 말세를 우려하는 목소리까지 나왔다. 그러나 지금 멀쩡한 걸 보면, 그런 비난과 개탄은 기우가 아닌가 싶다.

대중가요에 묘사된 사랑을 어떻게 볼 것인가? '지긋지긋한 사랑 타령'이라고 한마디로 간단히 정리해버릴 수도 있겠지만, 진지하게 답하자면 이만저만 어려운 게 아니다. 우선 엘리트와 대중 가운데 누구의 관점에서 볼 것인지가 문제가 된다. 당연히 비평가의 취향도 검증 대상이다. 비평가가 대중의 관점에 서겠다고 해놓고선(여기까진 '진보적'으로 보일 수도 있다) 계도적이거나 사회개혁적 잣대로 대중가요의 가사 분석에 임한다면? 또 반대로 대중의 반응을 과대평가한 나머지 이른바 '문화 포퓰리즘'으로 흐른다면? 이 두 가지 경우는 늘 대중문화 논쟁의 쟁점이 되고 있다.

이 쟁점은 '반영론'과 '조작론' 사이에서의 고민이기도 하다. 대중문화는 대중의 수요를 반영하는가, 아니면 조작하는가? 물론 아무리 싸워봐야 답은 안 나온다. 정답은 '증폭론'이다. 최소한의 것은 반영하되 그걸 증폭시킨다는 것이다. 그 증폭의 정도가 작으면 '반영론'에 가까울 것이고, 크면 '조작론'에 가까울 것이다. 이는 '공급(가요산업, 미디어, 마케팅 등)'과 '수요(소비자의 반응이나 소비행태)' 중 어느 쪽에 더 많은 관심을 기울이느냐에 따라 영향을 받기도 한다.

한국인들이 노래를 좋아하는 건 아무래도 유전자 탓인 것 같다. 개화기에 선교사로 조선에 왔던 헐버트(Homer Bezaleel Hulbert, 1863~1949)는 "한국인들은 음악을 매우 좋아하며 어린이들까지도 길에서 늘 노래를 부른다"고 했다.[167] 중국에서도 조선족이 한족에 비해 노래를 훨씬 더 좋아하는 걸 보면 분명히 유전자에 뭐가 있긴 있다.

　일제강점기의 대중가요에 대해 "민족의 정서를 황폐화시키고 시적 표현을 왜곡시켰다"거나 "유행 창가 전반의 의식세계는 결국 식민지 배에의 봉사로 귀결"되었다는 분석이 주류를 이루고 있지만, 나라 잃은 식민지 민중에게 '슬픔'을 벗어나라고 주문하는 건 오늘의 관점에서 본 무리한 요구가 아닌가 싶다. 때론 슬픔도 힘이 되는 게 아닐까? 게다가 슬픈 노래가 나라 찾고 경제발전 이룬 뒤에도 계속되는 걸 보면, 이는 좀 더 정교한 분석을 필요로 한다는 걸 말해주는 거라고 볼 수 있다.

제3장

1930년대의 소비문화

"아편처럼 진한 커피"

커피의 '신비화'

커피의 확산은 1920년대와 1930년대를 풍미하던 모더니즘의 바람을 타고 이루어졌다. 커피 한 잔에 10전으로 고가였기 때문에 돈 내고 사탕물을 사서 마시는 세상이 왔다고 탄식을 하는 이도 있었지만,[1] 당시 유행의 첨단을 걷던 '모던 보이' '모던 걸'에게 커피는 사탕 물 이상의 것이었다.

이들은 주로 특별한 직업을 가지고 있지 않고, 주로 경제적으로 여유가 있는 집안의 자녀들이 대부분이었다. '모던 보이'는 주로 양복에 비싼 넥타이를 매고 중절모자를 쓴 채 지팡이를 짚고 다녔고, '모던 걸'은 쪽지지 않은 단발머리에 금시계나 작은 양산으로 치장하고, 입술에는 붉은 립스틱을 바른 채 하얀색 구두를 신고 다녔다. 이들은 대화에 곧잘 영어나 일본어를 섞어 사용하면서 당시의 소비와 유행을 이끌었다. 이에 대한 자세한 이야기는 이 책 전반에 걸쳐 다루고 있지만, 여기선 커피 중심으로만 이야기를 해보자.

모던 보이는 커피를 기존의 전통세대와는 거리를 둔 근대화의 상징으로 여겨 일본인이 운영하는 카페에 들어가 커피를 즐겨 마시곤 하였다. 그런 당시 상황에 대해『조선일보』1930년 7월 16일자는 이렇게 썼다.

"소위 '혼부라'(혼마치를 방황한다는 뜻의 일본 속어로 혼마치는 현재 충무로 1가의 신세계백화점 지역을 말한다)당의 음모가 1930년 녀름에는 더욱 노골화하야 진고개 차집, 빙수집, 우동집, 카페—의 파루수룸한 전등 아래에 백의껄이 사나희와 사나희의 날개에 가리워 전긔류성기 소리에 맞추어 눈섭을 치올렷다 내렷다 하며 새소리 가티 바르르 떠는 소래로군. 노래를 한다. 칼피스, 파피스도 조커니와 잠 오지 안케 하는 컵피에도 '아이스컵피'를 두 사람이 하나만 청하여다가는 두 남녀가 대가리를 부비대고 보리줄기로 쪽쪽 빠라먹는다. 사랑의 아이스컵피—이 집에서 아이스컵피—저 집에서 아이스컵피— 그래도 모자라서 일인들 뻔으로 혀끗을 빳빳치펴서 '아다시! 아이스고히가, 다이스키(아이스커피 맛 최고야!), 다이스키요!', '와시모네—?' 혼부라당 백의(白衣)껄이 아니라 제 밋천 드리고 다니는 마네킹껄이 이것이라면 머릿속은 텡비여도 자존심 만흐신 그들은 필작 노할 게로군—."[2]

커피는 '신비화'의 수준에까지 이르러 짧은 시간에 150잔 이상을 계속해서 마시지만 않으면 몸에 좋다는 주장까지 등장하였다.『동아일보』1932년 4월 28일자에 따르면, "미국 뉴욕대학의 생리학자 '췌네' 교수의 말을 드르면 카피가 사람의 몸에 미치는 영향은 九十%의 사람에게는 무익무해하다고 합니다. 카피중의 잇는 카핀은 일종의 약

혼마치 2가의 모습, 일제시대 당시 외환은행 본점의 모습과 화려한 그 뒷골목. 모던 보이들은 일본인이 운영하는 카페에 들어가 커피를 즐겨 마셨다.

들로 이것을 란용하면 낫븐 결과를 맷지만 카피를 과히 마시어 카핀의 해를 입는다는 것은 一百 五十잔 이상을 짧은 시간에 계속해서 먹는 경우라고 합니다. 실상 카피를 마시면 심긔가 상쾌하며 일시적이라도 긔갈을 면하게 하고 피로를 회복시키어 주는데 큰 효과를 가지고 잇습니다."[3]

다방은 문인들의 아지트

모던 보이에도 '급'이 있었다. 장유정에 따르면, "모던 보이는 대개 자본가의 아들이자 부르주아의 후예들이었는데, 일찍부터 근대 문화의 세례를 받은 가난한 인텔리겐치아들도 모던 보이의 대열에 합류하기 위해 부단히 노력하였다. 이러한 상황에서 모던 보이 인텔리겐치아들이 실업자가 되면 그들이 할 수 있는 유일한 모던 보이 행세는 찻집에 들러 커피 한 잔으로 시간을 보내는 것이었다."[4]

1930년대의 다방은 두 가지 유형으로 구분할 수 있다. 현민은 『조광』(1938년 6월호)에 쓴 「현대적 다방이란?」 제목의 글에서 다음과 같이 말했다.

"여기서 나는 현대적 끽다점을 두 가지로 대별할 필요를 느낀다. 한 가지는 차를 파는 끽다점이오 한 가지는 차를 마시는 긔다를 파는 끽다점이다. 차를 파는 끽다점이라는 것은 이를 테면 명치제과, 금강산, 아서아, 오림픽 같은 곳이오, 차를 마시는 기분을 파는 끽다점이라는 것은 이를 테면 낙랑, 프라타—느, 에리—자, 프린스, 밀림 등등 같은 곳이다. 이렇게 끽다점을 만들어도 독자는 벌써 두 가지 끽다점의 특질을 알아챘을 것이다. 사족적 설명을 붙인다면 전자는 대중적

1938년 6월호 『조광』에 실린 현민의 글 「현대적 다방이란?」. 여기서 그는 다방을 '차를 파는 곳'과 '차 마시는 기분을 파는 곳'으로 구분하고, 다방문화 향유 계층과 의미를 지적했다.

이오, 개방적이오, 세속적이오, 분위기가 명랑하고 좋은 레코드가 없는 대신 찻값이 싸고, 사내아이들이 급사를 하고, 손님들을 보면 상인, 관리, 회사원, 점원가 등이 대부분인데 비해서 후자는 귀족적이오, 폐쇄적이오, 고답적이오 다방 안 실내는 담배연기로 자욱하고 베토벤, 모차르트 등 고전음악을 귀 따겁도록 들려주는 대신 차 값은 비싸고, 모던 걸이 급사를 하고, 적어도 카운터에 한 사람은 서 있고, 손님의 얼굴을 돌아보면 태반은 얼굴이 인자하신 예술가, 가두철인(街頭哲人), 미남자, 실업자, 대학생이다."[5]

물론 우리가 주목하는 끽다점은 두 번째 유형의 것이다. 1931년 8월 '멕시코 다방'이 누적되는 적자를 견디지 못하고 문을 닫은 이후 일본 도쿄미술학교를 나오고 '지신(知信)'에서 일을 하던 이순석(1905~1986)은 조선호텔 건너편에 '낙랑팔러'를 열었다. 이전까지의 다방이 적자에서 허덕여 경제적으로 어려웠다면, '낙랑팔러'는 본격적으로 수익을 내는 다방으로 기록되고 있다. 이곳은 이상의 친구인 변이라는 문학청년이 차를 나르는 심부름을 했고, 문학가인 정인택, 이상, 박태원 등과 함께 극예술 연구회 사람들, 화가, 영화인 등 젊은 지식인들이 모여들어 장안에 화제를 모았다. 개업하는 날 무인, 음악가, 화가, 배우 등이 와서 개업을 축하하는 글들을 다방의 사방 벽면에 쓰기도 하였다.[6]

'낙랑팔러'가 흑자를 내며 성공할 수 있었던 원인은 입지적 유리함으로 일본인 다객(茶客)을 많이 끌 수 있었고, 종로 근방 다방의 가장 큰 폐단이었던 기생이나 주정꾼 출입이 전혀 없어 다방 취미에 적당한 기분과 분위기를 만족시킬 수 있었기 때문이다.[7]

다방은 문인들의 아지트였다. 1933년 모던 보이의 전형이라 할 박태원이 낙랑팔러를 무대로 쓴 단편 소설 「피로: 어느 반일(半日)의 기록」은 당시의 많은 문인들의 하루 출발점과 종착점이 다방이었다는 걸 잘 보여주고 있다.

" '나'는 다방 안에서 글을 쓰다가, 창틀에 매달려 안을 엿보는 소년을 발견하고 상념에 빠진다. 그러다가 앞에 앉은 서너 명의 청년들이 조선 문단의 침체를 비판하는 것을 듣고는 거리로 나온다. 그들은 춘원과 이기영 그리고 백구와 노산 시조집을 들먹이며 온갖 문인들을 통매(通罵)하고 있었다. M신문사 앞에 이른 '나'는 누구를 만나보고 갈까 망설이다가 수부 앞에 놓인 면회인 명부에 여러 가지 기록해야 될 것을 생각하고는 돌아선다. D 신문사 앞에 이르러서는 문을 밀고 들어가려다가 시계를 보고 전화를 걸기로 한다. 그러나 '나'가 찾는 편집국장은 자리에 없었다. 사내(社內)에는 있지만 자리에는 없다는 편집국장의 행방불명을 생각하며 거리로 나와 배회한다. 버스를 타고 노량진으로 향하지만, 노량진에 볼 일이 있는 것은 아니다. 버스 안의 사람들과 거리의 사람들을 보며 여러 가지 생각에 잠기면서 암담한 현실과 인생의 피곤함을 절감한다. 한강의 삭막한 겨울 풍경을 보며 우울해진다. 한강 다리를 놓아두고 다리 밑 얼음 위로 강을 건너는 사람들을 보며 또 다른 것을 연상한다. 다시 낙랑 다방으로 돌아와 엔리코 카루소의 엘레지를 들으며 미완성인 원고를 생각한다."[8]

다방이 아니면 카페였다. 박태원은 『소설가 구보씨의 일일』(1934)을 비롯한 여러 작품에서 카페를 중요한 배경으로 활용했다. 어머니가 보기에 "어디 월급자리라도 구할 생각은 없이, 밤낮으로, 책이나 읽고 글이나 쓰고, 혹은 공연스레 밤중까지 쏘다니고 하는" 구보가 집을 나서서 하루의 대부분을 보내는 장소는 다방이 아니면 카페였다.[9]

문인도 아니면서 다방에서 죽치는 이들도 많았다. 『조선일보』 1934년 2월 9일자에 따르면, "어쨌든 그날의 그해는 지내버려야 할 터이니 돈 10전만 있으면 찻집이 좋다고 들어가나 커피차 한 잔만 먹고 온종일 앉아 있을 수는 없으니 길로 헤맨다. 이래서 양복쟁이 룸펜

이 된다. 그러나 찻집에는 무위도식군의 출입도 많다. 부랑녀와 부랑자도 여기서 만나가지고는 암흑면으로 들어간다. 쪽쪽 들여 마시는 찻물이 사람에 따라 맛이 다르고 먹을 때 그 순간의 생각이 다 다를 것이다."[10]

소설가 이상의 다방 편력

1930년대엔 문인들도 다방을 운영하곤 했는데, 특히 이상의 다방 편력은 화려했다. 이상은 1933년 그의 나이 24세 되던 때에 심한 각혈로 총독부 기수직을 그만두고 배천온천으로 요양을 가게 되었다. 그곳에서 늦은 밤 장구 소리를 따라가 만난 금홍이라는 여자와 동거를 시작하면서 그해 7월 집을 팔아 다방을 차리게 되는 데 그 곳이 바로 '제비 다방'이었다.[11]

제비 다방은 이상이 설계하였는데, 당시로선 초현대적 건물이었다. 무엇보다도 대형 유리창을 통해 카운터 아가씨의 각선미를 투시할 수 있게 하였다. 이는 커피를 마시면 다리가 날씬해진다는 소문을 퍼뜨리게 한 원천이 되기도 하였다.[12]

제비 다방은 2년간 유지하다 1935년 9월 경영난을 견디지 못하고 문을 닫고 말았다. 제비 다방이 문을 닫은 이후 이상은 다시 인사동에 '쓰루(학)'라는 카페를 내고 박태원·정인택 등 여러 친구를 불러 한턱을 내기도 했다. 그러나 이 카페도 얼마 못 가 문을 닫았다.[13]

인사동에서 광교로 건너온 이상은 세 번째 시도로 '69 다방'을 낼 준비를 하였다. 이미 종로 경찰서의 허가를 받은 상태였는지라, 다방 이름을 '식스 나인'이라 쓰고 69의 도안을 그린 간판을 걸어 두었다.

다방은 문인들의 아지트였으며 문인들은 다방을 직접 경영하기도 했다.
소설가 이상은 애인 금홍과 함께 '제비 다방', '쓰루', '69 다방', '무기'
등을 열었다가 닫기도 했다. 사진은 왼쪽부터 이상, 박태원, 김소운.

종로경찰서는 69의 의미를 모르고 허가를 내주었지만, 다방이 개업하
기 2, 3일 전에 이상을 호출하였다. 뒤늦게 69의 뜻을 알게 된 경찰은
이상을 보고 "경찰을 우롱하는 나쁜 놈"이라며 갖은 욕설을 다하고 허
가를 취소하였다. 이상은 경찰을 골려준 것을 재미있게 생각하였지만,

다시는 종로경찰서 관내에서 다방 영업허가를 얻을 수가 없었다.[14]

이상은 1935년 명동으로 진출하여 '무기' 즉 맥(麥), 우리말로는 보리라는 이름으로 문을 열었다. 이 '무기 다방'은 명동에 다방들이 밀집하기 시작한 효시가 됐지만 이 또한 곧 간판을 내리고 말았다.[15] 1936년 이상이 『조광(朝光)』에 발표한 소설 「날개」의 주인공은 계속 커피를 마시거나 마시려 하는 모습을 보여준다. 한 장면을 보자.

"여러 번 자동차에 치일 뻔하면서 나는 그래도 경성역을 찾아갔다. 빈자리와 마주 앉아서 이 쓰디쓴 입맛을 거두기 위하여 무엇으로나 입가심을 하고 싶었다. 코오피. 좋다. 그러나 경성역 호올에 한 걸음을 들여놓았을 때 나는 내 주머니에는 돈이 한 푼도 없는 것을 그것을 깜빡 잊었던 것을 깨달았다. 또 아득하였다. 나는 어디선가 그저 맥없이 머뭇머뭇하면서 어쩔 줄을 모를 뿐이었다."[16]

또 소공동에는 극작가인 유치진이 '프라타너스'를 열고 여러 문학행사를 벌였으며, 명동에서는 왕년에 정구선수로 활약했고 또 토월회의 명배우로 이름을 날렸던 연학년이 '트로이카'란 다방을 경영했는데, 이 다방에선 러시아식 홍차에 '모래사탕'을 넣고 보드카를 타서 팔기도 하였다.[17]

특히 음악평론가였던 김관이 주인인 '엘리자'라는 다방에서는 아침부터 밤늦은 시간까지 어두침침한 분위기 속에서 명곡을 틀어놓아 많은 젊은 문인들이 음악에 심취하며 이곳에서 살다시피 하였다. 그러나 엘리자는 외상을 잘 준 탓에 그리 오래 가지 못하였다.[18] 〈살수차〉, 〈한강〉등의 영화를 제작한 영화감독 방한준도 명동에 다방을 차렸는데 다방 이름을 '라일락'이라고 했다. 이 라일락 다방 역시 엘리자와 마찬가지로 외상 잘 주기로 유명했다.[19]

'휘가로'의 '글루미 선데이' 사건

『시와 소설』 1936년 3월호에 발표된 박태원의 단편 「방란장주인」은 "가난한 예술가의 전용 구락부"인 다방 '방란장'이 만들어진 배경과 그곳을 중심으로 모여든 젊은 예술가들의 내면을 다루었다. 이 소설은 장사에 어두운 예술가들이 다방을 경영한다는 것이 얼마나 어려운 일이며, 그런 어려움이 문인 동아리를 꿈꾸던 이들을 크게 위축시키는지를 생생하게 묘사했다.[20]

1930년대 문인들에게 차를 마신다는 것은 그 자체로 문학적 쾌감을 맛보는 행위였다. 예컨대, 채만식은 "활짝 단 가스난로 가까이 푸근한 쿠숀에 걸어앉아, 잘 끓은 커피 한 잔을 따근하게 마시면서 아무것이고 그때 마침 건 명곡 한 곡조를 듣는 그 안일과 그 맛이란 역시 도회인만이 누릴 수 있는 하나의 낙인 것이요, 그것을 모르고 도시에 살다니 그는 분명 촌민이며 가련한 전세기(前世紀) 사람일 것"이라며 다방을 찬양했다.

젓가락, 김치, 숭늉 등의 한국적인 것은 포크, 케익, 커피 등으로 대표되는 이국적인 다방 체험 속에서 일종의 혐오스러운 대상으로 전락하기도 했다. 자신을 "향락을 추구하는 아스팔트의 딸"이라 표현한 이선희의 수필은 다방에 앉아 "켁을 폭으로 꾹 찔너 먹"으면 갑자기 자기 자신이 "몹시 올나가는 것 갓"은 황홀감까지 느껴지고, 이는 "김치를 젓가락으로 먹는 것보다 한층 더 문화적임에 쾌감을 늣긴"다고 썼다.[21]

1936년 '경성도시문화연구소'에서 펴낸 『신판대경성안내(新版大京城案內)』는 경성이 '다방의 범람시대'를 구가하고 있으며, 성림, 엘리자, 본아미, 멕시코, 다이나, 프린스, 낙랑, 파르콘, 백룡, 돌체 등 "이

거리 저 구석에 멋지게 장식된 다방이 급템포로 증가했다"고 기록했다. 또 "경성의 인텔리들이 모이는, 레코드 콜렉션이 풍부한" 다방에서는 커피 한 잔에 10전~15전을 받았다고 썼다.[22]

정동윤이 주인이던 '휘가로'는 음악다방으로 매주 금요일마다 특정프로를 선정하여 음악회를 할 정도였으며 실내는 의자가 겨우 석 줄 정도 있는 아주 비좁은 곳으로 그 분위기가 너무 엄숙하여 아무나 함부로 드나들기 어려운 다방이었다.[23]

1938년경 어느 날, 이 다방에서 젊은이들이 레코드의 노래를 따라 모두 함께 합창을 한 일대 사건이 일어났다. '어두운 일요일' 즉 〈글루미 선데이〉라는 노래였다. 그 당시 명동을 사랑하던 이 땅의 인텔리 젊은이들은 명동의 '휘가로'에서 다미아(Damia)의 노래를 들으며 흥분하고는 했다. 진종일 비가 쏟아지는 어두운 날, 흐느껴 우는 듯한 다미아의 노래가 젊은이들의 가슴을 거세게 뒤흔들어 놓은 것이다.

'봄은 돌아와 꽃은 피어도/ 그대 가버린 쓸쓸한 방 안에……'로 시작되는 '글루미 선데이'는 첫줄부터 일제하에서 상처받은 이 땅의 젊은이들을 매혹시켰다. 휘가로의 문은 방음을 위해 두꺼운 나무로 되어 있었다. 그 문이 잠깐씩 열릴 때마다 노래가 밖으로 새어나왔는데, 그때마다 늘 다미아의 '글루미 선데이'가 흘러나왔다. 이 노래는 나중에 적성국 노래라고 해서 일제에 의해서 금지되고 말았지만,[24] 이때 당시 휘가로의 추억에 대해 '명동백작' 이봉구(1916~1983)는 다음과 같이 묘사했다.

"다미아의 노래가 명동 거리 다방에서 울려나오기 시작한 것은 1930년대 후반기였다. 1938년경, 우리는 명동의 휘가로에서 다미아의 샹송을 처음 듣고 흥분했다. 진종일 비가 쏟아지는 어두운 날, 흐

1933년 헝가리에서 발표된 노래 〈글루미 선데이〉를 부른 가수 다미아. 전 세계 수십 명의 젊은이들이 이 노래를 들으며 자살해 '자살의 찬가', '자살의 송가'로 알려졌다. 일제는 〈글루미 선데이〉가 조선의 젊은이들 사이에서 센세이션을 일으키자 적성국 노래라며 이를 금지했다.

느껴 울부짖는 듯한 다미아의 노래는 고전음악 감상에 점잔을 빼고 있던 나를 완전히 흔들어버리고 말았다. 더욱이 다미아의 '글루미 선데이'는 무서운 노래였다. '봄은 돌아와 꽃이 피어도 그대 가버린 쓸쓸한 방 안에……' '어두운 일요일'은 첫줄부터 상처받은 이 땅의 젊은 정신, 보헤미안들을 사정없이 매혹케 했다. 아침부터 밤중까지 연속해 듣고 함께 소리쳐 불렀다."[25]

'뚱딴지 서울'과 '엉터리 대학생'

다방과 카페에서 딴 세상을 사는 모던 보이들, 그리고 돈도 없으면서 이들을 흉내 내려고 안달하는 모던 보이 지망생들을 보는 시각은 곱지 않았다. 이들을 풍자한 만요(漫謠)가 나온 건 우연이 아니다.

1938년 9월에 나온 〈뚱딴지 서울〉(고마부 작사, 정진규 작곡, 유종섭 노래)의 가사나마 음미해보자.

"모던 걸 아가씨들 둥근 종아리/ 데파트 출입에 굵어만 가고/ 저 모던 보이들에 굵은 팔뚝은/ 네온의 밤거리에 야위어가네/ 뚱딴지 서울 꼴불견 많다/ 뚱딴지 뚱딴지 뚱딴지 서울// 만나면 헬로 소리 러브파레드/ 뒷골목 행랑에 파티를 열고/ 하룻밤 로맨스에 멀미가 나서/ 고스톱 네거리에 굿바이 하네/ 뚱딴지 서울 꼴불견 많다/ 뚱딴지 뚱딴지 뚱딴지 서울// 집에선 비지밥에 꼬리치면서/ 나가선 양식에 게트림하고/ 티룸과 카페로만 순회를 하며/ 금붕어 새끼처럼 물만 마시네/ 뚱딴지 서울 꼴불견 많다/ 뚱딴지 뚱딴지 뚱딴지 서울"[26]

1939년 3월에 나온 〈엉터리 대학생〉(김다인 작사, 김송규 작곡, 김장미 노래)도 다방, 카페, 당구장 등이나 들락거리면서 연애질에 열중하는 엉터리 대학생에 대한 풍자다.

"우리 옆집 대학생 호떡주사 대학생은/ 십 년이 넘어도 졸업장은 캄캄해/ 아서라 이 사람이 정말 딱하군/ 밤마다 잠꼬대가 걸작이지요/ 연애냐 졸업장이냐 연애냐 졸업장이냐/ 아서라 이 사람아 정신 좀 차려라 응// 우리 옆집 대학생 행수장사 대학생은/ 공부는 다섯 끝 다 마쯔낀 오백 끝/ 아서라 이 사람이 참말 섭섭해/ 밤마다 잠꼬대가 걸작이지요/ 공부냐 다마쯔끼냐 공부냐 다마쯔끼냐/ 아서라 이 사람아 정신 좀 차려라 응// 우리 옆집 대학생 붕어새끼 대학생은/ 학교는 못 가도 혼부라는 한몫 봐/ 아서라 이 사람아 참말 기막혀/ 밤마다 잠꼬대가 걸작이지요/ 홍차냐 소다스이냐 고히냐 뽀드랍푸냐/ 이서라 이 사람아 지각 좀 들거라 응"[27]

'다방의 푸른 꿈'

1930년대 말에 이르러선 '커피 신비화'도 조금 누그러져 커피가 몸에 좋다는 식의 기사는 나오지 않았다. 오히려 해로울 수도 있다는 기사가 나오기도 했다. 『동아일보』 1939년 8월 29일자에 실린 「카피와 주름살: 너모 마시면 해로워요」라는 제목의 기사는 다음과 같이 말했다.

"카피나 홍차가 신경을 자극해서 흥분되는 것은 거기 포함된 아르카로이드의 작용입니다. 아르카로이드는 대단복잡한 성질을 갖엇으니 카피의 경우에는 카페인, 홍차는 테인, 코코아는 테오푸로민이라는 종류로 나누어 잇습니다. 카피나 홍차가 요컨대 분량이 적은 경우에는 흥분제로 효과가 잇으나 아루카로이드 그 성분이 사람의 몸에는 전혀 불필요할 뿐 아니라 이것을 만히 계속적으로 사용하면 위와 내벽(內壁)이 마비되어 다른 영양분을 받지안코 혈압은 올라서 심장이 약해지므로 속히 노쇠해집니다. …… 얼골에 주름살이 잡힌다는 것도 허튼 소리는 아니니까 젊은 아씨들께서는 특히 주의하실 필요가 잇습니다."[28]

그러나 당시 중요한 건 커피 그 자체라기보다는 커피가 있는 다방의 분위기였으며, 이는 대중가요에 의해서도 표현되었다. 1939년 11월 이난영이 부른 〈다방의 푸른 꿈〉(조명암 작사, 김해송 작곡)은 1937년 이난영과 결혼한 김해송이 결혼 선물로 만든 곡이다. 정영도에 따르면, "이 노래는 블루스 풍(風)의 애상적인 노래로서 무대에서 부를 경우에는 언제나 관객들의 마음을 흔들어 놓곤 했다. 가사 역시 할리우드 제작의, 멋있는 사랑의 추억에 잠기는 영화 장면을 연상시킨다."[29] 이 노래의 가사만이라도 감상해보자.

"내품는 담배 연기 끝에/ 흐미한 옛 추억이 풀린다/ 조용한 다방에

당시 사람들에게 중요한 건 커피 그 자체라기보다 커피가 있는 다방의 분위기였다. 1930년대 말이 되면서 '커피의 신비화'는 많이 누그러졌고, 많이 보편화되어 「주부의 알아둘 '커피' 차 맨드는 법」(1935년 4월 3일자 『매일신보』) 같은 기사가 실리기도 했다.

서/ 뮤직을 들으며/ 가만히 부른다/ 흘러간 옛 님을/ 부르누나 부르누나/ 사라진 그 님/ 찾을 길 없어/ 연기를 따라 헤매는 마음/ 사랑은 가고 추억만 남아/ 부르스에 나는 간다/ 내품는 담배 연기 끝에/ 희미한 옛 추억이 풀린다// 새빨간 장미향기 끝에/ 흘러간 옛 노래가 그립다/ 알시에이 전축에서/ 울리는 멜로디/ 가버린 그 어느 날/ 그 님의 숨결을/ 울리누나 울리누나/ 찬란한 행복 잡을 길 없어/ 불빛을 따라 잠기는 마음/ 청춘은 가고 상처만 남아/ 부르스에 나는 간다/ 새빨간 장미향기 끝에/ 흘러간 옛 노래가 그립다"

커피로 '근대'를 마시다

1929년 벽두에 이미 이태준은 '끽다(喫茶)'가 서울에서 크게 유행할 것을 점쳤었는데, 그로부터 10여 년 후 어중이떠중이가 너무 많은 서울, 그 중에서도 특히 '다방이란 놈이 싫어' 못 살겠다는 사람까지 나온 것을 보면 이태준의 예언이 그대로 적중했음을 알 수 있다.[30]

1930년대 말, 서울의 다방은 이미 넘칠 만큼 많았다. 해방 후 자유당 시절 나는 새도 떨어뜨릴 만큼 위세를 떨치던 만송 이기붕(1896~1960)도 한때는 다방을 운영했다. 해방 전 미국에서 돌아와 할 것이 없었던 이기붕은 1939년 부인 박마리아(1906~1960)와 함께 다방을 경영하였으며 여기엔 조병옥·구자옥·변영노 등이 자주 들락거렸다.[31]

이효석(1907~1942)은 조선일보사가 발행한 『조선문학독본』(1938년 12월호)에 쓴 수필 「낙엽을 태우면서」에서 가을 낙엽을 태우는 냄새에서 '갓 볶은 커피 냄새가 난다'라고 썼다. 이에 대해 이영미는 다음과 같이 말했다.

"나는 고등학교 때 이 구절을 읽으면서 정말 커피 냄새가 낙엽 태우는 냄새와 비슷한 줄 알았다. 1970년대만 해도 원두커피를 갈아서 끓여주는 커피 전문점들이 없었고, 다방은 미성년자가 출입할 수 없는 곳이었다. 그러나 '갓 볶은 커피 냄새'가 뭔지 알게 된 지금 생각하면 웬걸, 낙엽 태우는 냄새와 비슷도 하지 않다. 그리고 보면 이효석은 커피 냄새를 잘 몰랐던 것이 분명하다. 구태여 익숙하지도 않은 커피 냄새를 들먹인 것은 분명 '커피'라는 말이 주는 문화적 의미 때문이었을 것이다."[32]

그러나 그건 아니었던 것 같다. 이상옥에 따르면, "물자가 몹시 귀하던 시절이었지만 이효석은 원두 모카커피를 포클레이터로 달여 마셨

지식인들에게 커피는 세상의 근심과 고통을 잠시나마 잊게 해주는 아편과도 같은 존재였다. 사진은 1940년 8월호 『조광』에 실린 윤곤강의 시 「다방」.

고 선교사들로부터 버터를 구해서 빵에 발라먹고 있었다. 그는 또 서양 고전음악의 레코드판이 늘 돌아가고 있던 평양 시내의 유명한 다방에서 장시간 모차르트, 베토벤, 쇼팽 및 차이코프스키의 음악을 감상하며 동서에서 그를 죄어오는 전운을 아랑곳하지 않고 있었다."[33]

그랬다. 커피는 세상의 근심과 고통을 잠시라도 잊을 수 있는 아편과 같은 것이었다. 『조광』1940년 8월호에 실린 「다방」이라는 시는 "아편처럼 진한 커피 속에/ 켜지는 등불······/ 사람들은 모두/ 불나비의 넋으로/ 불나비의 넋으로 모여든다"고 노래했다.[34]

그러나 1941년 들어 태평양전쟁으로 인해 설탕, 커피 등의 수입이 막히면서 쇠퇴 일로를 걸어 제2차 대전 말기에는 다방이 거의 폐업 상태에 들어갔다.[35] 일본에서도 1940년 당시 도쿄 시내에만 다방이 3,000여 개나 있었지만 이들은 전쟁 막바지엔 폐업이나 전업(轉業)을 할 수밖에 없었다. 커피 수입 통로가 막히게 되자 견디다 못한 커피 애호가들은 고구마나 백합근(白合根) 또는 대두(大豆) 따위를 볶은 뒤 사카린을 넣어 만든 즙을 마심으로써 간신히 '금단현상'을 달래곤 했는데, 이런 몸부림은 조선에서도 비슷하게 벌어졌다.[36]

'아편처럼 진한 커피'라는 말이 식민지배를 받는 나라의 지식인들의 슬픈 운명을 암시한다. 커피라도 아편 대용으로 간주하지 않았더라면 견뎌내기 어려웠던 건지도 모를 일이다. 커피로 '근대'의 기분을 내면서 그걸 매개로 지식인들끼리 다방에 모여 앉아 은밀하게나마 세상을 들었다 놓았다 하는 다변(多辯)의 향연을 벌이면서 '다방의 푸른 꿈'을 꾸었다면, 커피는 '모던 보이' '모던 걸'의 허영이라기보다는 한(恨)의 음료였다고 보는 게 더 정확할지도 모르겠다.

02

"서울에 댄스홀을
허(許)하라"

"이봐요, 뽀이상! 유성기 가져와요!"

1920년대에도 댄스는 있었지만, 본격적인 댄스 바람이 분 건 1930년
대다. 3·1운동 직후 종로 기독청년회관에서의 사교춤은 여성의 출입
을 금하고 남자가 여장을 해서 여성 대역을 맡는 식이었다. 1923년
10월에는 러시아 댄스를 두고 음악회에서 청년들과 목사가 충돌하기
도 했다. 1924년부터 좀 달라지기 시작했다. 1924년 9월 서울 종로
기독청년회관에서 열린 무도회에는 남녀 누구든지 유료 입장할 수 있
었으며, 바로 이 해에 남녀 간의 접촉으로 진행된 사교춤을 비난하는
여론이 일기도 했다. 1926년에는 풍속을 저해하는 사교춤을 금지하
는 법안마저 제출되었다.[37]

노래가 있는 곳에 춤이 빠지면 서운할 일이었다. 레코드의 보급이
춤바람을 몰고 왔다. 그러나 댄스는 불법이어서 처벌을 각오하고 몰래

기독청년회관(YMCA)이 보이는 종로의 모습. YMCA에서는 돈만 내면 남녀 누구나 입장이 가능한 무도회가 열리기도 했으나 당시 댄스는 불법이었다.

숨어서 해야 했다. 에로틱한 각선미를 선보이는 '레뷰' 라는 공연 형식도 인기를 끌었다. 그러자 1930년 12월 24일 경시청 보안부는 레뷰와 춤 등이 사회 풍속을 해친다며 '에로 연예단속규칙' 을 내려 보냈다.

이 규칙에는 무대 위의 몸놀림과 복장 등에 관한 내용이 규정되었다. 허벅지 두 치(약 6cm) 미만의 옷이나 살색 팬티 금지, 상반신 2분의 1 이상이나 유방 아래 노출 금지, 허리 부분의 옷을 살색으로 보이게 하는 조명 금지, 허리를 전후좌우로 흔드는 행위 금지 등이었다.[38]

1920년대 후반에서 1930년대 전반에 걸쳐 초콜릿, 캐러멜, 껌 등이 들어와 널리 광고되었는데, 이때에 껌이 댄스의 에티켓으로 광고되었다는 게 흥미롭다. 당시 껌은 신기한 것이었던가 보다. 『조선일보』 1931년 8월 15일자는 아이들 간식을 소개하면서 "껌은 더욱이 주지 말 것"이라고 경고했는데, 그 이유는 이랬다.

"달콤한 맛에 깨물다가 얼핏 하면 목구멍으로 넘어가기가 쉬워서 대단히 위험합니다. 그리하여 고민하게 되고 심하면 생명이 위험합니다."

『매일신보』 1934년 5월 18일자 광고는 흡연한 후 댄스할 때, 성악 가가 노래하기 전에 식사 후에, 사무실에서, 양치질 대신에, 운동할 때에 리글리 츄잉껌을 씹으면 "구중(口中)을 쾌연히 하며 피로를 휴 (休)한다"고 주장했다.[39]

『조선일보』 1934년 7월 2일자에 따르면, "이봐요, 뽀이상! 유성기 가 져와요! …… 기생의 껌 씹던 입에서는 혓바닥 장단이 시작되자 제각금 다투어 얼싸안고 춤을 추면 광란아(狂亂兒)들의 소천국이 벌어진다."[40]

'재즈 재즈 재즈!'

댄스는 불법이었기에 댄스에 굶주린 이들은 카페에서 댄스 욕구를 해 소하고자 했으며, 그러다가 종종 순사에게 봉변을 당하곤 했다. 카페 에서 사교댄스 대신 재즈가 유행하기 시작한 것도 그런 이유 때문이 었다.[41]

재즈는 1920년대 말부터 유행했는데, 본격적인 재즈가 조선에 들 어온 기록으로는 『동아일보』 1928년 9월 4일자에 "새로 콜럼비아 전 속 예술가가 된 미국 재즈밴드의 대왕 폴 화이트맨"이라는 광고가 실 려 있는 것이 처음이며, 이때의 목록은 〈리 팔로마〉, 〈메리 위도우 왈 츠〉 등 10곡이었다.[42]

재즈의 인기가 워낙 높아 그만큼 비난의 목소리도 컸다. 이서구는 『별건곤』 1929년 9월호에 쓴 글에서 재즈를 '현대인의 병적 향락생활' 로 매도한 바 있다.

"흥에 겨운 곡조를 체모(體貌)도, 염치도 잊어 가면서 몸짓, 손짓, 다릿짓, 콧짓, 그야말로 제멋이 내키는 대로 지랄을 하다시피 아뢰는 것을 '재즈밴드' 라고 부른다. 그리하여 재즈 취미의 근원은 이 재즈밴드에서 발하고 있는 것이니, 우리 대경성(大京城)에도 이미 이 세기말적 어깻바람이 나는 기분이 침윤(浸潤)된 것은 눈에 보이는 사실이다. 악단의 멋객(客)들로 조직된 '코리안 재즈밴드' 의 공연이 있을 때마다 젊은 피에 끓는 남녀들에게는 어지간히 큰 환호를 받았었다. ……예절이니 규율이니 하는, 듣기만 하여도 가슴이 막히는 케케묵은 수작은 그들의 귀에는 들어갈 틈이 없다. 오직 '바나나' 그늘 밑에서 엉덩이만 가리고 여름의 태양을 축복하는 토인들의 그 마음으로 돌아가 단순히 한 가지 즐김에 빠져서 정신을 못 차리도록 뛰고 놀아버릴 뿐이다."[43]

그러나 전 세계적으로, 특히 조선인들이 선망하는 서구에서 불던 재즈 바람을 어찌 외면할 수 있었으랴. 『신동아』 1931년 11월호에 따르면, "재즈 재즈 재즈! 소리 소리 소리! 재즈와 잡음의 난투! 이것은 도회다. 스피드 스피드 스피드! ……도회는 유행을 찾는다. 스타일 스타일 스타일! 유성기 소리판이 돌고 돈다."[44]

1936년 나운규가 주연한 영화 〈종로〉의 주제가는 "짜스(재즈)가 춤을 추는 종로 한복판/ 스카트 쩔버져서(짧아져서) 에로각선미/ 황금의 무덤 속에 순정을 묻고/ 싸구려 장사치가 사랑을 판다네"라고 노래했다.[45]

1936년 나운규, 김연실이 주연을 맡은 영화 〈종로〉의 한 장면. 이 영화의 주제가는 재즈와 관련한 당시 서울의 분위기를 노래했는데 '재즈가 춤을 추'고 '싸구려 장사치가 사랑을 판다'고 했다.

기쁨과 향락으로 충만한 재즈송

가요계엔 재즈를 위한 재즈송이 유행했다. 최초로 재즈송을 노래한 사람은 1930년 2월 〈종로행진곡〉, 〈그대 그림자〉 등을 부른 영화배우 복혜숙(1904~1982)이었다고 한다.[46] 장유정은 재즈송 노랫말의 특징은 과잉된 감정의 분출, 이국적인 정서를 드러내는 시어의 사용, 기쁨과 향락으로 충만한 세계 등이라고 했다.[47]

가장 대표적인 노래가 〈디이나〉다. 원 작곡자는 미국인 해리 이크스트이며 1925년 가수 에델 워터스의 노래로 처음 발표되었다. 1931년 빙 크로즈비가 다시 불러 대대적인 인기를 얻으면서 일본에도 번안곡으로 소개되었다. 일본에선 1934년 디크 미네가 발표한 곡이 가장 많은 인기를 끌었다. 디크 미네는 1935년 3월 〈다이나〉(이송 작사)를 우리말로 취입하면서 삼우열이란 예명을 사용했는데, 인기를 얻으면서 한국인들로부터 팬레터도 많이 받았다고 한다.

"오 다이나 나의 사랑 마음의 그리운 아름다운 그대/ 아 그대여 다이나 어여쁜 입술을 나에게 다오 나에게 다오/ 밤마다 그대 눈동자 그리워하면 산란타 이 마음 다이나/ 나에게 다오 키스 나의 마음 산란타 나의 사랑 다이나"

1936년엔 강홍식과 안명옥의 〈다이나〉, 강덕자의 〈다이나〉, 1939년 엔 김능자의 〈다이나〉 등 모두 4차례에 걸쳐 〈다이나〉가 취입되었다. 인기가 대단했다는 걸 알 수 있다.[48]

1936년 9월에 나온 〈이태리의 정원〉(이하윤 작사, 에르윈 작곡)은 무용가 최승희가 불러서 유명한 곡이다. 이국적 냄새를 풍기려 애를 썼다는 생각이 든다

"맑은 하늘에 새가 울면/ 사랑의 노랠 부르면서/ 산 넘고 물을 건너/ 임 오길 기다리는/ 이태리 정원/ 어서 와주세요// 저녁 종소리 들려오면/ 세레나델 부르면서/ 사랑을 속삭이려/ 임 오길 기다리는/ 이태리 정원/ 어서 와 주세요"[49]

1937년 3월엔 채규엽의 〈정열의 산보〉(김동진 작사)가 나왔다.

"구십춘광 쉬 간다 하네/ 꽃 그늘 지는 동산에 가세/ 석양이 좋아 쓸쓸한 황혼/ 사랑의 노래 높이 부르며// 젊은이 가슴 피가 뛸 때에/ 임의 얼굴도 빨갛게 타네/ 바람도 불고 고운 님 입김/ 달콤한 이 꿈 어이 깨랴// 산보 가세 달 밝은 거리/ 붉은 불들은 영롱해질 때/ 재즈도 요란 페이브먼트/ 고운 내 님과 어깨 겨누고// 플라타너스 넓은 잎 새로/ 새빨간 창공 우러러보니/ 별님도 고히 축복을 하네/ 꿈 같은 사

랑 속삭임을"[50]

1930년대 경성엔 카페가 1,000개

재즈의 주요 무대였던 카페 풍경을 감상해보자. 1930년대 경성엔 카페가 1,000개나 되었으며 낙원 카페의 경우 카페 걸 숫자가 70여 명에 이르렀다고 한다.[51] 지방 도시의 카페도 만만치 않았다. 1931년에는 이미 광주에서 "여급들의 등쌀에 '놀이'가 없다고 기생들이 맹파(盟罷)를 단행하고 경찰에 진정을 할 정도였다.[52]

카페 이용객의 연령층은 주로 21세에서 38세였다. 카페 안에는 『조광』, 『삼천리』 같은 한글 잡지들과 『매일신보』, 『아사히신문』 등의 일본 신문, 『스크린』과 같은 서양 잡지가 함께 비치돼 있었다.[53] 간판도 이국적인 정서를 느낄 수 있게 했고, 카페 내부는 수입품들로 채웠다. 소래섭은 "모던 보이, 모던 걸들은 레코드와 활동사진에서 보고 들은 재즈를 카페에서 마음껏 즐길 수 있었다. 그들에게 카페는 극장과 더불어, 일상에서 탈출해 이국적 정취를 물씬 느낄 수 있는 안식처이자 교양과 문화를 체험할 수 있는 공간이었다"고 했다.[54]

카페에는 다방에서 파는 커피 외에 술을 팔기도 하였는데 여자 종업원들이 옆에서 술을 따르고 시중을 들었다. 당시 카페에서 팔던 커피 한 잔은 10전~15전, 맥주는 한 병에 40전으로 설렁탕 값보다 비쌌다. 조선인 남자 노동자의 하루 일당이 대개 60전~80전이었으니 일반 서민들이 카페에 출입한다는 것은 그림의 떡이었다. 더구나 1933년에는 조선에도 맥주회사가 설립되면서 맥주도 일상적 기호식품으로 자리를 잡아가기 시작해 노동자도 가끔 마실 수 있을 정도가

되었다.[55]

당시엔 신일선, 김보신, 이명화, 김명순 등의 경우처럼 영화배우들이 카페 여급으로 활약하기도 했다. 소래섭에 따르면, "배우생활만으로는 생계를 감당하기 어려웠던 배우들은 카페로 진출함으로써 상당한 수입을 올릴 수 있고, 카페 업주에게도 여배우 출신 여급이 있다는 것이 카페 홍보에 유리했으므로, 카페에는 시간이 지날수록 배우들이 몰려들었다. 그래서 항간에서는 카페가 '몰락 여배우 수용소'라고 비아냥거렸고, 여배우의 카페 진출로 인해 영화와 연극의 장래가 어둡다는 전망이 나오기도 했다."[56]

카페 이용객의 절반은 학생

여자 종업원들은 손님들이 주는 팁으로 먹고살았기 때문에 '에로 서비스'를 감행했으며, 일부 카페는 심지어 독일 여자 릴데메와 러시아 여자 마리아 니나를 고용했다가 벌금을 부과받기도 했다. 카페가 그런 식으로 변질돼 가자 일제 당국은 1931년 ①실내조명은 신문을 읽을 수 있는 정도의 밝기를 유지할 것 ②박스(칸막이) 안의 일부는 광장에서 볼 수 있게 개방할 것 ③여자 종업원에게 의류 구입을 강제하지 말 것 ④여자 종업원에게 홀에서 댄스나 비천하고 외설적인 행동을 시키지 말 것 등의 내용을 담은 영업소 내부 규약을 지키도록 지시했다.[57]

이미 1929년 4월 본정경찰서에서는 카페 풍기 문제의 진원으로 지목되었던 다다미 사이의 칸막이를 철폐하라고 지시한 바 있었다. 규제는 점점 강화돼, 1934년 6월에는 여급들이 창문에서 밖을 내다보지 말 것, 여급이 손님과 절대로 희롱하지 말 것 등을 지시했다.[58]

에로 서비스는 카페 내에만 머물지 않았다. 카페 밖으로 '2차'를 나가는 수준으로까지 발전했다. 이런 서비스가 조직적으로 이뤄지자 붙은 이름이 '에로단'이다. 단속이 강화된 이후로도 카페 여급의 2차 성매매 활동과 관련된 에로단의 적발을 알리는 신문기사는 계속 나왔다.[59]

카페 이용객의 거의 절반이 학생이었기에, 이게 사회 문제가 되기도 했다.[60] 조선물산장려회 기관지인 『실생활』 1932년 7월호는 "투쟁을 잊고 이런 '카페'에 은신하여 '에로'를 핥는 그들의 생활은 그 얼마나 퇴폐적이며 환락적이며 도피적이며 환멸적인가!"라며 다음과 같이 개탄했다.

"조선 사회의 장래를 두 어깨에 짊어진 조선의 젊은이들이 현실의 모든 것을 도피하려는 듯이 '카페'의 푸른 등 아래에서 '웨이트리스'의 웃음에 싸여 귀한 시간을 낭비하며 아까운 돈을 뿌리고 있고 그들의 의식이 혼돈되어 감이 이미 한심한 현상이어든 더구나 수학(修學)에 열중하여야 할 학생의 몸으로 정복 정모채로 '카페'를 거리낌 없이 출입하는 사람이 늘어감에는 실로 언어도단(言語道斷)의 감이 없지 않다. 이에 우리는 이런 현상을 그냥 간과할 수 없어 이에 사회 측과 학생 측과 경찰 당국의 말을 들어 이에 기재하고자 하는 바이다."[61]

『삼천리』 1932년 8월호에 따르면, "카페! 카페는 술과 계집 그리고 엽기가 잠재하여 있는 곳이다. 붉은 등불, 파란 등불 밝지 못한 샨데리아 아래에 발자취 소리와 옷자락이 부벼지는 소리, 담배 연기, 술의 냄새, 요란하게 흐르는 재즈에 맞추어 춤추는 젊은 남자와 여자 파득파득 떠는 웃음소리와 흥분된 얼굴! 그들은 인생의 괴로움과 쓰라림을 모조리 잊어버린 듯이 즐겁게 뛰논다."[62]

카페 여급은 문학에도 큰 영향을 미쳤다. 무엇보다도 그녀들이 문인들의 자유연애 상대였기 때문이다. 1930년대 문학에 카페 걸이 지나치다 싶을 정도로 빈번하게 등장하는 이유도 여기에 있다. 김병익은 "기생들보다 모던하고, 일반 신여성들처럼 부담감을 주지 않는 이들은, 솔직하게 '사랑'이란 말을 토하고 자유연애를 동경하고 있었으며, 따라서 이들에 대한 인기는 기생들을 능가하고 있었다"고 했다.[63]

서울에 댄스홀을 허(許)하라

몰래 숨어서만 해야 하는 댄스!『조선일보』1933년 8월 24일자 사설은 조선의 일류 지식분자들이 도박에 또는 비밀 댄스에 도취해 있다는 사실을 지적하고 이들의 자포자기적 행동을 비난하였다.[64] 그러나 때론 자포자기도 힘이 되는 법. 비밀 댄스의 아성인 카페는 퇴폐적인 동시에 급진적이기도 했다. 당시 맹활약하던 공산주의 혁명가 이재유는 "공장 근처의 카페 등에서 유행하는 음악은 현재의 세상을 저주하는 것들이고 다른 것이 있다면 '죽을 때까지 싸워 보자'는 정도의 전투적인 음악"이라고 할 정도였다.[65] 1933년 9월에 정사(情死)한 카페 여급 김봉자가 실은 공산당원이었다는 유언비어가 나돈 건『동아일보』의 오보에서 비롯된 것이었는데, 그런 오보가 나올 만큼 카페엔 혁명의 기운과 상통하는 말세적 기운이 감돌고 있었다.

한편, 모든 문제는 댄스를 비밀리에 해야 하는 점에 있다고 생각한 이들도 있었다. 대일본 레코드회사 문예부장 이서구, 끽다점(다방) '비너스' 마담 겸 영화배우 복혜숙, 조선권번 기생 오은희, 한성권번 기생 최옥진, 영화배우 오도실, 동양극장 여배우 최선화 등 8명의 대중

문화 선도자들이 총독부에 댄스를 허가해달라고 공개 탄원하기에 이르렀다.[66]

『삼천리』1937년 1월호에 실린 「서울에 댄스홀을 허(許)하라—경무국장에게 보내는 아등(我等)의 서(書)」는 "우리들은 이제 서울에 '딴스홀'을 허하여 줍시사고 연명으로 각하에게 청하옵나이다. 만일 서울에 두기가 곤란한 점이 있거든 마치 대판(大阪)에서 시내에는 안 되지만 부외(府外)에 허하듯이 서울 근접한 한강 건너 저 영등포나 동대문 밖 청량리 같은 곳에 두어 주십사고 청하나이다. 우리들은 대개 동경도 다녀왔고 상해, 하얼빈도 다녀왔고, 개중에는 서양까지 돌아온 사람들이 있습니다. 일본 내지의 동경, 신호, 횡빈 등지를 돌아보거나 상해, 남경, 북경으로 돌아보거나 가까이 대련, 봉천, 신경을 돌아보거나 거기에는 모두 댄스홀이 있어 건전한 오락이 성하고 있는 것을 보고 우리들은 부럽기를 마지 아니 합니다"라고 했다.

"일본 제국의 온갖 판도 내와 아시아의 문명도시에는 어느 곳이든 다 있는 댄스홀이 유독 우리 조선에만, 우리 서울에만 허락되지 않는다 함은 심히 통한할 일로 이제 각하에게 이 글을 드리는 본의도 오직 여기 있나이다. 삼교 경무국장 각하여. 각하는 댄스를 한갓 유한계급의 오락이요 또한 사회를 부란(腐爛)시키는 세기말적 악취미라고 보십니까. 그런 생각을 가지고 사교댄스조차 막는 것이라면 그것은 분명히 각하의 잘못 인식함이로소이다."[67]

댄스홀은 허가되지 않았지만, 그리고 많은 지식인들이 댄스 열풍을 비판했지만, 그럼에도 댄스 열풍은 사그라들지 않았다. 이승원은 "1930년대 한국은 재즈와 춤 그리고 사교댄스가 범람하던 시대였다"며 "식민지 한국에서 살아가던 모던 보이와 모던 걸이 비록 비민중적인 색채를 띠고 있었고, 그것이 비록 식민지 정책의 일환으로서 개인의 욕망을 '배설'하는 장치로 기능했지만, 다른 면에서 그들에게 재즈와 춤은 쾌락 이전에 답답한 현실을 벗어나려는 도구이자 삶을 위안하는 촉매였다"고 했다.[68]

그 한(恨) 많은 댄스 금지가 풀린 건 해방 이후였다. 해방 후 미군의 주둔과 함께 이른바 '양키이즘'이 유입되었고, 이는 곧 사회 전반으로 파급되었다. 가장 눈에 띈 변화는 '춤바람'이었다. 춤바람은 미군의 댄스파티에서 시작되었다. 박영수는 "미군이 주둔하면서부터 각 곳에 미군 병사들을 위로할 '재즈밴드'가 필요했고 '댄스홀'이 생기면서부터 본격적인 댄스 음악이 유행하기 시작했다"며 다음과 같이 말했다.

"댄스홀이 생기더니 남녀가 서로 끼고 빙빙 도는 사교댄스

1930년대 한국은 재즈와 춤, 사교댄스가 범람하던 시대였다. 서울에 댄스홀이 금지되고 많은 지식인들이 댄스 열풍을 비판했지만, 댄스의 열기는 조금도 사그라지지 않았다(위는 『조선일보』 1928년 10월 30일자 기사).

가 유행하기 시작했다. '춤바람' 문화는 바로 여기에서 시작된 것이다. 댄스홀은 모두 미군을 대상으로 영업하는 곳이어서 미군과 함께가 아니면 들어가지 못했다. 서울 시내에는 호화스런 댄스홀이 여기저기 생겼는데, 그중에서 규모가 큰 곳은 정자옥 댄스홀(현재 미도파백화점 5층)과 미쓰코시 댄스홀(현재 신세계백화점 5층)이었다."[69]

격세지감(隔世之感)이다. 오늘날 댄스는 '에티켓'이 되었으니 말이다.[70] 그렇지만 동시에 에티켓을 빙자한 사회적 의식(儀式)을 통해 댄스가 제공해줄 수 있는 쾌락과 환락의 물결도 계속 유지될 것이 틀림없다. 댄스 열풍을 통해 '몸'과 '욕망'의 재발견을 시도한 한국인들은 그 어떤 개인적 고난과 시련에도 불구하고, '몸'과 '욕망'의 완성을 위해 더욱 왕성한 삶의 의욕과 전투성을 불태우며 스텝을 밟는 일과 이에 따라붙는 육체적 교감을 멈추진 않을 것이다.

03

"오늘은 부민관,
내일은 화신"

소비문화의 전시장

1920년대 말부터 나타난 네온사인은 '일종의 근대색'으로 간주되었다. 『신민』 1931년 7월호에 따르면, "초하(初夏)의 거리를 꾸미는 청, 황, 녹등(燈)의 광채를 방사하는 네온사인, 이것은 이름부터가 현대적인 것과 같이 '네온사인'은 실로 현대 도시를 장식하는 가장 진보적 조명품이다. 얼핏 보면 비상(非常)히 자극적인 듯하나 자세히 보면 볼수록 어디까지 맑고 찬 네온사인은 정히 현대인의 신경을 상징한 것이다."[71]

1932년 이후에는 카페에도 네온사인이 설치되는 등 네온사인은 점점 더 도시를 파고들었다.[72] 1936년 2월에 나온 채규엽의 〈울며 새우네〉는 "네온의 네거리로 향방 없이 헤매도/ 잃어버린 마음을 찾을 길이 없어/ 거리등 비 맞으며 떨고 있는 그림자/ 아 오늘밤도 울면서 새

우네"라고 노래하기도 했다.[73]

네온사인이 '근대색'이었는지는 몰라도 그건 소비문화의 상징이기도 했다. 소비 대중문화의 촉진에 있어서 가장 강력한 동력은 영화였지만, 상상 속의 소비문화 축복을 직접 눈요기라도 할 수 있는 곳은 백화점이었다. '소비문화의 전시장'인 백화점들은 밤 9시 30분까지 영업을 하면서 네온사인을 포함한 화려한 야간조명으로 소비자들을 유혹했다.[74]

1930년대 들어 백화점의 유행선도 기능은 더욱 강해졌다. 『경성일보』 1930년 2월 16일자는 "1930년의 경성은 실로 백화점 시대다"고 보도했다. 이게 저절로 이루어진 건 아니다. 조선총독부는 일본 백화점들을 지원했다. 총독부는 특히 백화점업계의 선두 주자 미쓰코시에게 '일본문화의 보급'이라는 역할을 기대했다.[75]

1932년 백화점을 관찰하고 쓴 이상의 시(詩)엔 "마르세이유의 봄을 떠난 코티의 향수를 맞는 동양의 가을"이라는 표현이 등장할 정도로,[76] 백화점은 고급스러운 동시에 이국적인 아우라를 풍기는 별천지처럼 여겨졌다.

조선 상인들이 그렇게 '첨단'을 달리는 백화점과 경쟁하기엔 역부족이었다. 백화점의 압도적 우세가 분명해진 가운데 경쟁은 일본 백화점과 조선 백화점 사이의 경쟁으로 나타나기 시작했다. 1932년 1월 고물장사로 큰돈을 번 최남은 서울 기독교청년회관 옆에 지하 1층, 지상 4층 규모의 건물을 짓고 동아부인상회를 동아백화점으로 개명하였다. 바로 옆의 화신상회는 박흥식(1903~1994)이 인수해 3층 콘크리트 건물로 증개축하고 1932년 5월 화신백화점이라는 이름으로 개업하였다.[77]

박흥식은 지물업으로 돈을 벌었는데, 그의 사업의 전기(轉機)가 된 것은 6 · 10만세운동이었다. 민족감정이 한껏 고조된 분위기 속에서 『동아일보』와 『조선일보』가 그간 일본 도매상에서 사던 신문용지를 박흥식의 선일지물로 바꿔서 사면서 이후 돈방석에 앉게 되었다.[78]

동아백화점과 화신백화점의 경쟁

동아백화점과 화신백화점 사이의 경쟁은 치열했다. 동아백화점은 미모의 여점원을 채용하여 고객을 유인하는 미인계를 썼다. 화신백화점 입장에선 죽을 맛이었다. 박상하에 따르면, "동아백화점 '숍걸' 인기가 지금으로 치자면 가수나 탤런트 못지않은 대단한 화젯거리인데다, 그것도 한두 명이 아닌 동아백화점의 전체 직원 가운데 절반이나 된다는 100여 명이 우글거리는 판이었으니 정말이지 환장할 노릇이었다. 더군다나 동아백화점에선 벌써 '로-만스(로맨스)'까지 피어난다는 야릇한 뜬소문마저 그치지 않았으니."[79]

박흥식은 일본 도매상을 거치지 않고 일본으로 직접 가서 물건을 떼와 대대적인 사은대매출 할인판매로 대응했다. 경품도 제공하였다. 화신이 미인계를 안 쓴 건 아니다. 경쟁이 치열해지면서 서로 따라 하기를 하되, 무엇이 주요 전략이냐는 차이만 있었을 뿐이다.

경쟁이 과열되자 화신에서는 경품으로 문화주택까지 내걸 정도였다. 박흥식의 최대 히트작은 상품권 발행이었다. 박상하에 따르면, "경성상계에선 맨 처음 시도된 상품권 판매는 공전의 히트였다. 당시 공공연히 성행하던 뒷거래, 예컨대 '와이료(뇌물)'를 주고 싶어 하던 사람들에게는 상품을 구매하든지 현금으로 바꾸어 담든지 간에 상품

1930년대에 들어 유행을 선도하는 백화점의 기능은 더욱 강화되었다. 고물장사로 부자가 된 최남은 지하 1층, 지상 4층 규모의 건물을 짓고 동아백화점을 열었으며 박흥식은 바로 그 옆의 화신상회를 인수해 3층 건물로 증개축하고 화신백화점을 열었다. 동화백화점(위)과 1937년 완공된 화신백화점 모습(아래).

권이야말로 가장 적합한 안성맞춤이었다."[80]

또 박흥식은 금전등록기를 설치했으며 당시 시인으로 이름을 떨치던 주요한(1900~1979)과 소설가 조벽암(1908~1985) 등을 채용해 광고업무를 맡기는 등 선진적인데다 대담한 상행위를 선보였다. 결국 동아백화점은 그런 공세에 밀려 손해를 견디지 못하고 개업 반년만인 1932년 7월 16일 화신백화점에 흡수·합병당하고 말았다.[81] 1920년대 말부터 서적의 통신판매업이 대중화되었는데, 화신백화점은 이걸 응용한 통신판매에 뛰어들어 성공을 거두게 된다.[82]

'백화점족'의 등장

백화점의 인기가 하늘을 찌르면서 백화점들 사이의 경쟁도 더욱 치열해졌다. 월간『삼천리』1933년 2월호가 서울 시내 백화점의 하루 고객 수를 소개하면서 논평한 것도 바로 그런 치열한 경쟁의 실상을 말해주는 것이었다. 이 기사에 따르면, 미쓰코시백화점은 12만 6,000명, 화신은 11만 7,000명, 조지아는 9만 5,000명 등이었다. 당시 서울 인구가 30만이었음을 감안할 때, 이는 놀라운 수치였다.[83]

1933년 미나카이백화점은 서울 매장을 연면적 8.264제곱미터로 신증축했다. 1928년 함경남도 흥남, 함흥에 지점, 1929년에 군산, 1932년 광주와 대전에 이어 1933년 평양과 대구, 1937년 부산에 지점을 설치했다. 미나카이백화점은 후발 주자였지만 이런 일련의 공세로 조선 내 최대 백화점이 되었다.[84] 지하 1층 지상 6층 건물로 조선에서 처음으로 2층까지 에스컬레이터가 설치되어 화제가 되기도 했다.[85]

백화점은 도시민이 일상적 삶에서 누릴 수 있는 '여가문화'의 지존

화신백화점 신문 전면광고(1933년 4월). '매일 대성황인 화신대식당의 진용' 이라는 제목
아래 식당 내부 사진을 큼지막하게 실었다.

이었다. 백화점들도 이를 거냥해 '가족단위 마케팅' 을 적극 추진했
다. 화신은 식당이 큰 인기를 끌자 확장공사를 마친 뒤『매일신보』
1933년 4월 1일자에 '가족본위의 대식당 출현' 이라는 제목의 광고를
냈다. 며칠 뒤 전면광고엔 '매일 대성황인 화신대식당의 진용' 이라는

제목 아래 식당 내부 사진까지 큼지막하게 실었다.[86)]

『조선일보』 1933년 9월 22일자는 젊은 주부들이 집안일은 뒷전이고 "살로메처럼 낭비에 빠져 있다. 김치는 담그지 않고 가정부가 만들어준 요리는 맛이 없다는 이유로 남편, 아이들과 함께 백화점 식당을 순례하고 있다"고 개탄했다.[87)]

신문의 '백화점족'에 대한 시선은 다분히 냉소적이었다. 특히 '백화점족'에 편입되기 어려운 경제적 수준을 가진 언론인들의 심사가 편할 리 만무했다. 『조선일보』 1933년 10월 29일자 만문만화는 "가을이 되면 백화점이 더 번창이다. 사서 들고 나오는 것은 안 사도 좋을 것 같은 것을 보아서 아직도 돈이 없단 타령하고는 딴판인지 모르나, 백화점 승강기 바람에 어깨가 으쓱하니 백화점 출근을 하는 것인지 자식 새끼는 겨울이라도 배때기를 내놓고 다니게 하고 코 하나 씻기지 않으면서 주렁주렁 사들고 다니는 것이 그 무언고. 승강기에 미쳤거든 아주 천국으로 이사를 가든지 백화점 상층 식당에서야만 애인을 만날테면 천국에서 사랑을 맺든지"라고 비꼬았다.[88)]

또 『조선일보』 1934년 12월 16일자 만문만화는 "백화점 세모대매출(歲暮大賣出)에 추첨권 때문에 미치는 아낙네들. 그 알 수 없는 심사를 자기들만 알 일이겠지만, 이것도 반가운 일은 아니다. 생각 없이 날뛰면 그 뒤가 싱거운 일이요, 결과가 더 슬플 것이다. 생각 없이 걸어가는 사람에게는 앞이 잘 보일 리가 없다"고 꼬집었다.[89)]

백화점은 미인시장

백화점들의 미인계 마케팅이 관심을 끌자, 『신여성』의 백화점 관련 기사는 주로 백화점 여점원들을 다뤘다. 주로 에로거나 애화(哀話)였다. 이미『신여성』1931년 12월호에 실린 글은 "진열장 앞에서 웃음으로 손님을 접대하다가 얼마 후에는 흔치 않은 모던이 될 양장을 짧게 챙기고 긴 실크 스타킹을 신고 바쁜 듯이 밤늦게 카페 출입이나 아무 일 없이 가로의 아스팔트에 횡보하게 되었다"고 했다. 또『신여성』1932년 11월호에 이서구가 쓴 「데파-트 애화, '키스' 와 '월급' 과 '처녀'」는 여점원이 거스름돈을 잘못 계산했다는 것이 빌미가 되어 주임에게 정조를 빼앗겼다고 했다.[90]

이른바 '숍걸'로 불린 여점원들의 노동은 고됐지만, 여성의 일자리가 없는 당시 상황에선 그걸 탓할 바는 아니었다.『신여성』1933년 4월호에 따르면, 수 명을 뽑는 데 400명이 지원하기도 했다.[91]

『조선일보』1934년 5월 14일자 만문만화는 "현대의 건축은 철골과 유리로 더구나 백화점은 선전(宣傳)으로 상품이 바깥으로 보여야만 되도록 되어간다. 그리고 될 수 있는 대로 '숍걸'을 유리 벽 앞에 세운다. 헐리웃드에서는 나체출연 수당이 많다는데, 그것만은 여기서도 하루에 팔, 육, 사십 전에는 안될 걸"이라고 했다.[92]

월간『별건곤』1934년 5월호 기사「백화점은 미인시장」은 "스마트한 청년들이 물건 보기보다 거기서 나비같이 경쾌하게 써비스하는 숍프껄들을 바라보기에 정신없는 광경을 본다"며 "미쓰코시백화점이 인물 선택을 가장 엄격하게 하며 순명이나 진명여자상업을 마치고 가정이 비교적 점잖은 집안의 따님들을 채용하는데 그보다 일굴과 스타일이 아름다운 이를 채용하는 것을 선결조건으로 삼는다"고 했다. 또이 기사는 일본인을 많이 채용하는 미쓰코시와 달리 화신에는 15세~16세부터 22세~23세 '숍걸'이 약 70명 있다면서 여자상업학교 출

1934년 5월 14일자 『조선일보』에 실린 만문만화(위)와 화신백화점 매장 모습(아래). '숍걸'로 불린 백화점 여점원들의 노동은 고됐으며 화신백화점에는 15세~16세부터 22세~23세까지 약 70명의 숍걸이 있었다.

신이 제일 많고 진명, 숙명, 이화 출신도 상당수라고 소개했다.[93]

'숍걸' 들은 화려한 화장과 깨끗한 제복으로 선망의 대상이 되기도 했지만 "다리가 끊어질 듯이 아프다"거나 "햇빛 좀 보았으면 소원이 없겠네"라는 말을 입에 달고 살았다.[94] 그들이 '백화점족' 들을 보는 시선도 고울 순 없었다.

"회사와 중간관리 층에 대한 증오심과 점내에서 마주치는 부유층에 대한 적개심도 점차 커졌다. 극도의 저열한 생활을 영위하는 그들의 눈에 비친, 돈을 물 쓰듯 하는 부유층은 부러움의 대상이었다. 점원들은 눈부실 정도의 화려한 상품들을 다루고 있으면서도 정작 자신들은 그 상품을 마음껏 사용할 수 없고, 수많은 돈을 주고받으면서 한 푼도 자신의 돈으로 할 수 없는 현실을 원망했다."[95]

화신백화점의 '민족주의 마케팅'

화신백화점의 주요 마케팅 전략은 '민족주의' 였다. 화신은 신문광고에서 '약진하는 조선의 화신' 운운하면서 동포애를 자극했다. 박흥식은 월간 『삼천리』 1934년 8월호에 기고한 「화신의 성패는 민족적 명예소관」이란 제목의 글에선 "화신이 잘되고 못되는 것은 곧 조선 사람이 잘하고 못하는 것을 실지로 증명하는 시금석으로 자타가 인정하는 것입니다"라고 주장하기도 했다.[96]

화신은 '민족백화점' 을 내세우며 "일본인 상권의 종로 진출을 막는 방책" 역할을 하겠다고 나섬으로써 조선 소비자들에게 어필했다. 이로써 '종로' 대 '진고개' 의 대결구도가 이루어졌다.[97] 이 구도의 파괴력을 이해하기 위해선 당시 '종로' 로 대표된 북촌과 '진고개' 로 대표된 남촌의 격차를 알아야 한다.

진고개(泥峴)의 '니(泥)'는 울퉁불퉁한 진흙탕 길, '현(峴)'은 작은 언덕이라는 뜻이다. 지금의 명동, 대룡동, 낙동, 장동, 회동, 필동 등지를 가리키는 이 지역은 비가 오면 길이 진흙 수렁이 되어 속칭 진고개라 부르게 되었다. 서울 빈민 중에서도 최극빈자가 모여 사는 곳이었는데 일제강점기에 통감부가 생기고, 이곳을 중심으로 일본인 상가가 형성되면서 크게 바뀌었다.

거주지나 상업지로서는 좁고 불편한 곳이었지만 인구가 단시일 내에 밀집하였기 때문에 상업이 번성할 수 있었다. 남대문로에서 들어가는 진고개 입구에 일본영사관이 있었고 배후의 남산 중턱에는 일본공사관이 있었는데, 그 덕을 보기도 했다. 그 결과 "동네 이름의 하나였던 진고개가 보통 명사화되어서 일제와 새로운 문물(혹은 근대)이 중첩되는 장소를 의미하게 된 것이다."[98]

진고개는 속칭이었고 일본인이 많이 거주하는 지역은 '정(町)'이라 불렀다. 충무로는 '으뜸이 되는 동네'이자 그렇게 되어야 한다는 뜻으로 본정(本町), 을지로는 일본인의 상업지대로 돈이 버글버글하다고 해서 황금정(黃金町), 명동은 한국을 점령한 메이지 왕을 기린다는 뜻에서 명치정(明治町), 필동은 일본인이 모여 산다는 것을 나타내기 위해 대화정(大和町)으로 부르는 식이었다.[99]

1935년의 경성부 통계에 따르면 '정(町)'이라는 지명에는 일본인 거주자가 51퍼센트나 되었던 반면에 '동(洞)'이라는 이름이 붙은 것의 일본인 거주자는 7퍼센트에 불과했다.[100] 1935년 일본인 거주 비율은 남학동 95퍼센트, 예장동 92퍼센트, 필동 3 91퍼센트, 주자동 91퍼센트, 필동 2 90퍼센트, 필동 1 89퍼센트, 회현 2 89퍼센트, 회현 3 88퍼센트였다. 기타 외국인 주로 중국인의 거주 비율이 높은 지역은 서소문동 60퍼센트, 소공동 43퍼센트, 태평로 2 31퍼센트, 봉래동 2가 25퍼센트 순으로 나타났다.[101]

도로와 전기 차별

도로에서부터 전기에 이르기까지 '종로'로 대표된 북촌과 '진고개'로 대표된 남촌의 격차는 매우 심했다. 『신동아』 1935년 11월호에 따르면, "경성의 도로로 말하면 간신히 일본 내지인이 많이 사는 남촌거리만 다소 얌전히 다듬어놓았을 뿐이요, 조선인이 많이 사는 북촌거리에는 신통한 도로가 없다. 그래서 비가 와도 걱정이요 비가 아니 와도 걱정이다. 비가 오면 땅이 곤죽이 되어 다닐 수가 없고 비가 아니 오면 먼지가 태산같이 일어나서 걷기가 힘들다. 이런데다가 자동차나 한번 쑥— 지나가면 가문 때에는 먼지 때문에 숨 쉬고 다닐 수가 없고 비가 올 때에는 흙이 몹시 뛰게 되는 것이 아닌가. 하수구 하나 잘된 곳이 없고 변소 하나 똑똑한 것이 없어서 길에 다니려면 악취가 몹시 나고 오물이 많이 눈에 띈다. 이러고서 어찌 병균이 아니 퍼질 수 있으랴."[102]

『조선중앙일보』 1934년 11월 24일자는 일본인들 지역엔 가로등 시설이 완비돼 있으나 "대경성의 중앙지대인 종로 일대는 아직까지도 가로등 하나 없다"고 개탄했다.[103] 이런 전기 차별은 전국적인 현상이었다. 전기는 일본인 거주지역 위주로 보급돼 그쪽에만 가로등이 빛났다. 게다가 조선의 전기요금은 일본 본토보다 30~40퍼센트 이상 비싸 한때 전기요금 인하운동이 벌어지기도 했다.[104]

전기보급률은 1929년 6퍼센트였으며, 1942년에도 17.5퍼센트에 머물렀다. 1940년 조선인 총 가구 420여 만 호 가운데 전등을 켤 수 있었던 가구는 10퍼센트에도 미치지 못한 반면, 일본인 가구 18만 호는 100퍼센트 전기를 쓰고 있었다.[105] 수도 보급률은 1925년 29퍼센트였는데, 일본인 거주 지역은 89.9퍼센트였다.[106]

화신백화점 구경기

바로 그런 차별 때문에 조선인들은 진고개의 풍요에 대해 분노하기도 했지만, 다른 한편 그곳을 선망의 대상으로 삼기도 했다. 앞서 '1920년대의 유행'을 다루면서 소개한 바 있지만, 조선인들 사이에서 진고개가 누리는 인기는 대단했으며 이는 1930년대에도 지속되었다. 1932년 『별건곤』에 실린 한 기사는 다음과 같이 푸념했다.

"남대문통이나 진고개를 지나보신 이면 누구나 흔히 눈에 띄는 일이겠지만, 정자옥, 평전상점 같은 큰 상점에는 언제나 조선 여학생, 신식부인들로 꼭꼭 차서 불경기와 바람이 어디서 부느냐하는 듯한 성황, 대성황으로 상품이 매출되니 그곳들이 특별히 값이 싸서 그런가요. 그렇지 않으면 무엇에 끌려서 그러는지 알 수 없습니다."[107]

바로 그런 상황에서 박흥식은 '민족주의 마케팅' 전략을 구사한 것이다. 상인으로서 박흥식의 강점은 대담한 상상력이었다. 그는 전국의 주요 잡화점을 사실상 화신의 지점으로 하는 연쇄점을 구상하고, 1934년 1월 처음 신문지상에 발표한 뒤 그해 6월 15일자 신문에 정식으로 발표하였다. 1935년 1월 초순 3,000여 명 이상의 연쇄점 신청자 중에서 제1차로 300여 곳 점포를 선정 발표했는데, 이후 화신연쇄점

은 각 지역에서 최고의 대형 잡화점으로 발전하였다.[108]

1935년 1월 27일 화신의 목조 4층 건물에 불이 났는데, 이는 몇 만 명의 구경꾼이 몰려드는 대사건이 되었다. 심지어 신문 호외까지 발행되었다. 『조선중앙일보』 1935년 1월 27일자 호외는 다음과 같이 보도했다.

"소관 종로경찰서는 물론이거니와 시내 각 경찰서에서는 전 서원을 비상소집하여 총동원 체제를 갖추었으며 헌병대까지 동원하여 부근 요소에 비상경계망을 펴는 동시에 전 시내가 발칵 뒤집히다시피 몰려오는 군중의 교통차단을 하였는데 남대문통 1정목과 종로 1정목, 동 3정목, 인사동·안국동·수표정 부근 일대에는 교통차단으로 말미암아 실로 인산인해를 이룬 형편이다."[109]

그러나 박흥식은 은행 융자를 얻어 곧 재기했고, 화신백화점은 여전히 서울의 명소로 군림했다. 『삼천리』 1935년 10월호에 실린 「화신백화점 구경기」라는 글은 "'화신 본점'의 오층루 상에는 높이 '화신'의 표를 그린 붉은 깃대가 창천에 높이 훨훨 휘날리고 있고 신관 전면으로는 울긋불긋한 커다란 꽃다발 두 개가 달려있어 이른 아침부터 말쑥하게 차리고 거리로 흘러 다니는 수많은 사람들의 시선을 한군데로 집중시키고 있다. 문 앞에 몰려드는 인파에 휩싸여 나도 그 속에 끼어들어 섰다. 문 안을 썩 들어서니 문 밖에만 사람들이 밀리는 것이 아니고 점 내는 더욱 사람들로 꽉 채워져 있었다. 대개는 가정에서 통털어 나온 모양이다"고 했다.[110]

1935년 미나카이·미쓰코시·조지야·히라타·화신을 가리켜 '5대 백화점'이라 했다.[111] 모든 백화점의 주요 고객은 조선인으로 전체의 60~70퍼센트를 차지했다. 조지야는 60퍼센트, 미쓰코시는 60~70

화신백화점 화재를 보도한 1935년 1월 27일자 『조선중앙일보』 호외. 박흥식은 은행 융자를 얻어 곧 재기했고, 화신백화점은 여전히 서울의 명소로 군림했다.

퍼센트가 조선인 고객이었다. 백화점들 간 과당경쟁이 치열해 1938년에는 백화점위원회가 설치되어 상호 자제를 합의할 정도였다.[112]

백화점은 수학여행 코스

백화점은 일반 민중에겐 볼거리였다. 그래서 학생들의 수학여행 코스에도 포함되었다. 『신동아』 1936년 5월호는 "특별히 시골에서 오는 사람이면 백화점에 한 번 출입하는 것을 일종의 자랑으로 아는 이가 없지 아니하다"고 했다.[113]

당시 화신백화점의 주변 풍경은 어떠했던가? 1936년 『조광』에 발표해 1938년에 단행본으로 출간된 박태원의 『천변풍경』은 난생 처음 경성에 올라온 시골소년의 눈을 통해 다음과 같이 묘사했다.

"전차도 전차려니와, 웬 자동차며 자전거가 그렇게 쉴 새 없이 뒤를 이어서 달리느냐. 어디 '장'이 선 듯도 싶지 않건만, 사람은 또 웬 사람이 그리 거리에 들끓느냐. 이 층, 삼 층, 사 층……웬 집들이 이리 높고, 또 그 위에는 무슨 간판이 그리 유난스레도 많이 걸려 있느냐. 시골서 '영리하다' '똑똑하다' 바로 별명 비슷이 불려온 소년으로서도, 어느 틈엔가, 제풀에 딱 떨어진 제 입을 어쩌는 수 없이, 마분지 조각으로 고깔을 만들어 쓰고, 무엇인지 종잇조각을 돌리고 있는 사나이 모양에도, 그의 눈은, 쉽사리 놀라고, 수많은 깃대잡이 아이놈들의 앞장을 서서, 몽당수염 난 이가 신나게 부는 날라리 소리에도, 어린이의 마음은 걷잡을 수 없게 들떴다. 몇 번인가 아버지의 모양을 군중 속에 잃어버릴 뻔하다가는 찾아내고, 찾아내고 한 소년은, 종로 네거리 광대한 건물 앞에 이르러, 마침내, 아버지의 팔을 잡았다. '예가 무슨 집이에요. 아버지.' '저, 화신상……. 화신상이란 데야.'"[114]

『조광』 1937년 4월호에 실린 「백화점 풍경」이라는 글은 "이곳은 W 백화점 입구이다. 유선형 '시보레' 차 한 대가 동대문 방면에서 쏜살같이 달려와 스스로 스톱을 한다. 곧 문을 열고 나오는 주인공은 '샤리 템플' 같이 귀여운 소녀 두 명과 젊은 부부 두 사람이다. 그들은 모두 가슴에 진달래꽃을 꽂았다. 아마 정릉이나 성북동에서 꽃구경을 하고 오는 모양이다. 젊은 부부는 각각 어린애를 하나씩 손을 잡고 백화점으로 들어간다"고 묘사했다.

"레코드가 울고 그랜드 피아노가 흑요석같이 빛나고 있다. 얼른 보

1936년 10월호 『조광』에 발표한 박태원의 「천변풍경」. 난생 처음 경성에 올라온 시골소년의 눈을 통해 백화점이나 전차, 자동차 등 당시 서울의 풍경을 상세히 설명하고 있다.

니 저쪽에는 젊은 남녀가 서서 레코드를 고르고 있지 않은가? 잠깐 기자의 고막을 울리는 아름다운 회화…… '여보 이것은 슈베르트의 소야곡이구려, 꼭 한 장 사야 해요?' 이것은 여자의 방울 같은 고운 목소리다. '참 좋은 것도 있네, 암 사야지요' '사다가 한번 실컷 틀어 봐야겠

네' '당신이 또 좋아하는 꼴을 어떻게 봐' '우리 실컷 좀 걸어봐요, 내 춤도 출게' 아양하는 여자의 목소리다. 기자는 눈꼴이 틀려서 북쪽 사진기실로 발을 옮겼다. 그러나 여기도 사진기 한 대를 사며 웃고 있는 남녀가 있다. '내일은 청량리에 가서 송림을 배경으로 한번 박아요. 내 일리안 커쉬같이 웃는 얼굴을 할께' 이것은 여자의 아양하는 소리다. '청량리는 왜. 지금이 한창 꽃필 땐데 동물원으로 갑시다. 그리고 난 일리안 키쉬는 싫어. 꾸레타 갈보 같은 명상적 얼굴이 좋지.'"[115]

위 기사는 "그랜드 피아노가 흑요석같이 빛나고 있다"고 했는데, 당시 계급적 구별짓기의 총아는 피아노였던 것 같다. 윤치호의 1938년 12월 15일자 일기에 따르면, "연희전문 음악교수인 현제명이 사에키 전 경성부윤에게 피아노 한 대를 뇌물로 준 혐의로 체포되었다는 소식을 들었다. 그는 흥사단 회원이라는 이유로 강제로 사표를 내야 했는데, 교수직에 복직하기 위해 사에키 씨에게 뇌물을 먹였다는 혐의를 받고 있다."[116]

화신백화점은 6층, 반도호텔은 8층

화신백화점은 1937년 11월 연면적 6,611제곱미터가 넘는 지하 1층 지상 6층의 르네상스식 새 건물을 지었다. 이 신관의 층별 매장 구성을 보면, 지하 1층엔 지하시장, 식료품부, 실연장, 사기일용품부, 1층엔 양품부, 화장품부, 여행안내계, 2층엔 신시양품부, 침구부, 주단포목부, 미술품부, 시계부, 귀금품부, 안경부, 견본실, 3층엔 부인자공복부, 완구부, 수공품부, 조화부, 4층엔 서적부, 운동구부, 문서구부, 신사양복부, 점원휴게소, 5층엔 대형식당, 조선물산부, 모기매장, 사진

기재료부, 6층엔 그랜드홀, 스포츠랜드, 전기부, 가구부, 모델룸, 7층엔 옥상, 상성화랑, 사진부, 미용실, 원경용품실, 옥상정원 등이 있었다.[117]

『동아일보』 1937년 12월 1일자에 실린 화신백화점의 연말대매출 및 경품 안내광고는 12월 3일부터 31일까지 실시하는 대매출에서 1원어치 물건을 사면 소 한 마리를 경품으로 탈 수도 있다고 선전했다.[118]

이때까지만 해도 서울에서 가장 높았던 고층건물은 종로 네거리의 화신백화점과 충무로 2가에 있었던 미나카이라는 일본 백화점이었다. 둘 다 6층 철근콘크리트 건물로 누구건 서울에 오면 반드시 들르곤 했던 관광명소가 되었다.[119]

직접 안까지 들어가 보긴 어려웠지만, 또 하나의 관광명소가 1938년 봄에 추가되었으니 그건 바로 화신과 미나카이보다 2층 높은 서울 반도호텔이었다. 1914년에 문을 연 조선호텔에 이어 두 번째로 들어선 호화 호텔인 반도호텔은 편의시설에서 조선호텔을 압도했다. 옷차림이 허름하다는 이유로 조선호텔 입장을 거부당한 일본인 실업가 노구치가 조선호텔 뒤의 땅을 사 지은 8층짜리 건물이었다.[120]

이효석이 『동아일보』 1938년 5월 5일에서 14일까지 6회에 걸쳐 연재한 소설 「막」에는 '호텔의 심리학' 이라 부를 만한 대목이 나온다.

"세운의 의견에 의하면 거리에서는 호텔같이 예절이 바르고 인사성이 깎듯한 데는 없다는 것이다. 들어갈 때나 나올 때나 방에 있을 때나 뽀이들의 시중은 가려운 곳에 손이 닿을 지경으로 조밀하고 친절하였다. 무례하기 짝없는 거리와는 딴 세상인 그 속에 있을 때에만은 거리에서 받은 가지가지의 상처와 잡지를 하다가 입은 여러 가지의 봉변을 잊어버릴 수 있었다. 그까짓 하찮은 문화인이 다 무어며 주

1938년에 세워진 반도호텔 모습(지금의 롯데호텔 자리). 호화 호텔로 1914년에 문을 연 조선호텔을 압도했다. 반도호텔은 옷차림이 허름해 조선호텔 입장을 거부당했던 일본인 실업가 노구치가 세웠다고 한다.

제넘은 문학자들이 다 무엇에 쓰자는 것이냐—하고 호텔 문을 나들 때 뽀이들이 뛰어와서는 구두를 털어주고 모자를 받아주고 할 때마다 세운은 고개를 곧추들고 속으로 한 번씩은 외어 보았다."[121]

"오늘은 부민관, 내일은 화신"

백화점은 꿈이었다. "오늘은 부민관, 내일은 화신"이라는 말까지 유행했는데, 이는 부민관에서 영화 한 편 보고 화신백화점으로 가서 신 상품을 구경만이라도 하는 것이 서민들의 소박한 꿈이었던 시대상을 함축하는 말이었다.[122] 일본에선 1914년~1915년경 미쓰코시백화점이 제국극장과 제휴하여 "오늘은 제국극장, 내일은 미쓰코시"라는 광고를 게재한 바 있는데,[123] "오늘은 부민관, 내일은 화신"이라는 말도 그런 광고전략의 일환으로 나온 게 아닌가 싶다. 도대체 화신은 무슨 구경거리를 제공했던가?

"한·일·양식을 모두 갖춘 5층의 대식당과 6층 소극장은 연일 선남선녀들로 붐볐고 옥상 위 불꽃모양의 첨탑과 2, 3층에 걸쳐 있던 빨간색 네온의 꽃모양 마크는 화신의 상징이었다. 뭐니 뭐니 해도 가장 인기를 끈 것은 6층 옥상에 있던 전광뉴스판과 엘리베이터. 신문가판이 없던 때라 행인들은 이 전광판을 올려다보며 토막뉴스를 접하곤 했다. 공중으로 붕 떠오르다 땅으로 꾹 빠져들어 배 멀미 같은 어지러움을 느끼게 하는 엘리베이터는 어른 아이 모두에게 경외의 대상이었다."[124]

화신백화점의 에스컬레이터도 경이로운 명물이었다. 이호철은 1930년대 말의 상황을 회고하면서 "나는 월남할 때까지, 1878년생으로 안중근 의사나 만해 한용운 선생보다 한 살 위이셨던 조부님을 모시고 한 방을 썼었는데, 화신의 그 에스컬레이터 이야기는 조부님에게서 한두 번 들었던 것이 아니었다"고 했다.[125]

화신백점에서는 경양식과 더불어 한국 음식도 팔았는데 특히 70전짜리 정식이 인기를 모았다. 이것이 한국 음식에 정식(定食)이란 이름이 붙은 최초의 일이라고 한다.[126] 당시 백화점 내부에서는 극장과 홀 등을 갖추고 영화상영, 음악회, 박람회 등 다양한 문화행사가 개최되었다. 화신에서는 6층 홀에서 일주일에 세 차례 뉴스나 영화를 무료로 상영하다가 1940년에는 아예 이를 350명을 수용하는 뉴스영화 상

설관으로 확대 개편할 정도였다.[127]

오진석은 일제시대의 백화점이 ①소비자들의 소비심리를 자극하고 유행을 전파하는 기구로서의 역할 ②도시민에게 윤택한 생활을 제공해주는 문화시설로서의 역할 ③오락시설, 행락시설, 상류층의 사교장으로서의 기능 등을 수행했다고 평가했다.[128]

박흥식의 '친일 민족주의'?

당시 화신백화점을 선전한 노래의 한 구절은 "종로 십자가 봄바람 부는데 웃음꽃 피는 화신의 전당/ 안으로는 융화 밖으로는 신용 그 이름도 아름답다 화신이여"라고 주장했다.

박흥식의 지나친 '융화'가 문제였을까? 손정목은 "그는 바로 화신백화점의 새 건물이 완공될 무렵에 중추원 참의가 되었고, 1937년에 중일전쟁이 일어나자 군용비행기 헌납운동에 앞장섰으며, 1944년 10월에는 조선비행기공업(주)을 창립하는 등으로 일본 제국주의에 협력했다"며 다음과 같이 말했다.

"화신연쇄점 창업 때의 3,000만 원 대부, 백화점 화재복구 때의 조선총독부 및 식산은행으로부터의 적극적 지원이 그를 제1급 친일파가 되지 않을 수 없게 한 것이다. 그러나 그가 비록 제1급 친일파였을지라도 충무로 일대의 일본계 일본 백화점들과의 경쟁에서 한 치도 지지 않고 종로 네거리에 버티어 백화점 왕으로 군림한 것은 진 경성 조선인은 물론이고 조선 민족 전체의 자랑이었다."[129]

박흥식은 친일을 하면서도 1938년 4월 왕족을 초대하여 대대적인 행사를 벌이는 등 '민족주의 마케팅'을 끊임없이 병행했다.[130] 이희정

기발하고 혁신적인 아이디어와 민족주의 마케팅으로 많은 돈을 벌었던 화신백화점 사장 박흥식. 그는 죽기 전에 민족자본을 일으켜 조선의 상권을 지키고자 일본인과 친하게 지냈다고 말했다.

은 박흥식에 대해 "일본의 상인들에 맞서 종로상권을 홀로 지키는 조선의 자존심이기도 했다"며 "반도 곳곳에서 무소불위의 권력을 휘두르던 일인들도 화신이 버티고 있는 종로통에서만은 기를 펴지 못했다"는 평가를 내렸다.[131]

　1945년 해방이 되면서 일본인 백화점이었던 미쓰코시백화점은 이름을 동화백화점으로, 조지야백화점은 중앙백화점으로 고쳤다. 이들 백화점은 적산(敵産)으로 미군정에 귀속되었고, 동화백화점은 규모가 커서 국가가 직영하는 것이 보다 효과적이라는 이유로 상공부 직할로 운영되다가 민간에 불하되었다. 중앙백화점은 미군 매점(PX)으로 바뀌어 미군 상대 영업을 했으며, 전후 새로 문을 열 때까지는 백화점 기능을 수행하지 못했다. 화신백화점은 폭리와 면포·비누 등 필수물자 불법유통으로 적발되는 등 우여곡절을 겪었다.[132]

『조선일보』 1945년 12월 1일자는 "서울 시내의 각 백화점도 악랄한 일본 제국주의 전쟁의 커다란 희생자로 찬란하던 진열장은 먼지투성이로 움직이는 사람조차 정신을 잃은 듯 전체가 김이 빠진 듯 완전히 그 기능을 잃었었다"며 그러나 "건국의 마치 소리 요란한 가운데 이들 백화점도 새 건설의 우렁찬 발걸음을 내딛었으니 서울 시내 4대 일인 경영의 백화점은 재빠르게 우리 사람의 손으로 그 경영을 넘겨 가지고 오로지 건국 도정의 생활필수품의 충실한 배급기관으로 씩씩한 새 출발을 하였다"고 보도했다.[133]

그러나 박흥식은 안전하기 어려웠다. 박흥식의 일제 때 행적을 문제 삼아 화신백화점 1층 쇼윈도에 좌익계의 비난 벽보가 쉴 새 없이 나붙었다.[134] 1949년 1월 8일 박흥식은 반민특위 '검거 제1호'로 특위로 잡혀왔다. 당시 특위가 박흥식을 첫 검거대상자로 지목한 것은 그가 미국 도피를 비밀리에 추진하고 있다는 정보를 입수해놓고 있었기 때문이다.

반민특위에서 지목한 그의 대표적인 반민족행위는 일제말기 비행기공장을 만들어 일제의 침략전쟁에 협조한 점과 각종 친일단체에서 활동한 점이었다. 세간의 이목을 집중시켰던 그의 재판은 구속 103일 만인 4월 20일 그의 병보석으로 다시 한 번 세상을 놀라게 했다. 결국 그해 9월 26일 그는 '공민권정지 2년'이라는 가벼운 구형에 이어 당일로 무죄판결을 받고 풀려났다. 반민특위 구속 1호인 동시에 석방 1호라는 기록을 세웠다. 무죄판결의 이유는 그가 군수공장을 경영하였지만 실질적으로 비행기를 제작, 일제에 지원하지는 않았고, 또 각종 친일단체에서 활동한 것은 피동적으로 했을 뿐이라는 것이었다.[135]

석방 후 박흥식은 사업 재기를 노렸지만 1980년 화신산업의 부도로

마침내 막을 내렸다. 그는 1994년 5월 10일 92세로 사망했다. 죽기 직전 병상에서 찾아오는 사람들에게 다음과 같이 항변했다고 한다.

"나 우리 민족 욕보인 것 없어요. 우리 민족에게 해를 입힌 것 없어요. 나 친일파로 매도되는 것이 평생토록 한이 되고 있어요. 상인으로서 보잘것없는 민족자본을 일으켜 조선 상권을 형성하려고 일본인들하고 친하게 지냈다고 친일파라면, 일제점령기 시대를 지나온 이 나라에서 지금 살아있는 사람들은 그런 어떤 사람들이라고 설명할 수 있겠어요? 나도 한이 맺혀있는 사람이올시다."[136]

박흥식의 민족주의를 굳이 명명하자면, '친일 민족주의'라 할 수 있을까? 아니면 '민족주의적 친일'이라 할 수 있을까? "오늘은 부민관, 내일은 화신"을 외치던 사람들 중엔 일본 백화점은 이용할 수 없다는 소신파도 있었겠지만, 일본 백화점 고객의 다수가 조선인이었던 것도 분명한 사실이다. 소비엔 국경이 없는 법. 이게 오늘날에도 지구촌 약소국들을 괴롭히는 이유가 되고 있다.

"낡은 것에 반항하라 간편 우미경쾌하다"

단발은 여성해방의 상징

1929년 최승희가 일본에서 무용 수업을 마치고 귀국했을 때에 많은 신여성들은 단발한 그녀의 사진을 보고 깜짝 놀랐다. 최승희의 단발은 롱 보브 스타일로 웨이브를 넣지 않고 옆가르마를 타고 있었다.[137]

1920년대엔 여성의 단발에 대한 거부감이 대단했지만, 1930년대에 들어선 단발에 대한 거부감이 많이 약화되었다. 『조선일보』 1931년 7월 4일자는 「낡은 것에 반항하라 간편 우미경쾌하다」란 제목의 기사에서 단발의 장점을 소개했다.

"첫째 단발을 하면 젊어 보입니다. 젊어 보이니 씩씩해 보입니다. 그리고 저고리 깃등에 기름때가 묻지 않아서 옷을 갑절이나 오래 입습니다. 고무신에도 긴치마에도 처음에 보면 이상한 듯한 그것이 더 보면 우미해 보입니다."[138]

많은 화제를 낳았던 1929년 최승희의 단발 모습. 그녀는 롱 보브 스타일로 웨이브를 넣지 않고 옆 가르마를 탔다.

그럼에도 여성의 단발은 신여성에만 국한되었기에 1930년대에 이르러서도 보통 여성에게 단발은 감행하기 어려운 모험이었다. 이와 관련, 월간 『동광』 1932년 8월호에 실린 한 기사는 "'어서 단발하시구려' 하고 내가 만약에 어떤 여학생에 권한다면 그는 아마도 얼굴을 붉히고 그의 위신을 상한 듯이 노할는지도 모릅니다. 아직까지도 단발은 진한 '루쥬' '에로' '곁눈질' 등과 함께 '카페'의 '웨이트레스'나 서푼짜리 가극의 '댄스 걸'들의 세계에 속한 수많은 천한 풍속들 중의 하나로만 생각되고 있는 조선에서는 그의 분노도 당연합니다"라면서 다음과 같이 말했다.

"누구인가 현대를 3S(스포츠, 스피드, 센스)라고 부른 일이 있었지만 나는 차라리 우리들의 세계의 첫 삼십 년은 단발시대라고 부르렵니다. '보브'(단발의 일종)는 '노라' 로서 대표되는 여성의 가두진출과 해방의 최고의 상징입니다. 단발의 여러 모양은 또한 단순과 직선을 사랑하는 근대감각의 세련된 표현이기도 합니다. ……지금 당신이 단발했다고 하는 것은 몇 천 년 동안 당신이 얽매여 있던 '하렘'에 아주 작별을 고하고 푸른 하늘 아래 나왔다는 표적입니다. 얌전하게 따서 내린 머리 그것은 얌전한 데는 틀림없지만 거기는 이 시대에 뒤진 봉건시대의 꿈이 흐릅니다. ……새 시대의 제일선에 용감하게 나서는 '미스코리아' 는 벌써 모든 노예적 미학에서 자유로울 것이며 그의 활동을 구속하는 굽 높은 구두, '크림' 빛 비단양말, 긴 머리채는 벗고 끊어 팽개칠 것입니다.”[139]

파마의 유행, 박정희의 장발

'시대에 뒤진 봉건 시대' 를 넘어서고자 하는 시도는 왕성하게 이루어지고 있었다. 1933년 2월초 서울 종로 화신백화점 안에 '엽주 미용실' 이 문을 열었다. 1904년 황해도 사리원 태생으로 일본에서 공부하고 돌아온 오엽주가 차린 미용실이었다. 오엽주는 미용실이 붐비자 1년 후 다시 일본에 가 미용술을 연구하면서 전기파마를 배웠다. 그녀는 종로 영보빌딩 4층에 '엽주 미용실' 을 새로 내고 동경 긴자의 일류 미용실에 필직하는 일류시설을 갖췄다.[140]

오엽주가 선보인 파마는 장안의 화제가 되었는데, 전기로 머리카락을 지진다고 해서 전발(電髮)이라고도 했다. 월간 『여성』 1936년 10월호 표지엔 파마머리를 한 여성이 등장했다. 김은신은 “오엽주는 미용실을 개업하기 전 쌍꺼풀 수술을 하고, 색깔 있는 안경을 착용했으며, 코르셋으로 몸매를 가꿀 줄 알았고, 굽 높은 구두를 신었던 장안의 유명인이었다. 타고난 미모에 사교술까지 있었던 그녀는 돈을 쓰는 데에도 거침이 없어서 가는 곳마다 화제를 뿌렸다고 한다. 그런 그녀가 파마를 시작하자 내노라 하는 여성들이 다투어 찾아와 머리를 맡겼다"며 다음과 같이 말했다.

"배우·무용가·의사·교사 등 이름만 대도 금방 알 수 있는 여성들이었다. 파마 값은 5원 정도였다는데, 이는 금가락지를 사서 낄 수 있을 정도의 높은 금액이었다. 그래도 고객은 계속 늘어났다. 특히 부유층 여성들이 줄을 이었다. 그녀들에게 파마는 가슴이 떨릴 만큼 경이로운 것이기도 했다. 파마를 하고 나면 대부분 미용실 밖을 몇 번씩 두리번거리곤 했던 것이다. 머리를 지지고 볶은 다음 선뜻 미용실 밖으로 나서는 여성은 강심장 중에서도 강심장이었다. 해가 넘어가 어둑해져야 미용실 밖으로 나가는 여인들도 있었다. 그것도 인력거를 부른 다음에."[141]

그럴 만도 했다. 『조선일보』 1938년 5월 3일자의 다음과 같은 주장을 보라.

"배척할 것은 파마넨트입니다. 머리를 찌지고 꼬부리고 하는 파마넨트가 요새 문제가 되어 있습니다만 어쨌건 '외래의 이상스런 풍속을 흉내 내지 말자'는 소리는 결국 이 파마넨트를 은연중 배척하고 있는 것입니다. 우리의 자랑은 윤기 흐르는 검은 머리입니다."[142]

일제 말기 총독부는 전시체제의 물자절약 차원에서 여성의 파마와 남성의 장발을 금지했다. 남성에겐 짧은 머리를 강요했다. 당시 유행했던 이른바 '하이카라' 머리는 모두 사라졌고 모두가 짧은 군인머

리를 할 수 밖에 없었다.[143)

1920년대 말부터 유행한 남성의 장발에 가해진 탄압은 한 사나이의 운명을 바꿔놓는 계기가 되었다. 1937년 3월 대구사범을 졸업하고 문경보통학교 교사로 일하던 박정희가 교사 일을 그만두고 만주군관학교에 들어가게 된 계기에 장발이 관련돼 있다는 게 흥미롭다. 교사 생활 3년째 되던 1939년 가을 연구수업 시철차 나왔던 일본인 시학(視學, 오늘날의 장학사)과 교장이 술자리에서 박정희의 장발을 문제 삼자 박정희는 이에 반발, 술잔을 던지는 등 소동을 벌인 후 사표를 냈다는 것이다. 당시 교사들은 머리를 박박 깎게 되어 있었으나 박정희만은 머리를 기르고 있었다.[144) 그러나 그는 먼 훗날 대한민국의 대통령이 된 뒤에 장발을 혹독하게 탄압하게 된다.

"화장은 여자의 생명"

1930년대의 미용 유행 선도에 앞장선 건 일본인 백화점들이었다. 『조선일보』 1930년 7월 19일자는 "현대의 유행에 빠진 경성의 여학생들이, 1학기 기말고사가 끝나자 미쓰코시와 조지아에 몰려들어 화장품을 구입하고 있다"고 보도할 정도였다.[145)

『신여성』 1931년 4월호는 "조선 여학생은 너무 부끄러울 만치 얼굴에 분을 많이 바른다"며 "질소 검소한 미국 여학생의 화장법을 배우자"고 주장했다.[146) 그러나 그런 주장이 먹혀들긴 어려웠다. 당시의 신여성들은 미용을 대단히 중시하여 "화장은 여자의 생명"이라는 말이 통용되었다. 일부 유한부인들은 세간에서 밤낮으로 머리모양, 화장법, 치마, 저고리, 신발만을 걱정한다는 비아냥거림을 듣고 있을 정

도였다.[147]

채만식이 1937년 10월 12일부터 다음 해 5월 17일까지 『조선일보』에 연재한 소설 『탁류』엔 백화점 화장품 코너 광경이 묘사돼 있다.

"위와 안팎이 환히 들여다보이는 유리 진열장을 뒤쪽 한편만 벽을 의지 삼고 좌우와 앞으로 빙 둘러싸 놓은 게 우선 시원하고 정갈스러 눈에 선뜻 뜨인다. 진열장 속과 위로는 형상이 모두 각각이요 색채가 아롱이다롱이기는 하지만, 제각기 용기(容器)의 본새랄지, 곽의 의장(意匠)이랄지가 어느 것 할 것 없이 섬세하고 아담한 게 여자의 감각을 곧잘 모방한 화장품들이 좀 칙칙하다 하리만치 그득 들이 쌓였다. 두 평은 됨직한 진열장 둘레 안에는 그들이 팔고 잇는 화장품 못지않게 맵시 말쑥말쑥한 '숍걸'이 넷, 모두 고 또래 고 또래들이다."[148]

납의 유독성이 심각한 문제로 떠오르면서 1935년부터 연분 판매가 금지되었다. 납 부작용으로 전국에서 고소를 당한 박가분은 1937년 자진 폐업했다.[149] 박가분이 폐업하자 그 기회를 포착해서 반작용으로 등장한 것이 만주 하얼빈에서 들어왔다는 설화분(雪花粉)이다. 눈같이 희고 꽃같이 피어난다는 무연백분(無鉛白粉)이었다. 중국 여행자들이 무역상들을 통해 조금씩 수입했으므로 값이 엄청나게 비싸 여염집 여인들은 감히 넘볼 수 없었다.[150] 박가분 폐업 전에도 무연백분이라는 명목의 유사 경쟁품들이 등장했는데, 대표적인 것이 서석태의 서가장분이었다.[151] 조혜원은 "아름다움에 대한 욕망은 시대를 가리지 않는 법"이라며 다음과 같이 말했다.

"1930년대 화장품 광고는 전체 신문의 13~16퍼센트를 차지할 정도였다. 물론 대부분이 일본 제품이었다. 광고가 많아지면서 글과 그림 일색이었던 화장품 광고에도 인물이 등장하게 된다. 1940년의 일

신여성들은 미용을 대단히 중시했으며 "화장은 여자의 생명"이라고 생각했다. 얼굴이 하얘진다는 것을 강조하는 미소노백분 광고(1930년 1월 26일).

이다. 겉으로 보면 그다지 관계가 없는 듯한 전쟁과 화장품이지만, 광고는 둘의 연관성을 여실히 보여준다. 1941년 진주만 사태 후 일본 화장품의 광고가 급속하게 줄어든 것이 그 한 부분이다. '결전하 근로여성의 건강미에는 반드시 영양크림으로'라는 당시의 광고문구에서도 연관성은 확인된다."[152]

1936년『조선중앙일보』에 실린 광고는 "별을 따왔어도 광고 안 하면 모른다. 젊어지는 약 가이자"라며 "젊어지는 약은 가이자가 제일이오"라고 주장하기도 했다.[153]

〈몽 파리〉와 여우털 목도리

1929년 프랑스 영화 〈몽 파리〉가 이미 타오르고 있던 유행 열풍에 기름을 부었다.『조선일보』 1929년 7월 27일자는 〈몽 파리〉의 영향으로 모던 걸들이 큰 길거리를 벌거벗은 몸으로 질풍같이 쏘다닌다고 개탄하면서, "여름만은 그 여자들을 불란서 파리나 미국 헐리우드로 귀양으로 보냈으면 어떠할지"라고 했다. 또『조선일보』 1930년 4월 12일자는 "〈무랑루즈〉〈몽 파리〉라는 영화의 세례를 받는 서울의 청춘남녀는 모든 것에 있어서 최첨단이어야 한다는 이 1930년을, 더구나 이 봄을, 얼마나 잘 보낼까 하고 애들을 태울 것인가?"라고 했다.[154]

『신여성』 1931년 11월호에서 한 무명 논자는 "유행이란 정말 이상한 힘을 가졌습니다. 사람으로 하여금 자발적으로 금욕케 하고 자율적으로 인고케 하는 점에 있어서 고승이나 목사의 설교 이상의 힘을 가졌으며 사회생활을 규제하고 관리하는 점에 있어서 여하한 법률보다도 더 우세의 힘을 가졌습니다"라고 했다.[155]

『조선일보』 1932년 1월 20일자에 따르면, "지난 1931년의 여러 가지 유행은 매우 스피드적이어서 눈 깜짝할 사이에 세계를 한 바퀴씩 돌았다. 파자마라는 침의(寢衣)를 미국 뉴욕 걸이 아니 헐리우드 활동녀배우들이 입고 대낮에 길거리를 나왔다는 뉴스를 바라볼 때에 벌써 세계에서 제일 적고 저주받든 가엾은 도시인 서울에서도 조금도 다를

街頭風景 「털시대」 夕影

겨울이 왓나. 도회의녀성이
쇠털, 혈이면조타고목에다
잇다면 구렁이가죽도목에다

털보가되는배다. 여호혈, 개혈
두르고 실로나운나구렁이도털이
물넉슬가

1931년 11월 24일자 『조선일보』에 실린 안석영의 만문만화. 여우털 목도리를 두른 모던 걸의 겨울철 패션을 풍자하고 있다. 안석영은 "구렁이도 털이 있다면, 구렁이 가죽도 목에 두르고 나왔을 것"이라며 세태를 혹평했다.

것 없는 침의를 입고 초가집 틈바구니로 흐느적거리고 다니는 왜장녀를 보았다. 1932년에는 조선의 서울 종로 네거리로 모던 걸의 대시의 행렬이 잇슬 것이다. 조선의 모던 걸들은 성격으로나 생활로나 화류병으로나 이미 이제 삼기의 파산기를 훨신 넘어시고 있는 깃이다."[156]

모던 걸의 겨울철 패션 가운데 가장 두드러진 것은 여우털 목도리였다. 『조선일보』 1932년 11월 24일자 안석영의 만문만화는 '털의 시대'라며 "구렁이도 털이 있다면, 구렁이 가죽도 목에 두르고 나왔을

것"이라고 꼬집었다.[157]

『조선일보』 1932년 12월 23일자에 따르면, "1932년은 모든 것이 혼란하였다. 잡종들의 도약이 심하였다. 우선 문제거리는 안 되나 무위도식군들의 가장행렬이었다. 마지막으로 떨쳐보는 것이겠지만 체격에 맞지 않는 양키-스타일만 꾸미면 나는 '코리안'이 아닌가요!가 되는지 '코리안'은 서름도 많지만 '코리안'이란 것을 잊어서는 안될 터인데……. 잘 가거라. 1932년의 요귀들아!"[158]

『조선일보』 1933년 10월 15일자는 "엄한에 배고파 떨면서도 칠피 구두와 여우털 목도리는 놓지 않는 괴이한 여자, 이불 요 밑에서 구데기가 나도 얼굴에 분만 바르고 개털 목도리라도 두르고 길로 나오면 첨단 여성이다"고 빈정거렸다.[159]

최초의 패션쇼

1934년 6월 국내에서 처음으로 패션쇼가 조선직업부인협회에서 주관하여 인사동 종로청년회관에서 열렸다. 양장 여성의 옷을 감상할 수 있는 최초의 행사였다. 1936년 4월엔 의복 지침서이자 패션 전문 잡지라 할 수 있는 『여성』이 창간되었다. 패션에 민감한 여성의 필독서가 되었다. 1936년에는 숙명농구단이 일본을 제패함으로써 현대식 여성 스포츠웨어가 알려지기 시작했고, 빙상복·수영복 등으로 패션쇼 품목으로도 선을 보이게 되었다. 1937년에는 최경자가 최초로 함흥양재학원을 세웠다.[160]

패션 전문 잡지인 『여성』도 감당이 안 되는 유행이 있었던가 보다. 『여성』 1938년 3월호에 따르면, "백화점과 포목점의 선전품은 모다

1930년대 패션에 민감한 여성들의 필독서였던 잡지 『여성』(1936년 4월 창간호 표지). 1938년에는 이 잡지에서조차 여성들의 사치를 비판했다.

외국의 사치로 유행되는 물품을 경성에 갖다놓고 이것을 조선의복으로 선전하고 있다. 근간 부녀의상에 대한 일반적인 경향은 날로 사치롭고 색조와 문양에 있어서 첨단적으로 변해가고 있을 뿐이다. 조선옷도 아니오 양복도 아닌 이상한 감을 주고 있는데 지금 가로에서 볼 수 있는 여러 가지 의상은 격에 맞지 않는 천태만상이다. 지식계급, 가정부인, 화류계, 알지 못할 정도에서 그저 모디 화려하디고밖에 생각되는 것이 없다. 더욱히 지식계급의 여성에 있어 이러한 경향이 만타는 소리를 왕왕 듣게 되고, 요사이 경성가로에 흔하고 보기 실토록 볼 수 있는 부녀의 여호 목도리가……."[161]

여우털 목도리가 그렇게 인기였다니, 모피코트가 따라붙는 건 당연한 일이었겠다. 그러나 이건 매우 비싸 그야말로 상류층만 넘볼 수 있는 것이었다. 윤치호의 1940년 1월 23일자 일기엔 모피코트를 개탄하는 이야기가 나온다.

"구영숙 박사가 자기 부인에게 1,000원짜리 모피코트를 사주고 철마다 온천 여행을 다니라며 현금 500원을 주었다고, 아내가 부럽다는 듯이 말했다. 난 구 군이 자기 부인을 온천에 보내는 것에 대해선 탓할 생각이 없다. 하지만 이 혹독한 겨울에 수백만 명의 가난한 조선인들이 풀뿌리 외엔 먹을 것이 없어서 고생하고 있는데도 불구하고, 그렇게 값비싼 모피코트를 자기 부인에게 선물한 건 현명치 못한 일이었다. 이 여자들은 편안함과 허영심이 충족되기만 하면, 전쟁과 기근에 찌든 이 세상에서 인도(人道)를 호소하는 움직임에 대해 아무런 관심이 없을 것이다."[162]

그렇다면 문제의 핵심은 '민족'이 아니라 '계급'이라는 이야기일 텐데, 윤치호는 계급주의자에 대해 매우 적대적인 인물이 아니던가. 그는 어쩌면 '계급의 도덕화'를 역설하고 싶었던 것인지도 모르겠다. 유행과 허영심이란 계급마저도 초월하는 것이긴 하지만, 일제강점기의 조선 상류층에게 무슨 망국(亡國)의 설움이 있었을까 하는 생각은 떨치기 어렵다.

01

"경성은 바야흐로
전화광시대(電話狂時代)"

경성-오사카 간 국제전화 개시

식민지 조선의 전화는 경찰의 통신시설에 힘입어 발전하였다. 일제는
3·1운동 발생 후 전화 회선을 대폭 확장하여 한국 전역을 '전화 감
시 체제' 하에 두고자 하였다.[1] 일제는 통화시 감시장치를 1929년 7월
경성국에 설치하였고 1930년 4월에는 예약통화시보기(豫約通話時報
器)를 사용하였다. 1930년 전국의 전화기 대수는 4만 531대로 처음 4
만 대를 넘어섰다.[2]

1933년 1월 15일 경성-오사카 간 최초의 국제전화업무가 개시되었
다. 통화국소에 통화자가 나오면 부산 및 하관(下關)의 중계를 받아 통
화하는 방식이었다. 다칭 양은 개통식 장면을 이렇게 묘사했다.

"경성의 조선총독부 건물에 정부, 군대, 기업의 저명한 인사들이
모였다. 괘종시계가 10시 반을 알리자 체신국장 야마다 타다쓰쿠는

군사적 요충지인 나진 우편국의 모습. 이곳에 1935년 3월 18일 최초로 자동식 전화교환기(SH식)가 설치되었다. 1920년대보다 전화가입자 수가 2배 정도 증가했기 때문이다.

오랫동안 기다려 온 한국과 일본 간 전화서비스 개통을 선언하였다. 같은 시간 수백 킬로미터 떨어진 오사카에서도 이와 비슷한 기념식이 열리고 있었다. 양쪽에서 대독(代讀)된 짧은 연설에서, 우가키 가즈시게 총독은 전화연결망의 개통이 식민지와 본국 열도 사이의 경제적 결속 및 기타 유대를 훨씬 더 강화할 것이라고 내다보았다. 이러한 전망의 견고함을 시험이라도 하듯이, 두 도시의 관리와 사업가들은 새로 개통된 전화선을 통해 교대로 인사를 교환하였다."[3]

1935년 3월 18일 군사적 요충지인 나진 우편국에 지멘스 할스케(Siemens Halske; SH)식 자동교환기가 최초로 설치되었는데, 이는 1930년의 전화가입자 수가 1920년보다 2배 정도 증가함에 따라 대용량 자동식 전화교환기로의 교체가 필요하게 되었기 때문이다.[4]

1935년 10월 1일 자동식 전화교환기 공사를 처음 시작했던 경성중앙전화국의 스트로저(ST) 자동식 전화교환기가 개통되었다. ST교환기는 가입자가 다이얼을 돌리면 교환원 없이 신호에 따라 통화선을 찾아 상대 가입자를 연결해주는 방식이었는데, 가입자 수용도 3,500회선에서 1만 회선까지 가능했고, 경우에 따라서는 국번의 증설을 통해 무한대로 증가시킬 수 있었다.[5]

1937년 7월 1일 가입자 5,000명 이상인 지역에 한해 전화사용료를 기본료와 시내통화 도수료(度數料)로 구분하여 징수하는 도수요금제가 경성전화국에서 실시되었다. 이는 전화사용 빈도에 따라 요금을 부과하던 도시구분제가 전화이용료의 불공평한 부담과 전화남용을 초래하는 문제점이 드러남에 따라 실시된 것이었다. 전화요금은 한 통화에 3전이었다. 실시 첫날 경성의 전화통화 수는 3분의 1로 격감한 반면 요금이 싸진 공중전화 이용은 4배로 급증했다.[6]

'전화는 사교의 식민지'

1930년대의 전화는 사교의 매체이기도 했다. 『조선일보』 1931년 10월 5일자는 "은막(銀幕)에 나타나는 가련한 여우(女優)의 어여쁜 자태에 깊은 사랑을 품고 있는 팬은 양의 동서와 시의 고금을 불문하고 다르지 않으나 젊은이의 가슴에 품은 연연한 정을 단지 '러브레터'로 고백하는 것은 스피드 시대인 금일에는 아주 구식으로 되어버렸다. 그 대신에 지금 한창 유행되기 시작한 것은 전화이용법이다"며 외국 여배우들의 전화에 얽힌 이야기를 소개했다.[7]

'러브레터' 대신 전화를 이용하기 때문이었는지 연간 전화통화량이 최고를 기록하는 건 크리스마스 때였다. 『조선일보』 1933년 12월 16일자는 크리스마스를 앞둔 '세말풍경'으로 폭주하는 전화통화로 눈코 뜰 새 없이 바쁜 전화교환양들의 모습을 다루었다. 이 기사는 "'메트로(대도회)'의 천공을 거미줄같이 얽고 있는 전선줄은 도시의 신경계통이다. 물건 부탁하는 전화, 시간 약속하는 전화……도시의 살림은 전화를 통하여 더욱 '스피드 업'한다. 그리하야 전화는 도시인의 사교(社交)의 식민지(植民地)다"고 했다. 이 기사에 따르면, 경성의 하루 평균 통화량은 26만 건(본국 13만 건, 광화문전화국 10만 건, 용산전화국 3만 건)이며 한 가입자 평균 1일 통화량은 25번이었다.[8]

전화교환양들은 '할로 걸'로 불려졌다. 1919년 말부터 등장한 '할로 걸'은 "잠깐이라도 실수하면 손님의 야비한 욕설과 감독의 꾸지람에 시달렸기 때문에 고통을 느낄 때도 한두 번이 아니었다."[9]

전화통화량이 늘면서 당연히 전화 에티켓이 문제가 되었다. 『조선일보』 1934년 11월 11일자는 얼굴을 마주보고 말할 때에는 표정을 볼 수 있어 오해할 일이 없지만 전화통화의 경우엔 "분명히 들으라고 크게 하는 소리가 저쪽에서 들을 때는 역정을 내어 하는 소리로 들려 피차에 옥신각신하여 감정을 사는 수가 있습니다"라면서 '현대인이 지켜야 할 전화 도덕'을 역설하였다.

"전화가 잘못 걸려 딴 데로 갈 전화가 이리로 오거든 '잘못 거시었습니다. 여기는 ××올시다' 하고 공손히 대답하십시오. 그러면 저쪽에서도 미안해서 지절로 '이이참 미안합니다. 용서하십시오' 소리가 날 것 아닙니까. 그런데 대개 보면 의례히 '아니오' 하고 볼 쥐어박는 소리를 하거나 그렇지 않으면 '정신이 있느냐 없느냐' 소리가 나오고, 이쪽에서 한마디의 말대꾸만 하는 이면 당장 이 자식 저 자식 소

1930년대 벽걸이형 전화를 이용하고 있는 모습과 공전식 전화기. 갈수록 전화이용이 많아지고 전화통화량이 늘어나면서 '전화 범죄'가 다양해졌으며 전화 에티켓 문제가 불거졌다.

리가 터져나옵니다. 아무 막된 버릇이요 고약한 사람들입니다. ……사실 세상에서 살아가는 동안 남의 호의를 사려고 갖은 수단으로 애를 쓰고 써도 어려운 판에 도리어 나쁜 인상을 끼치니 될 말입니까. 우리는 말도 말이려니와 아름다운 목소리, 다정한 목소리를 낼 줄 알아야 할 것입니다."[10]

박향림의 '전화일기'

1938년 2월엔 〈전화일기〉라는 만요(漫謠)가 나왔다. 김해송 작곡으로 박향림이 부른 노래다.

"모시 모시 하 모시 모시 본국 이칠팔사번/ (남) 헬로우 헬로우 당신이 정희씨요/ (여) 네 네네 홧 이즈 유어 네임/ (남) 엊저녁 속달 편진 보셨을 테지요/ (여) 아! 약 광곤줄 잘못 알고 불쏘시갤 했군요/ (남) 저응 저응 아이 러브 유/ (여) 아이고 망칙해라 아이 돈 노 빠이 빠이/ (남) 아차차차차 으응 으응 으응 저 끊지 말어요 저저저저 조또마테/ (합창) 끊으면 나는 싫어 나는 몰라요."

이동순은 〈전화일기〉는 "전화가 아직 일반화되기 전에 물질문명에 대한 경계심과 거기에 깃들여있는 식민지적인 요소에 대한 거부감이 노골적으로 깔려 있는 작품"이라고 했다.[11] 콜럼비아레코드에서 나온 이 음반은 나오자마자 금지곡으로 묶였는데, 이는 당시 중일전쟁의 삭막한 분위기에서 전화로 남녀가 희롱하는 게 문제가 되었던 것으로 보인다.[12]

전화이용이 늘면서 '전화 범죄'도 다양해졌다. 남의 전화를 팔아먹는 범죄도 나타났다. 1931년엔 경성 종로에서 남의 도장을 훔쳐 25개의 전화 명의를 팔아 7,000원을 사취한 자가 체포되었다.[13] 전화를 사고팔 능력이 안 되는 사람에게 전화를 이용할 수 있는 유일한 길은 공중전화였다. 공중전화 설치를 요구하는 목소리가 높아진 건 당연한 일이다.

『조선일보』1938년 9월 15일자 '우리 동리 통신' 란(오늘날의 독자투고란)에는 경성 부암정(付岩町) 주민 일동의 이름으로 공중전화 설치를 요구하는 글이 실렸다.

"허울 좋은 한 울타리라더니 이름이 좋아 경성부민이지 고개 하나 새에 끼였다고 이처럼 푸대접받는 동리는 우리 동리밖에 없을 듯싶다. 창의문 밖이라면 삼척동자라도 한 번씩은 아버지나 어머니 손에 이끌려 여름 한철 피서차로 나오고 앵두, 살구, 능금, 감이 익어서 맛들어갈 때면 수천수만의 장안 사람들이 고개턱이 닳도록 넘어감에 유흥지로도 이름있는 '자문밖'이 이처럼 궁벽한 곳인 줄은 와보지 않은 사람은 짐작도 못할 것이다. 부암정(付岩町)만 해도 연년히 인기가 늘어 현재 삼백여 가구나 되어 나날이 번성해가지만 아직껏 교통설비 불완전한 것은 말할 것 없고 전화조차 불편하기 짝이 없다. 주민의 대다수가 시내를 배경으로 생계를 꾸려가는 형편이니 전화 없어 아쉬운 때가 하도 많아 다른 설비는 나중으로 밀더라도 '공중전화통' 하나만이라도 하루 바삐 설치해주었으면 좋겠다."[14]

'전화의 명랑화' 운동

1938년 6월 10일 '시(時)의 기념일'을 맞아 경성중앙전화국은 '시간여행(時間勵行)'과 '전화의 명랑화'를 위해 전화가입자 1만 2,500명에게 다음과 같은 내용의 주의서를 발송하였다.

"'시간여행(時間勵行)': 서로 약속한 시간은 반드시 지키고 재촉하는 전화는 없도록 주의하기 바란다. 전화도수제에 상대편에게 재촉전화를 걸게 하는 것은 삼가는 것이 좋다. '번호 틀림과 일 없는 전화': 비상시국이니 삼전의 도수료를 극히 주의하여 절약하자. 경성일만이천오백명의 유료 가입자가 하루 한번 잘못 건다든지 일 없는 전화를 걸어서 가외 도수료를 낸다면 일년에 십삼만일천여원의 다대한 금액이 된다. '전화도덕' : 잘못 걸었을 때 상대자가 나오면 '잘못 걸어서 실례하였습니다' 소리 한마디는 할 것. 또 전화를 걸 때 자기가 말할 것을 남에게 걸게 하고 나중에야 자기가 받고 나서 말하는 것도 상대편에게 실례가 된다."[15]

여행(勵行)은 '힘써 실행함' 이란 뜻이다. '시간여행(時間勵行)' 은 시간을 지키고 소중하게 여기자는 '시간관념운동' 이었다. '시간관념운동' 은 1920년대부터 이루어진 시계의 대중화와 함께 시작되었다. 1920년대에 시계가 도시 거주자들의 생활필수품이 되면서 전화를 통한 시간약속을 지키는 건 물론 전화로 남의 시간을 방해하지 않는 것이 새로운 에티켓으로 등장했음을 알 수 있다. 조영복은 경성의 1930년대 '시계문화' 의 한 풍경을 다음과 같이 묘사했다.

"경성 시내 유명 건물에는 이른바 '공중시계' 가 있었다. 시계가 귀했던 당시에 '공중시계' 의 역할을 상상하기란 어렵지 않다. 사람들이 전차를 타고 다니면서 한 중요한 일 중의 하나도 차창으로 큰 건물에 걸린 공중시계를 보고 시간을 알아보는 것이었다. 시계를 가진 사람들은 자기 시계의 시간과 맞춰보기도 했다. 당시 유명한 공중시계가 있던 곳은 종로통의 화신백화점, 남대문통의 본정 우편국, 광화문통의 부민관, 경성역, 안국동 북성당 서점 등이었다. 화신백화점 시계는 전기 시계여서 장안의 명물이기도 했다."[16]

'전화의 명랑화' 는 괜히 나온 게 아니었다. 1938년경부터 1941년에 이르기까지 전시 세계관의 핵심으로 거듭 강조된 것이 바로 '명랑성' 이었다. 김예림은 "전시 문화행정이 정책적으로 강조한 '명랑성' 은 '자유주의적 개인주의를 포기하고 국가제일주의, 국방제일주의' 로 전환하기 위한 내적 개조의 핵심코드였다"며 "영화, 연극을 비롯한 문화 분야에 이 전시 명랑성의 이데올로기는 깊고 넓게 퍼지면서 각종 진흥책이 쏟아져 나오게 된다"고 했다.[17]

큰 낭비를 초래한 장난전화는 '시간관념운동' 차원에서라도 용납하기 어려운 '범죄'로 다스려졌다. 1939년 3월 평양에서는 심심풀이로 평양소방대에 화재 허위신고를 한 사람이 붙잡혀 재판에 회부돼 일본인 판사로부터 징역 1년 6개월의 선고를 받기도 했다.[18]

경성은 바야흐로 전화광시대(電話狂時代)

전화의 인기는 나날이 치솟아 1939년 4월 경성에서 실시된 전화지급(至急) 개통 신청시 접수 나흘 만에 4,548명의 신청자가 몰렸으며, 이 중에서도 조선인이 전체의

미국·유럽과 국제전화가 개통된다는 소식을 전하는 『매일신보』 1939년 10월 28일자 기사.

60퍼센트 가량인 2,703명에 이르렀다. 『조선일보』를 이를 보도하면서 "경성은 바야흐로 전화광시대(電話狂時代)를 연출하고 있다"고 했다.[19]

전화 선거전도 나타났다. 『조선일보』 1939년 5월 11일자는 "지난

1936년 베를린 올림픽에서 금메달을 딴 손기정 선수가 국제전화로 인터뷰하는 모습. 조선에서는 1939년 9월부터 국제전화가 가능했다.

구일까지 정원에 십명이 초과된 개성부의원 선거전은 호별방문 대신 문서전 전화전이 암암리에 격렬화되었다"며 "반면 큰 타격을 받는 곳 은 요정"이라고 보도했다.[20]

경성에 비해 전화시설이 낙후한 곳은 개선을 요구하는 진정 운동을 벌였다. 1939년 6월 개성에서는 상공회의소와 개성부 내 전화가입자 492명이 궐기하여 '명랑한 자동식 전화기'를 설치해달라고 체신당국 에 연서 날인하여 탄원하고 나섰다.[21]

1939년 9월부터 국제전화를 할 수 있는 곳이 50여 개국의 도시 100여 곳으로 늘어났다. 이에 『조선일보』는 "조선에 앉아서도 우리는 마음만 내키면 이 지구상에 흩어져 있는 오십여 나라 동무들과 서로 전화통을 들고 '여보세요 거기 독일입니까?' '거기는 남아메리카입니까? 요즘 날씨가 대단히 더운데요, 거기도 더웁습니까?' 하고 말을 걸 수가 있게 되었습니다"라고 보도했다.[22]

1939년 12월 20일부터 25일까지 경성 시내 연하 우편물은 전년 대비 '인수(引受)' 42퍼센트 감소, '도착' 9퍼센트 감소한 반면, 전신은 22퍼센트 증가, 시외통화는 26퍼센트 증가한 것으로 나타났다.[23] 전화량이 급격히 늘자 이를 감당하기 어려워진 전화교환양들은 가입자들에게 이것만은 꼭 지켜달라고 호소하기도 했다.

"전화에 익숙치 않은 어린이들에게 전화를 걸게 하시지 마십시오. 통화가 끝났으면 곧 끊어주십시오. 모든 것을 절약해야 되는 요즘 통화는 절약할 수 없을까요? 저희가 좀 잘못했든지 하면 곧 욕설을 하시는 분이 있는데 좀 더 관대한 가입자가 되어주시기를 바랍니다."[24]

1940년대의 전화

전화 폭주로 인해 "경기도청에 전화를 걸려면 만원 전차를 기다리기보다도 더 힘이 든다"는 말까지 나오게 되었다. 『조선일보』 1940년 2월 24일자에 따르면, "언제부터 이런 말이 나왔는지는 몰라도 소위 부내에 무슨 사업을 한다든가 이럭저럭 하여 도청과 전화연락을 하는 사람치고 이런 말을 중얼거리지 않는 사람이 없으리만치 경기도청은 매일 오전 여덟 시 반부터 오후 여섯 시경까지 전화 때문에 여러 차례 옥신각신이 일어나기까지도 한다."[25]

전화교환이 '소화불량증'에 걸렸다는 말까지 나오게 되었다. 『조선일보』 1940년 3월 25일자는 "어떤 때는 오 분 이상을 기다리게 하니 이래서야 바쁜 일에 전화를 걸 수 있는가 하는 경성 시내의 전화교환에 대한 비난은 날로 높아가고 있다"고 했다.

"광화문 용산이 얼른 자동식이 되기를 바라고 있으나 물자 때문에 당분간 가망이 없고 전화이용 수는 날로 많아가는데 교환수들은 경기 좋은 방면으로 많이 전업을 하기 때문에 사람이 모자라는 것이 교환 써비스가 나빠지는 원인이다. 그렇다고 그대로 둘 수도 없는 일이니 뭇 지혜를 모아 조금이라도 개선하겠다는 성의에서 경성중앙전화국에서는 전화를 많이 이용하는 사람들과 신문 관계자를 모아 가지고 이십칠일 오후 네 시부터 전화국에서 전화교환 좌담회를 열기로 되었다."[26]

1940년 4월 개성 우편국 주최로 열린 '우편좌담회'에서도 전화에 대한 불평이 집중적으로 쏟아졌다. 특히 교환수들의 불친절과 직무유기에 대한 비판도 터져 나왔다. 한성은행 개성 지점장 이동구는 교환수들이 자주 통화중이라고 연결을 해주지 않아 "한번은 소사를 시켜 사실 여부를 조사해본 결과 교환수의 속인 사실이 드러난 적도 있다고 말한 후 그들의 통신 연락에 대하여 좀 더 기민 정확케 하고 친절미가 있도록 고려해달라고 부탁하였다."[27]

1940년 7월 17일부터 일제는 "전시하 각종 산업기관의 활발한 활동으로 전화의 투기적 매매가 성행하여 전화의 적정한 분포가 방해될 뿐만 아니라 이에 따르는 여러 가지 부정행위가 많아지는 경향"이 있다는 이유로 전화가입자의 임의적 명의 변경과 임대를 금지시켰다.[28]

전국의 전화기 대수는 1940년 6만 9,495대, 1941년 7만 7,957대로 7만 대를 돌파하였다. 그러나 7만 대가 넘는 전화 중에서 공중전화용은 1910년에 30대였는데 30년이 지난 1941년에 이르러서도 147대에

지나지 않았다.[29)]

1941년 7월 1일 한글전보와 시내전보가 폐지되었다. 일제가 제2차 세계대전 발발을 계기로 전시 지원 체제의 강화에 힘쓰면서, 전보사업 면에서도 통제를 가하면서 취한 조치였다. 5개월 후인 12월 1일 일제는 전보사업 제한에 이어 '전시전화특별규칙'을 제정하여, 전화통화시 언어를 일어로 제한하는 것을 시작으로 이용도수와 통화시분을 단축하고 시외통화를 억제함으로써 침략전쟁 수행을 위한 전기통신의 지원 체제를 확고히 했다.[30)]

1943년 10월 5일 일제는 태평양전쟁이 막바지에 이르자 전화설비의 공출을 단행하고 전시하 전화이용의 자숙운동을 전개하였다. 이러한 강압적인 징발로 관서나 개인 통신시설들이 상당수 징발되었고 사실상 대중을 대상으로 하는 전화통화는 억제되었다.[31)]

일제가 패망하던 1945년 8월 15일 전국의 총 전화대수는 6만 9,158대였지만, 기기(機器) 고장과 선로의 정비부족 때문에 사용 불능케 된 시내전화가 50퍼센트에 가까웠다. 서울 광화문분국의 경우 하루 평균 300여 건의 고장이 신고 되었으나 기술진의 부족으로 수리된 것은 겨우 10건에 불과했다.[32)]

"경성은 바야흐로 전화광시대(電話狂時代)"라고 했지만, 과연 무엇을 위한 '광(狂)'이었을까? 전화는 소통을 위한 목적으로 탄생되었지만, 일제 치하에서 그리고 이후로도 오랫동안 그 정치사회적 의미는 '소통'을 넘어서는 것이었다. 전화는 처음엔 '특권'이었다. 그 세월이 가장 길었다. 전화는 1990년대부터는 '오락'이 되고, 2000년대 들어선 '종교'가 된다.

02

⋮

'심장 없는 기차'와
자동차 안에서의 '러브씬'

철도가 만든 새로운 풍경

날이 갈수록 기차의 속도는 빨라졌다. 1932년 경인선에는 서울-인천을 40분에 주파하는 초특급열차가 투입되어 하루에 13번 왕복이 가능해졌다. 1936년 12월 1일부터는 부산-서울 사이를 6시간 45분에 주파하는 '아카쓰키'가 등장했고, 1938년 10월 1일부터는 부산-북경(2,068킬로미터)을 38시간 45분에 주파하는 직통 급행여객열차가 운행되었다.[33]

1930년대 중반엔 스키열차까지 등장했다. 금강산행 기차 탑승객은 개통 초기인 1925년 200명 안팎에서 1938년경 2만 5,000명으로 늘었다.[34] 철도는 또한 피서문화를 재편성했다. 전봉관은 "당시 해수욕장에 간다 하면 '야! 이놈 하이칼라로구나' 하는 소리를 듣기 일쑤였지만, 해수욕장이 상류사회의 전유물만은 아니었다. 알뜰하게 계획하

철도는 문명의 대진보인가? 일제 지배의 축복인가? 시간이 흐를수록 기차의 속도는 빨라졌고, 그만큼 일제의 수탈과 핍박도 거세졌다. 사진은 경부선 특급열차의 모습.

면 기차 삼등칸 왕복 찻삯, 열흘치 숙박비를 합해 10원 정도면 다녀올 수 있었다. 당시 평범한 월급쟁이 월급이 50원 남짓. 무료한 일상의 피로를 푸는 대가로 지불할 만한 금액이었다"며 다음과 같이 말했다.

"백사장이 있다고 모두 해수욕장은 아니었다. 해수욕을 유난히 즐겼던 한용운은 1932년 해인사 순례 길에 짬을 내 해운대에 들렀다. 그러나 10여 호의 캠프촌 외에는 아무런 시설이 없는데다 날씨조차 나빠서 아쉽게도 해수욕을 하지 못했다. 해운대해수욕장은 1934년 동해선 '부산진-해운대' 구간이 개통된 이후 총독부 철도국에 의해 대규모 휴양지로 개발되었다. 당시 최고의 피서지는 원산이었다. 원산은 경의선 철도가 연결돼 교통이 편리했고, 송도원, 명사십리, 송전 등 경관이 수려한 해수욕장이 여럿 있었다. 여름 경의선 열차는 언제나 만원이었다. 1939년 7월 소설가 이기영(1895~1984)은 송도원으로 피부병 치료를 겸해 피서를 떠났다. 밤차로 떠나려 했으나 차표를 구

일제시대 최고의 피서지였던 송도원해수욕장의 모습. 철도는 피서문화를 재편성했다. 알뜰하게 계획하면 평범한 월급쟁이도 삼등칸을 타고 해수욕장으로 피서를 갈 수 있었다.

하지 못해 다음 날 오후에야 출발할 수 있었다. 그나마 좌석 표는 동이나 값비싼 침대차를 이용해야만 했다."[35]

1938년 8월에 나온 김정구의 〈바다의 교향시〉(조명암 작사, 손목인 작곡)는 그런 해수욕행의 주제가가 되었다. "어서 가자 가자 바다로 가자/ 출렁출렁 물결치는 명사십리 바닷가/ 안타까운 젊은 날에 로맨스를 찾아서/ (헤이) 어서 가자 어서 가자 어서 가/ 젊은 피가 출렁대는 저 바다는 부른다 저 바다는 부른다// 어서 가자 가자 바다로 가자/ 가물가물 붉은 돛대 쓰러지는 수평선/ 섬 아가씨 얽어주는 붉은 사랑 찾아서/ (헤이) 어서 가자 어서 가자 어서 가/ 갈매기떼 너울대는 저 바다는 부른다 저 바다는 부른다"[36]

철도는 도시의 운명도 바꿔놓았다. 1932년 10월 충남도청이 공주에서 대전으로 이전된 건 순전히 철도 때문이었다. 이전 계획이 1931년 1월 13일 발표되자 공주 시민들은 1월 16일 공주시민대회를 열었으며, 시장 상인들은 철시하고 진정서를 내는 등 격렬히 반발했다. 3월 11일 밤부터 13일 오전까지 횃불시위와 투석전을 감행하기도 했다. 경찰은 50명의 시민을 구금하는 등 강경 대응함으로써 '공주의 몰락, 대전의 부상'을 확고히 했다.[37]

철도 당국은 승객의 교양 생활에도 충실하겠다며 철도문고를 운영했다. 장거리 열차에 책을 비치해두고 철도 종사원과 일반 승객들이 무료로 빌려 읽을 수 있게 했다. 1935년 열차문고를 열람한 승객 수는 모두 4만 6,087명, 열람한 책 수는 5만 507권이었다.[38]

김기림의 「심장 없는 기차」

철도의 대진보인가? 일제 지배의 축복인가? 윤치호는 1940년 4월 19일자 일기에 이렇게 썼다.

"1년 만에 개성에 왔다. 1년 동안 철도가 복선화되었고, 임진강 위에 새 철교가 부설되었으며, 수색역이 평지에 재건축되었다. 일본인 친구들이 도처에서 보여주고 있는 저 정력과 능력을 보라! 조선인들이 저만큼 하려면 하세월이 걸렸을 거다."[39]

그렇다고 해서 윤치호가 일제의 지배를 축복으로 본 건 아니다. 그는 철도에 국한해 일본인들의 장점을 언급한 것뿐이다. 그러나 누구를 위한 철도였느냐가 문제다. 정재정은 "1930년대 이후 한국 철도의 성격은 크게 변하였다"며 "명실공히 군사적 침략과 지배, 경제적 개발과 수탈을 통일적으로 수행하는 동맥으로서 기능하게 되었다"고 했다.[40]

1933년 김기림의 시 「심장 없는 기차」는 국경을 넘어가는 간도 이

민들의 처참한 상황을 묘사했다.

"여기는 삼월에도 하늘에서 비가 눈이 되어 내리는 북쪽 국경 가까운 동리라오. 남포소리가 산을 울리던 이듬해부터 칠 년을 기차는 들의 저편을 날마다 외투를 입은 구장영감처럼 분주하게 달려 댕기오. 가을마다 기차는 그 기다란 몸둥아리에 붙은 수십 개의 입을 벌려서 이 동리 사람들을 하나 둘 하나 둘 삼켜가더니 지금은 마을의 절반이나 텅 비었소. 우리들은 지난밤도 마을에서 십 리나 되는 정거장에서 떠나가는 이, 남아있는 이, 슬픈 '잘 가오'와 '잘 있소'를 몇 번이고 불렀소……."[41]

1939년 이태준의 단편소설 「농군」에도 고향에서 농토를 잃고 살길을 찾아 기차를 타고 만주로 떠나는 사람들의 풍경이 그려졌다.

"봉천행 보통특급 3등실, 내리는 사람보다 타는 사람이 더 많다. 세면소에는 물도 떨어졌거니와 거기도 기대고, 쭈그리고, 모두 자기 체중에 피로한 사람들로 빼곡하다. 쳐다보면 시렁도 그뜩, 가죽 가방, 헝겊 보따리, 신문지에 꾸린 것, 새끼에 얽힌 소반, 바가지쪽, 어떤 것은 중심이 시렁 끝에 겨우 걸치어 급한 커브나 돌아간다면 밑엣사람 정수리를 내려치기 알맞다."[42]

철도연선에서는 총독부의 철도애호단이 조직되었다. 정재정에 따르면, "철도애호단은 철도역이 속한 면민을 단원으로 하고, 단장에는 면장이나 면내 유력자, 부단장에는 철도의 전기구장이나 역장이 취임했다. 그리고 현시의 경찰서장이 고문을 맡았다. 철도국이 철도애호단을 조직한 것은 식민지지배에 염증을 느끼고 있던 연선 주민들이 철도를 파괴하거나 열차운행을 방해하는 것을 미연에 방지하고, 연합국의 철도공격을 연선 주민들을 동원하여 막겠다는 간교한 술책이었다."[43]

또 한국 내의 각 교통관계 단체들은 1940년 11월 13일에 '국민총력 조선교통연맹'을 결성했다. 조선총독부 철도국, 각 사설철도회사, 조선운송주식회사 등 25개 단체가 가입한 이 단체는 교통을 통한 군수의 수송, 산업의 진흥, 신자원의 개발, 문화의 흥륭 등을 목표로 내걸었다.[44]

강홍식의 〈유쾌한 시골영감〉

그래도 조선인들은 해학을 잃지 않았다. 철도의 한 장면을 만요(漫謠)의 소재로 삼았다. 1936년 6월에 나온 강홍식의 〈유쾌한 시골영감〉(범오 작사, 외국곡)이 바로 그것이다. 19세기 말부터 20세기 초까지 미국에서 유행한 〈웃는 노래(The Laughing Song)〉의 곡에 가사를 붙여 취입한 노래였다.

"시골영감 처음 타는 기차놀이라/ 차표 파는 아가씨와 승강일 하네/ 이 세상에 에누리 없는 장사가 어디 있나/ 깎아대자고 졸라대니 원 이런 질색이 하하하// 기차란 놈 뛰-하고 떠나갑니다/ 영감님이 깜짝 놀라 돈을 다 내며/ 깎지 않고 다 낼 테니 날 좀 태워다 주/ 저 기차 좀 붙들어요 돈 다 낼테니 하하하// 다음 차는 만원이라 자리가 없어/ 옆에 칸을 슬쩍 보니 텡텡 비었네/ 옳다구나 땡이라구 슬쩍 앉았더니/ 표 검사에 이등이라고 돈을 더 물어 하하하// 이럭저럭 서울에를 도착하여서/ 인력거를 타시는데 발판에 앉아/ 위로 올라 앉으라니 영감님 말씀/ 이등 타면 돈 더 받게 나는 실코매 하하하"

강홍식이 월북해 임자가 사라진 이 노래를 1950년대엔 양석천, 1960년대엔 서영춘이 되살려놓았다. 강홍식은 배우 최민수의 외할아버지다. 최민수의 아버지는 배우 최무룡, 어머니는 배우 강효실인데, 강효실의 부모가 바로 강홍식과 전옥이다. 전옥은 '눈물의 여왕'이라고 불릴 정도로 비극 연기를 잘했던 여배우이자 가수였다.[45]

철도 기술노동은 대부분 일본인들이 장악했으나 1930년대 중반부터 변화가 일어났다. 전쟁 확대로 인력이 부족해진 탓이었다. 1940년 한국인 종사원은 철도국 전체의 868개 장·주임직 중에서 10퍼센트에 해당하는 94개 직을 차지할 정도가 되었다. 전 한국인 종사원은 1944년 7만 5,000여 명으로 그 비중이 70퍼센트를 상회했다.[46] 일제는 1936년부터 경부선과 경의선 복선화를 시작했는데, 경부선 복선화는 1945년 3월에 완공되었고, 경의선은 1945년 8월까지 대부분의 공사를 완성했다.[47]

자동차 안에서의 '러브씬'

1930년대에 자동차는 많이 늘었지만, 자동차 수는 군사기밀로 다뤄져 정확히 알 길이 없었다. 『조선중앙일보』 1931년 12월 18일자는 "전세계에는 자동차 황금시대가 돌아왔다. 이 덕인지 몰라도 조선에도 웬만한 시골에 가보면 대개 비럭먹은 당나구 같은 낡은 포-드차가 몇 대씩은 털털거리고 다니고 서울만 하여도 총 수효가—이것은 절대비밀이라고 하면서 한 700대~800대 되지요 하는 경성부의 말대로—700대~800대 되는 모양이다"고 보도했다. 부실할망정 뒤늦게 밝혀진 통계에 따르면, 전국의 자동차 수는 1931년 4,331대, 1,932년엔 4,800대였는데, 당시 차종은 포드, 시보레, 뷰익 등이었으며 그중에서도 포드가 압도적으로 많았다.[48]

요사히 보히는게 지랄밧게 업지만 자동차 「드라이브」가 대유행이
다 탕남탕녀가 발광하다 못해 남산으로 룡산으로 달리는 자동차 안에
「러브씬─」을 연출하는것은 제딴에는 흥거웁겟지만 자동차운
전수의 「핸들」 쥔 손이 엇지하야 부르 떨리는 것을 아럿는지

이쓸저쓸 夕影 (4)

1933년 2월 19일자 『조선일보』의 세상만평 「이꼴저꼴」. 자동차 안에서 남녀가 연출하는 '러브씬'을
비판했다.

　『조선일보』 1933년 2월 19일자 「이꼴저꼴」이란 세상만평 코너에
따르면, "요사히 보히는 게 지랄밧게 업지만 자동차 '드라이브'가 대
유행이다. 탕남탕녀가 발광하다 못해 남산으로 룡산으로 달리는 자동
차 안에서 '러브씬'을 연출하는 것은 제딴에는 흥거웁겟지만 자동차
운전수의 '핸들' 쥔 손이 엇지하야 부르 떨리는 것을 아럿는지."[49]

　부자들은 자가용 승용차를 타고 백화점을 드나들었다. 『조광』
1937년 4월호에 실린 「백화점 풍경」이라는 글은 "이곳은 W백화점
입구이다. 유선형 '시보레' 차 한 대가 동대문 방면에서 쏜살같이 달
려와 스스로 스톱을 한다. 곧 문을 열고 나오는 주인공은 '샤리 템플'

같이 귀여운 소녀 두 명과 젊은 부부 두 사람이다. 그들은 모두 가슴에 진달래꽃을 꽂았다. 아마 정릉이나 성북동에서 꽃구경을 하고 오는 모양이다. 젊은 부부는 각각 어린애를 하나씩 손을 잡고 백화점으로 들어간다"고 묘사했다.[50]

백화점과 자동차, 이 두 가지는 절대다수 민중에겐 구경거리였을 뿐이지만 당시 신문에 자동차 광고가 많이 실렸다는 건 신문이 여전히 상류층 지향적인 매체에 머물러 있었다는 걸 시사해준다. 흥미로울 뿐만 아니라 놀랍게도 『조선일보』 1935년 2월 5일자에 실린 시보레 광고는 '독특의 환기창'을 내세우면서 "염가급 차중 시보레 뿐만이 가진 귀중한 특징입니다"라고 주장하는가 하면, 포드 광고도 '주행실비의 최소한 대중차 포드 V8' 등 대중성과 경제성을 강조하였다.[51]

일반 대중에게 자동차는 꿈이었기에 만요의 소재가 되곤 했다. 1930년에 나온 만요 〈사랑가〉(이애리수·전경희 노래)는 "당신이 나를 사랑하시면 사다쥬서요/ 금강석 반지 하나만 사다쥬서요"로 시작한다. 4절로 이루어진 이 노래에서 여자가 사다달라는 품목엔 자동차도 포함된다. "자가용 자동차 한 대만 사다쥬서요" "손목 금시계 하나만 사다쥬서요"도 있지만 4절은 '사이다 한 병'으로 끝을 맺어 웃음을 자아내게 한다.[52]

또 1930년대에 김정구와 장세정이 함께 부른 〈명랑한 부부〉는 '노다지'를 캐어 돈이 생기면 "새 자동차 옷벙거지 훌쩍 벗겨서" 서울 시내를 빙빙 도는 것이 꿈이리고 노래했다. 오픈기의 꿈을 노래한 것이다.[53]

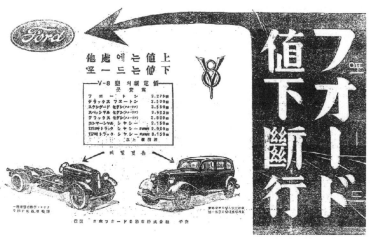

1930년대 자동차 신문 광고. 그 당시 절대다수 민중에게 자동차와 백화점은 단지 '구경거리'였을 뿐이다.

목탄차와 카바이트차의 등장

1930년대 말에는 서울 인구가 100만 명을 돌파하면서 영등포와 도심 지대 등을 왕래하는 원거리 통근·통학버스가 운행되었다.[54] 자동차는 1935년~1940년에 급격히 늘어 8,000대~1만 대에까지 이르렀으나 이젠 연료가 문제가 되었다.[55] 일제는 1939년 10월 연료 절감을 위해 경성 시내 택시회사들을 하나로 통폐합했다. 윤치호는 1939년 11월 28일자 일기에 다음과 같이 썼다.

"요즈음은 택시를 대절하는 게 불가능하다. 얼마 전 모든 택시 관련 업체들이 하나로 합병되었기 때문이다. 당국자들은 모든 걸 통제하고 합병하는 것 외에는 뵈는 게 없나 보다. 그들은 모든 경쟁을 근절시킨다. 그래서 이윤이 남을 만한 사업의 독점권을 획득한 소수의 친일적인 회사들이나 개인들은 자기 이윤을 극대화하려고 대중에게 최악의 서비스를 제공하고 있다. 석탄도, 설탕도, 쌀도, 버터도, 택시도, 종이도, 기름도 시멘트도, 못도, 면화도, 고무도, 고철도, 휘발유도 없다. 모든 게 없다."[56]

1940년 이후는 전시로 인한 강철, 고무, 석유의 결핍으로 자동차 수가 급격히 감소했다. 1941년 10월 1일부터 승용차의 휘발유 사용을 전면 금지하면서 목탄차와 카바이트(아세틸렌)차까지 등장했다.[57] 1941년엔 "비상시 국력 총동원의 일환으로 자동차 운전을 배워 대륙의 전선에 배치되자"는 식의 선동이 나오기도 했지만,[58] 사정이 그러했으니 운전 배우는 일도 쉽진 않았다. 1945년 8·15광복 당시 자동차 수는 7,300대 정도로 줄었는데, 이 중에서 반은 트럭이었고 나머지 반은 승용차 및 승합자동차였다.[59]

자동차는 일제의 두 얼굴을 상징해주는 것이기도 했다. 일제가 조선에 선보인, 철도·자동차로 상징되는 기술적 근대화는 조선인의 순응을 유도하기 위한 과시용으로 선전되곤 했지만, 그건 군사기밀로 다뤄야 할 성격을 가진 침략과 수탈의 도구이기도 했다.

자전거와 오토바이

자전거 사정은 어떠했던가? 1931년 경성에만 1만 7,000여 대의 자전거가 있었는데, 이 중 3분의 1 정도가 조선인 소유였다.[60] 해방 직전 우리나라엔 약 60만 대의 자전거가 굴러다녔다.[61] 1930년대 초반까지도 자전거는 남성의 전유물이었다.『신여성』1933년 1월호「처녀좌담회」에선 여학생이 자전거를 타는 건 '흉잡힐 일'로 여겨졌다.[62]

보통 사람에겐 자전거는 귀한 물건이어서 '자전거 도둑'이 극성을 부렸다. 전화로 물품을 주문해놓고 배달원의 자전거를 훔쳐 타고 도망가는 수법까지 등장했다. 1933년 5월 원산에서 일어난 일이다.

"불경기가 나날이 심각화하여감에 따라 절도도 가지각색이어서 상점이나 혹은 요리점에다 전화를 이용하여 여기는 무슨 은행 또는 무슨 회사인데 무슨 물건 무슨 요리를 보내달라고 거짓 주문을 해놓고 은행이나 회사 옆 모퉁이에 숨어 있다가 점원이 주문받은 물품을 가지고 자전거를 타고 와서 문밖에 세워놓고 들어간 틈을 타서 자전거를 훔쳐 타고 달아나기를 무릇 다섯 번이나 감행한 자가 있다."[63]

오토바이는 어떠했던가?『동아일보』1928년 9월 30일자에 실린 오토바이 광고는 "가격은 다만 자전거의 3배, 능률은 10배 이상/ 모터-팬으로 푸리미야 모터를 시승(試乘)치 않은 이가 없다"고 했다.[64]『중앙일보』1931년 12월 16일자에 따르면, 자동차가 보급되기 전엔 "양

보통 사람에겐 자전거도 무척 귀한 물건이었기 때문에 곳곳에선 '자전거 도둑'이 극성을 부렸다. 사진은 자전거 광고(1936년 1월 23일)와 오토바이 광고(1938년 4월 13일).

복에 금테 안경을 쓰고 자전거를 타면 최첨단을 걷는 모뽀(모던 보이) 행세"를 할 수 있었지만, 1920년대 말쯤 되면 "자가용이 아닌 택시일 망정 장충단 공원을 돌아 싸롱 문 앞에 스스로 대어야만 모뽀의 대열에 참례"하게 되었다.[65]

자동차는 근대화에 대한 열망과 서양에 대한 동경의 매개체로서의 꿈이자 욕망 그 자체였다. 이 땅에 자동차가 처음 들어왔을 때 '쇠당나귀'라 부르며 막대기로 꾹꾹 찔러보던 사람들은 일제강점기엔 부와 권력, 또는 '모뽀'의 증표로 자동차를 사랑하게 되었다. 먼 훗날엔 자신을 표현하고 입증하기 위해 국산 자동차를 넘어서 아우디의 '진보'와 '개성', BMW의 '역동'과 '세련', 벤츠의 '중후'와 '우아'라고 하는 브랜드 이미지를 놓고 저울질해보게 된다.

"쥐 한 마리를
3전에 사들인다"

목욕탕과 화장실

일제는 유난히 질서와 위생을 강조했다. 그 정도가 지나쳐 '위생 파시즘'이라 부를 만했다. 1910년대의 『매일신보』를 보면, "가로수를 꺾었다든지 문 앞 청소를 게을리 했다는 이유로 태형을 선고받는가 하면 부랑자라는 죄목으로 검거된 사람들이 쇠고랑을 찬 채 시내 청소에 동원되기도 한다."[66]

위생에 대한 문화적 차이도 있었다. 일본인들의 기준에선 조선인들이 목욕을 잘 하지 않는 게 야만이었겠지만, 조선인들의 기준으로 볼 때엔 일본의 목욕문화가 야만이었다. 한국 최초의 대중목욕탕은 1905년 서울 서린동 근방에 등장했지만, 여럿이 발가벗고 목욕을 한다는 것이 익숙지 않은 문화적 저항 때문에 사람이 오질 않아 곧 문을 닫고 말았다. 대중목욕탕에 익숙해질 때까진 10여 년의 세월이 흘러야 했다. 왕실에서도 1919년에서야 목욕실을 두었고, 대중목욕탕은 1920년 대에서야 본격적으로 생겨나게 된다.[67] 『동아일보』 1920년 4월 3일 자는 희한한 에피소드를 소개했다.

"지나간 3월 그믐날 저녁……. 적선탕에서 한 괴악한 야만의 행위 가 있었으니, 곧 경성부청에 다닌다는 일인 관리가 목욕하러와 남탕 은 사람이 많아 들어갈 수 없다고 핑계하고 여탕으로 발가벗고 들어 갔다. 그때에 목욕하던 여탕의 여자들은 '에그머니' 하며 놀라 뛰어 나왔다. 그 소리에 남탕에 있던 조선 남자들이 나와 보니 기가 막히는 광경인지라, 곧 주인을 불러 단단히 꾸짖고……그 동네 사람들은 기 막혀 말하되 일본에는 그런 만풍(蠻風)이 있을지 모르나 세계 각국 어 느 문명한 곳에 그런 풍속이 있을까 하며 목욕탕 주인의 묵인함과 당 국의 취체 완만함을 분개하더라."[68]

별 탈 없이 사용해온 화장실이 큰 사회적 이슈로 등장한 건 1920년 대였다. 일제가 한국의 화장실을 개혁 대상으로 꼽았기 때문이다. 한 국의 식자층도 그 취지엔 공감했기 때문에 1920년대의 이른바 '생활 개선운동'은 관민 합동으로 전개되었다.

당시 조선총독부 측이 제시했던 개선사항은 1924년 잡지 『조선』에 실린 「생활개선에 관한 선언」에 잘 나타나 있다. 이 선언은 시간존중, 연말연시 선물 폐지, 축의(祝儀)나 부의(賻儀) 폐지, 송영연회(送迎宴會) 폐지, 세배 폐지, 술잔 돌리기 폐지, 결혼식 및 장례식 간소화, 절주절 연(節酒節煙), 의복개량, 저축장려 등을 주장했다.[69]

총독부와는 별도로 조선여자기독교청년회(YWCA)도 생활개선운동 에 적극 나섰다. 조선YWCA는 강점기 말 집요한 내선일체(內鮮一體) 공작에 그만 무릎을 꿇었지만, 이때만 해도 애국계몽운동에 힘썼다.

처음엔 작은 문제를 개선하는 데서 시작됐다. 예컨대, 총무 김필례는 『동아일보』 1924년 1월 1일자에 쓴 「무용(無用)한 수고를 덜자」는 제목의 글에서 이렇게 말했다.

"우리네의 가정에서는 주부 이하 안식구들은 과연 하는 일이 무엇이오니까……어른으로부터 아해까지 밥 먹는 시간이 일정하지 못한 결과 아침부터 밤중까지 밥상 차려 내다가 세월을 보내고 마는 것이 아니오니까……일정한 시간에 한 가족이 함께 모여 밥을 먹게 하는 것이 좋겠습니다."[70]

총독부의 생활개선 사항엔 조선의 재래식 변소의 비위생적 측면을 비판하면서 변소를 개량해야 한다는 게 들어있었다. 변소의 위치를 집 뒤로 변경할 것과 청결하게 사용할 것 등의 요청과 더불어 요강의 폐지가 강하게 주장되었다.[71]

밑을 씻는 민족과 밑을 씻지 않는 민족

장보웅은 인류는 크게 밑을 씻는 민족과 밑을 씻지 않는 민족으로 나눌 수 있다고 했다. 유럽인들도 중세에는 밑을 씻지 않는 것이 당연한 것이었으며, 이런 전통은 지금도 캐나다 에스키모인과 사막의 유목민에게 남아있다고 한다. 육식을 많이 하는 민족은 섬유질이 많은 식물성 음식을 주로 먹는 민족에 비해서 똥이 토끼 똥처럼 둥글고 굳기 때문에 뒤를 본 후에 밑을 닦지 않아도 항문을 비교적 깨끗하게 유지할 수 있기 때문이라는 것이다.[72]

물론 한국인은 그렇지 않았기에 밑을 닦는 게 중요한 문제였다. 오늘날과 같은 화장실용 화장지는 1879년 영국에서 발명되었지만, 일제

치하 한국은 아직 화장지 시대는 아니었다. 손진태는 일본에서 발행되는 고고인류학 잡지『돌맨』1932년 11월호에 기고한 글에서 "한국의 농촌에서는 유아가 용변을 본 후에 그 뒤처리를 개에게 시키는 것은 도처에서 볼 수 있는 현상이다. 단, 성장한 아동이나 성인의 경우는 결코 그와 같이 하는 일이 없다. 어머니들은 유아를 안고 용변을 시키면서 개를 불러들여 엉덩이를 핥게 한 다음 걸레로 닦는다"고 했다.[73]

어른들은 나무다발이나 헌 새끼줄을 이용했으며, 드물었지만 헌 신문지를 사용하기도 했다. 1995년 서울 강남에서 이동화장실 업체를 경영한 이상정(당시 60세)은 "제가 어릴 때만 해도 볏짚을 둘둘 말아 쓰거나 먹고 난 옥수숫대로 닦았지요. 넓은 나뭇잎이나 호박잎·깻잎도 쓸 만했습니다"라고 했다.[74]

해방 후 도시에서 밑을 닦는 데에 애용된 건 신문지였다. 물론 신문지는 고급에 속했고, 그건 다시 재생종이로 태어났다. 이동순은 "해방 직후에 찍어낸 각종 잡지들을 보면 당시의 심각했던 물자난과 힘겨웠던 경제사정을 짐작하고도 남음이 있다. 매우 결이 거친 마분지(馬糞紙)에 구멍이 숭숭 뚫렸다던가, 재생 종이를 만드는 과정에서 미처 덜 파쇄된 신문지의 활자가 군데군데 거꾸로 박혀 있는 광경을 보면 눈물겹다. 더욱 기절초풍할 사실은 재생종이의 투박한 표면에 수상한(?) 고춧가루가 점잖게 박혀 있다는 점이다. 아마도 화장실 '질가미'(휴지)의 흔적이리라"고 했다.[75]

파리 · 빈대 · 쥐잡기 운동

위생을 위한 각종 캠페인도 벌어졌다. 1921년 4월 경성부에서는 "파리를 잡아오세요. 열 마리를 잡아오면 3전을 드립니다"라는 광고지를 돌렸다. 하지만 잡아오는 파리가 너무 많았던 건지 돈을 준다는 건 이틀 만에 철회하고 말았다.[76]

쥐잡기운동, 빈대잡기운동, 기생충 박멸운동 등도 병행되었으며, 이는 1930년대에도 지속되었다. 아마도 가장 괴로운 건 빈대의 습격이 아니었을까? 이상은 1936년에 발표한 소설 『날개』에서 이렇게 썼다.

파리, 빈대 퇴치약 광고(1931년 6월 28일).

"나는 빈대가 무엇보다도 싫었다. 그러나 내 방에서도 겨울에도 몇 마리의 빈대가 끊이지 않고 나왔다. 내게 근심이 있었다면 오직 이 빈대를 미워하는 근심일 것이다. 나는 빈대에게 물려서 가려운 자리를 피가 나도록 긁었다."[77]

『동아일보』 1938년 3월 3일자엔 "페스트 병원균을 절멸시키고저 경성부 위생과가 쥐 한 마리를 3전에 사들인다"는 알림기사가 실려 있다. 『동아일보』는 8일 뒤인 3월 11일자에서 "부민들은 안면(安眠) 방해자를 일소하는 일방(한편), 돈을 벌려는 결심하에 고양이를 대신하아 감감한 밤의 부엌과 창고를 노려보고 있다"는 풍경을 전했다. 길윤형은 "사람들의 호응은 그다지 크지 않았다"며 다음과 같이 말했다.

"현상금이 보잘 것 없었기 때문이다. 3전으로는 당시 시내 전차표 한 장(5전)도 살 수 없었고, 소설 『레디메이드 인생』에서 주인공의 자존심을 긁는 싸구려 담배 '마꼬'(5전) 한 갑도 살 수 없었다. 결국 행사는 경성부 전체에서 모두 1208마리를 잡아 36원 24전을 지출하는 초라한 성과를 낸 채 마무리된다. 이후로도 쥐와의 전쟁은 계속돼 『동아일보』는 1940년 4월 15일치에서 '백방백중으로 잡히는 쥐약 만드는 법'을 자세한 삽화와 함께 전하고 있다. 기사에 '어린이들이 먹지 않도록'이라고 친절한 소제목을 뽑은 게 눈에 띈다. 쥐를 잡아오면 보상을 해주는 전통은 해방 이후까지 이어진다."[78]

일제의 한의학 탄압

일본은 조선을 식민지로 만들면서 "한국인에게 현대의학의 혜택을 준다"는 슬로건을 내걸고 구의학인 한의학을 탄압했다. 한의사들에겐 '의사'보다 열등한 '의생(醫生)' 면허를 부여했으며, 이마저 1914년의 '의생규칙'에 따라 한의의 공식적인 교육과 신규면허를 철저히 억제하였다. 그리하여 1914년에 5,827명이었던 한의의 수는 1930년에 4,594명으로 줄었고, 이런 감소 추세는 계속되었다.[79]

한의가 줄어든 만큼 서양의의 증가가 있었다. 1914년에 608명(한국인 144명, 일본인 464명)이던 것이 1920년엔 1,035명으로 늘었으며, 총독부 산하 병원은 27개에 이르렀다. 1920년대 중반을 넘기면서부터 조선인 의사 수가 일본인 의사 수를 넘어섰다.[80]

서양의는 1930년 1,717명(한국인 921명, 일본인 796명)으로 늘었지만,

일제는 조선을 지배하면서 의도적으로 한의학을 탄압했다. 공식적인 한의학 교육과 신규면허를 철저히 억제해 조선의 한의사 수는 계속해서 감소했다. 사진은 1920년대 한약방 모습.

아직 인구 1만 명당 채 2명도 되지 않는 열악한 수준이었다. 의사에 대한 인식은 어떠했을까? 신문엔 의사를 비난하는 글이 많이 실렸다. 대부분 의사의 지나친 영리 행위를 비난하고 빈부귀천에 따른 환자 차별을 꾸짖는 내용이다.

모든 신문기사는 의사가 숭고한 정신을 발휘하기를 강조히는 내용이었지만, 드물게 『동아일보』 1935년 3월 22일자 사설은 "의사라는 직업도 다른 직업처럼 장사치이며 그 이상도 이하도 아니다"며 "경제 활동의 자유를 부정해서는 안 되겠지만, 의학이 사람의 생명을 다룬

다는 점에서 사회적 책임이 있음"도 부정해서는 안 된다고 주장했다.

"그뿐이 아니라 의사들이 장사치로서는 너무나 거만하고 방자스러운 것이 사실이다. 그러나 우리가 그러한 태도를 감심(甘心)하는 것은 오직 그의 중대한 책임을 인정하기 때문이 아닌가. 또 그뿐이 아니라 의사들이 때로는 경조(輕躁)한 거조(擧措)와 황망한 처치 아래 인명을 그르침이 없지 않다. 그러나 우리가 그러한 거조와 처치를 많이 묵인하는 것은 오직 그의 책임이 곤란함을 양해하기 때문이 아닌가. 그럼에도 불구코 그들 중에는 흔히 부귀가의 초청이나 응하고 빈천인의 왕진을 거절하며 돈 많은 환자나 친절히 보고 가난한 환자를 흩뿌리는 사람이 적지 않으며 심하게 가서는 위급한 병인에게 대하여 거절하니……."[81]

'장사치' 운운하는 건 수사학적 장치였을 뿐, 이 사설 역시 의사에 대한 기존 비난들과 궤를 같이 하고 있다. 의사에 대한 비난은 의료 공급이 수요에 턱 없이 미치지 못하는 현실에서 비롯된 것이기도 했다. 1938년 의사가 없는 면이 전국의 66퍼센트였으며 '의생' 조차 없는 곳이 21퍼센트에 달했다. 당황한 일제는 한의약에 대한 기존 정책을 근본적으로 재고하면서 관에서 솔선수범하여 한약재 재배를 권장하고, 한약 연구기관을 설치하는 쪽으로 나아갔다.[82]

바로 이런 상황에서 한의학을 재평가하려는 시도가 일어났다. "조선을 알자"고 외친 조선학운동의 자극도 있었다. 논쟁이 이어졌고, 그 열기는 뜨거웠다. 이 주제는 지난 30여 년간 조선을 관통한 과학과 근대성에 대한 최초의 반성과 관련된 것이었기 때문에 정치적이고 철학적인 논쟁이기도 했다.[83]

한의학–서양의학 논쟁

『조선일보』는 1934년 2월부터 11월까지 9개월 동안 한의학 부흥 논쟁을 연재했다. 이에 신동우는 "특정 사안에 대해 한 신문에서 이처럼 장기간 대논쟁을 벌일 주제는 이전에 결코 없었다"며 "이 논쟁이 당시에 얼마나 뜨거웠는지 짐작할 수 있다"고 했다.[84]

처음 논쟁에 불을 댕긴 사람은 의사 출신의 장기무였다. 서양의학을 주전공으로 한 의사였음에도, 임상에서 주로 한의학을 시술했던 장기무는 용어가 어렵고, 표준화가 덜 된 문제점만 해결한다면, 한의학이 서양의학과 다른 독자적인 의학체계로 훌륭하게 기능할 것이라 주장했다. 장기무보다 20여 년 후학인 경성제국대학 의학부 박사 출신인 정근양은 발끈해서 의학에는 오직 한 종류, 즉 과학적 방법이라는 프리즘을 통과해낸 (서양)의학만이 있을 뿐이라고 반박했다.[85]

둘 사이에 논쟁이 거듭되던 중 경성약학전문학교를 갓 졸업한 신예 이을호가 이 논쟁에 끼어들었으며, 이어 와세다대학 영문학부 출신으로 신간회 도쿄지회장, 재일조선유학생회 대표 등을 두루 거친 뒤 한의계에 투신한 조헌영이 마지막으로 참여했다. 조헌영은 서양의학을 국소처치 의술, 인공치료 의술, 해부학에 바탕을 둔 역동적이지 않은 의학, 병 부위만 공격하는 의학, 획일주의 의술로 규정했고, 한의학은 그와 반대되는 것으로 파악했다. 또 서양의학은 고가의 고급의학, 귀족의학인데 반해 한의학은 값이 싼 민중의학이며, 그 민중성이 한의학의 자연주의적 접근에서 비롯하는 것임을 역설했다.[86]

신동원은 "도대체 한의·양의 논쟁이 어떤 성격의 것이었기에, 그것이 조선사회를 뜨겁게 달궜던 것일까? 우선 한의학을 잘 활용하여 열악한 식민지 의료 현실을 극복하자는 것이 한 요인으로 볼 수 있다.

그동안 홀대받았던 전통을 제대로 대접하자는 것을 또 다른 한 요인으로 볼 수 있다. 하지만 그 무엇보다도 개항 이후 일방적으로 진리로 강요받아온 서양과학 그 자체의 타당성을 본격적으로 검토한다는 것이 가장 중요한 요인이었다"며 다음과 같이 말했다.

"한의학은 그 실마리를 제공했다. 한의학은 값이 쌌다. 또 많은 한국인이 그 효과를 누리고 있다고 굳건하게 믿었다. 이런 효과와 경제성이 서양의술과 견줄 수 있는 경쟁력의 원천이었다. 서양의학은 임상 효과에서 완벽하지 않았다. 그럼에도 고가였다. 그것이 고가인 이유는 하이테크놀로지를 지향하는 과학적 의학 그 자체에 있었다. 의료기구, 의약품은 비쌌으며, 의사의 양성 비용 또한 지대했다. 그렇다면, 도대체 현대과학의 효용이란 누구를 위한 것이며, 현대문명이란 무엇이란 말인가? 임상 차원에서 시작한 이런 질문은 궁극적으로 의학이론과 그것을 뒷받침하고 있는 세계관 전반에 대한 본격적인 재검토로 이어졌다. 1930년대 한의학-서양의학 논쟁의 핵심은 바로 이 점이었다. 그것은 서양문명을 받아들이기 시작한 이래 한국에서 최초로 벌어진 '근대성'에 관한 논쟁이었다. 그것은 오늘날에도 꺼지지 않는 현재진행형이기도 하다."[87]

격세지감(隔世之感)이다. 이젠 세계보건기구(WHO)가 나서서 침 시술법의 국제표준을 정하는 세상이 되었으니 말이다. 2008년 6월 세계보건기구는 '침구 경혈 부위 국제표준'으로 중국과 일본을 제치고 한국의 침 시술 방법을 정식 채택해 화제가 되었다.[88]

근대담론 마케팅

1920년대~1930년대엔 이른바 '근대담론 마케팅'이 맹위를 떨쳤다. 『매일신보』 1920년 2월 25일자에 실린 '라이온 치마(齒磨, 치약)' 광고는 런던 위생시험소의 증명서를 얻은 '세계적 상품'을 강조했고, 『매일신보』 1920년 2월 26일자에 실린 아지노모도 광고는 '문명적 조미료'임을 강조했다.[89]

1920년대 말 『매일신보』에 게재된 아지노모도 광고는 전형적인 근대담론 마케팅을 펼쳤다. 1928년 11월 21일자에 실린 광고는 "근대 여성이 다 애용하는 상품"이라고 주장했으며, 1930년 5월 14일자에 실린 광고는 "현대 여성은 반드시 아지노모도를 써서 가정의 식사를 유쾌하게 한다"고 주장했다.[90]

1908년 일본의 이케다가 발명한 아지노모도는 1909년 5월에 조선에 처음 들어온 뒤 1933년엔 거의 조선 전역에 판매망을 갖출 정도로 대성공을 거두었다. 1934년엔 『사계의 조선요리』라는 책까지 펴내면서 한국 음식에 아지노모도가 잘 어울린다는 걸 강조했다.[91]

아지노모도사가 집중 공략한 한국 음식은 냉면이었다. 1930년부터 평양과 함흥 지역의 냉면·국숫집을 상대로 '면미회'라는 판매협찬 조직을 결성하도록 독려하면서 냉면 육수의 맛을 완전히 바꿔놓았다. 노형석은 "오늘날 육수에 조미료가 범벅된 급속 냉면의 원조는 이미 1930년대 평양 거리의 냉면 면옥집에 나타났던 것"이라며 "식민지 시대부터 냉면은 일본 제국주의 자본의 손길 아래 근대의 맛으로 포장됐던 셈이다"고 했다.[92]

『여성』 1939년 2월호에 실린 아지노모도 광고는 "여성의 진선미, 개성을 도도히 화장하고 음식을 아지노모도로 더불어 맛있게 조리하

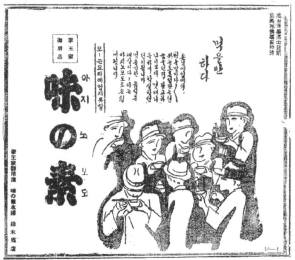

라이온 치마(치약)와 아지노모도(조미료) 광고. 전형적인 근대담론 마케팅을 펼친 아니노모도 광고는 "현대 여성은 반드시 아지노모도를 써서 가정의 식사를 유쾌하게" 해야 한다고 주장했다.

고 손수 바느질하는 소양이야말로 참된 여성의 아름다움이지요"라는 주장까지 내세웠다.[93]

아지노모도의 라이벌은 조선질소였다. 조선질소는 1936년 조미료 욱미(旭味)를 제조하여 기존 비료 판매망과 잡화점을 이용하여 판매했다. 이후 1936년~1937년 2년간 경쟁이 치열해졌는데, 아지노모도는 기존 판매조직을 강화하여 소매점에까지 확대했다. 광고 · 선전도 더욱 치열해졌다. 축음기로 사람을 끌어 모은 뒤 견본 배포, 악대 이용, 달력과 포스터 활용, 간판반 활용, 네온사인이나 일본식 등을 이용해 다양한 방식의 광고 · 선전 공세가 동원되었다.[94]

이 '아지노모도 신화'는 해방 후에도 오랫동안 지속된다. 그러나 적어도 2000년대에 들어 이른바 '웰빙바람'이 불고 '광우병 파동'이 일어나면서 '근대 담론'과 그 실천의 한 축은 처참하게 무너져내린다. 일제강점기에 일제에 의해 '야만'으로 매도되었던 것들 중 상당수는 최첨단의 '참살이' 방식으로 부활하게 된다.

04

"기독교인들의 손에서
상인들의 손으로"

1910년대~1920년대의 크리스마스

1910년 일제강점 이후에도 크리스마스는 계속 그 명맥을 이어갔다. 조선총독부 기관지인 『매일신보』 1913년 12월 25일자는 "오늘은 야소탄강제일이다. 서양 풍속에 이전 날 저녁에 '싼타클루스'라는 노인이 하늘로부터 내려와 긴 버선에 여러 가지의 장난감을 넣어 어린 아해의 자는 사이에 두고 간다 하나니 서양의 어린 아해는 해마다 이날을 제일히 깃겁게 여기며 '싼타클루스'가 주었다고 어른이 자는 사이에 갖다놓은 것을 가지고 노나니라"고 했다.[95]

『매일신보』 1914년 12월 15일자는 영국 런던의 크리스마스 풍경을 전하면서 "이 날 론돈 풍속은 집집마다 '밋슬트'라 하는 나무(조선으로 말하면 전나무와 같은 것)로 방 안과 책상 등속을 단장하는데 그 중에도 가장 기묘한 것은 그 나무로 방 안을 단장한 곳에서는 예전부터 사

내와 여편네가 서로 만나 임의로 입 맞추는 일을 허락하였음으로
……조선 사람의 안목으로 보면 너무 해괴하다 한지라"고 했다.[96]

『매일신보』 1918년 12월 25일자 기사 「성탄수(聖誕樹)와 '센터클로쓰' 노인」은 '크리쓰마쓰 츄리'는 30년 전에 독일에서 유래한 풍습이고, 사슴을 타고 버선에 예물을 넣어가지고 와서 굴뚝으로 들어오는 센터클로쓰의 원래 이름은 '센트니코라쓰'가 와전된 것이라고 했다.[97]

『매일신보』 1924년 12월 25일자는 "크리스마스가 이십오일이면 그날 새벽 밤이 깊은 때에 허옇게 쌓인 눈 속으로부터 타오르는 듯한 빨강 덧저고리를 아해들처럼 입은 털석부리 늙은 할아버지가 어여쁜 아기네를 찾아온다"고 했다.[98] 이웃 사랑과 나눔의 상징인 구세군 자선냄비는 1928년 12월 15일 서울 명동에서 첫 종을 울렸다. 당시 한국 구세군 사령관이었던 박준섭 사관이 서울 도심에 자선냄비를 설치하고 불우이웃 돕기를 시작했다.[99]

이태준의 『천사의 분노』

일제강점기에 크리스마스가 명절이나 축제 분위기로 바뀌어 떠들썩하게 보내기 시작한 건 1930년대부터였다. 이는 1930년대에 서구문화 수입과 실천을 선도했던 이른바 '모던 걸' '모던 보이'의 등장과 맥을 같이하는 것이다.[100] 전봉관은 "공휴일은 아니었지만, 1930년대에도 크리스미스는 큰 축제였다"며 다음과 같이 말했다.

"교회를 중심으로 성탄 축하 예배와 크고 작은 행사가 열렸다. 새벽 찬양대는 골목을 누비며 캐럴을 불렀다. 선교사들이 앞장서 퍼트린 '선진 문물'이기도 했다. 그러나 성탄 전야가 평화와 사랑으로 충만한

밤만은 아니었다. 그날 밤도 어김없이 허기와 추위에 싸우다 굶어 죽고, 얼어 죽는 사람들이 생겨났다. 도시 인구의 15퍼센트를 차지하던 토막민(土幕民)은 밤새 타오르는 예배당 난로의 온기를 부러워했다."[101]

그 대조적인 모습을 말하고 싶었던 걸까? 이태준은 1932년에 발표한 소설 『천사의 분노』에서 "어떻게 하면 불쌍한 사람들에게 성탄의 기쁨을 알릴 수 있을까?"라고 고민하는 P 부인의 크리스마스 이야기를 다뤘다. 전봉관의 해설을 소개한다.

"P 부인은 크리스마스를 앞두고 서울 거리 골목골목을 헤매고 다녔다. 친지들에게 보낼 선물을 준비하려고 '세모대매출' 행사 중인 백화점을 찾는 게 아니었다. 크리스마스 저녁 집으로 초대할 불쌍한 거지를 찾고 있었다. '리빙룸과 식당을 터놓고, 난로에 불을 따뜻하게 피우고, 좋은 그림을 걸고, 크리스마스트리를 만들어 세우고, 뜨끈한 국과 밥을 장만하고, 포근한 융으로 만든 속옷 한 벌씩 주고.' 막상 거리로 나서니, 불쌍한 사람이 너무 많았다. 거지도 여러 종류였다. 나병환자나 모르핀 중독자를 만날 때는 아무리 불쌍해도 자기 집으로 오란 말이 나오지 않았다. P 부인은 거지 중에서 비교적 몸이 깨끗한 사람을 붙들고 이야기했다. '몇 밤만 자면 크리스마스인데, 그날 저녁 골목 저쪽 벽돌집에 이 표를 가지고 오세요.' 거지에게 건네준 표에는 '자선표'라는 도장이 선명히 찍혀 있었다. 크리스마스 저녁, P 부인 집 문어귀에는 해도 지기 전부터 절름발이, 곰배팔이, 소경 등 각양각색의 거지들이 기웃거리기 시작했다. P 부인은 약속한 7시가 되기를 기다렸다가 문을 열었다. 거지들은 여러 달, 여러 해, 혹은 생전 처음 더운 물에 비누세수를 해보았다. 속옷 한 벌씩 얻어 입고, 눈부신 식탁에 둘러앉아 기름진 흰 이밥과 갈비 곰국을 게걸스럽게 먹었다. 사진사를 불러 사진까지 찍었다. 거지들은 흐느껴 울며 연방 허리를 굽실거리며 고마움을 표했다. 거지들이 돌아간 후 P 부인은 하나님께 감사의 기도를 올렸다. 이렇게 기쁘고 의미 있게 크리스마스를 보내기는 처음이라고 감격의 눈물까지 흘렸다. 이튿날 아침, P 부인의 가슴속에는 뜻하지 않은 분노의 불길이 폭발했다. 자기 몸뚱이처럼 끔찍이 아끼는 자동차 안에서 어젯밤 왔던 거지 중 가장 보기 흉한 늙은 거지가 얼어 죽은 탓이었다."[102]

크리스마스 식탁표와 요리하는 법 몇 가지

윤치호는 1933년 12월 24일자 일기에 "크리스마스가 서울 여성층에게 또 하나의 석가탄신일이 되었다. 여성들은 크리스마스의 진정한 의미 따위는 안중에도 없다. 여성들이 관심을 갖는 건 크리스마스가 쇼핑을 위한 또 하나의 핑곗거리이자 기회라는 사실이다. 김영섭 씨 말로는, 일본인들은 벌써 크리스마스를 그루시미마쓰라고 신소리하는 지경에 이르렀다고 한다"고 썼다.[103]

　김상태의 해설에 따르면, "'그루시미마쓰'는 원래 고통스럽다는 뜻을 가진 단어인데, 크리스마스에서 신년으로 이어지는 기간에 음주, 쇼핑, 선물 주고받기가 늘어남에 따라 비용의 부담이 커지는 데서 나온 일종의 속어라고 한다."[104]

　『매일신보』1933년 12월 25일자는 "지금 외서는 우리 조선에서도 '크리스천' 여부를 묻지 않고 거의 다 이 성탄절을 한 명절로 알게 되었습니다. 어른들의 세상에서도 이것이 한사코 취미로 호화롭게 행해지게 되고, 아이들의 세계에 있어서는 산타크로스 할아버지가 갖가

『동아일보』 1934년 12월 20일자에 실린 「크리스마스 식탁표와 요리하는 법 몇 가지」. 이 기사는 '레드 애클소스 토스트', '피스후룻' 등 서양 요리를 소개하고 있다.

지 장난감과 과자를 가지고 찾아오는 일 년에 둘도 없는 즐거운 날입니다"라고 했다.[105]

『신여성』 1933년 12월호는 「크리스마스 장식화초」, 「크리스마스 푸레신트—Boys에게」, 「크리스마스 푸레신트—Girls에게」라는 제목으로 크리스마스트리의 종류와 남자친구와 여자친구에게 줄 선물을 설명했다.[106]

『동아일보』 1934년 12월 20일자 기사 「크리스마스 식탁표와 요리하는 법 몇 가지」는 "레드 애클소스 토스트, 터키 매스트, 포테도 아니음 캐롯쓰, 피스후룻, 사라다 뿌레드 뻐터 헌니 피넛, 뻐토 캐롯쓰, 푸딩"등의 서양 요리를 소개했다.[107]

윤치호는 1935년 12월 25일자 일기에 "오늘은 크리스마스다. 미국인이나 영국인이, 조선 기독교인들이 크리스마스의 신성함에 대해 자기와 똑같은 감정이나 느낌을 가졌으면 하고, 아니 이 신성한 시즌을 기뻐했으면 하고 기대하는 게 가당키나 한가? 그건 분명히 가당치 않은 일이다. 감정이 원숙해지고 풍부해지고 신성화되려면 시간이 필요하다"고 썼다.

"조선인이 어느 과학 분야에서는—지식의 영역에서는—최고 수준에 도달할 수 있을지도 모른다. 그러나 지금 조선인들이 크리스마스에 대해 미국인이나 영국인과 똑같은 감정을 가질 수는 없다. 아니 바랄 수조차 없다. 왜냐하면 그 감정은 영국인이나 미국인에게는 시와 소설, 역사, 전통 그리고 무엇보다도 가정생활을 통해 수세기를 거치면서 원숙해지고 풍부해지고 신성화된 것이기 때문이다. 마찬가지 이유에서, 우리의 일본인 통치자들도 자기들 요구를 당연한 것으로 받아들이는 일본인들처럼 조선인들도 신도의 신성함에 대해 똑같은 감정이나 느낌을 가지길 바라거나 강요해서는 안 된다."[108]

카페 비너스 크리스마스 이브닝 축하연

『매일신보』 1936년 12월 25일자는 「기독교인들의 손에서 상인들의 손으로 넘어간 크리쓰마스!」라는 제목의 기사를 통해 크리스마스의 상업화를 비판했다.[109] '크리스마스의 상업화'는 도대체 어느 정도였을까?

전봉관은 "도심 거리에는 광란의 축제가 벌어졌다. '토산(土産) 크리스마스'라 불리던 환락 축제다. '회비 1원 50전. 요리 2가지. 술 1병. 미녀 50여 명 서비스. 카페 비너스 크리스마스 이브닝 축하연.' 당시의 광고 문구에서 보듯 카페, 바, 요릿집 등 유흥업소들은 앞 다투어 크리스마스 이브 축하연을 개최했다"며 다음과 같이 말했다.

"해마다 화려해지는 유흥가의 축하연 덕분에 크리스마스 이브는 일 년 중 가장 퇴폐적인 밤이 되었다. 1937년 중일전쟁 발발 후, 총독부는 유흥업소의 크리스마스 축하연을 전면 금지했다. 그러나 맘먹고 놀겠다는 데야 어디 빠져나갈 길이 없겠는가. 그해 크리스마스 이브 유흥가는 생뚱맞게 '국위선양 기념회' '남경 함락 축하 만찬회' '황군 전승 대연회' 현수막을 갈아 달고 축하연의 전통을 이어갔다. 크리스마스가 상업적으로 왜곡된 것은 공교롭게도 크리스마스 직전인 12월 16일이 200~400퍼센트씩 지급되는 연말보너스 받는 날이었기 때문이다. 월급쟁이들은 12월 봉급까지 더해 평상시 월급의 3배~5배까지 두툼한 월급봉투를 받았다. 오랜만에 두툼해진 월급쟁이의 호주머니를 털기에 크리스마스 이브 축하연만큼 그럴듯한 명분이 없었다."[110]

가족 단위로 크리스마스를 즐기는 사람들도 있었다. 이효석은 조선일보사가 발행한 『조선문학독본』 1938년 12월호에 쓴 수필 「낙엽을 태우면서」에 이렇게 썼다.

"올 겨울에도 또 크리스마스 트리를 세우고 색전등으로 장식할 것을 생각하고 눈이 오면 스키이를 시작해볼까 하고 계획도 해보곤 한다. 이런 공연한 생각을 할 때만은 근심과 걱정도 어디론가 사라져버린다."[111]

전쟁 지원에 동원된 크리스마스

전시 분위기와 더불어 일제의 탄압으로 선교사들의 활동도 위축되면서 1938년부터 개신교 교세는 감소 추세에 접어들었다.[112] 개신교도 전쟁 지원에 동원되면서 크리스마스는 위문품 보내기 운동 이벤트의 성격도 갖게 되었다. 윤치호는 1938년 11월 19일자 일기에 다음과 같

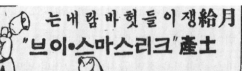

본래 의미와 상관없이 조선에서 크리
스마스는 급속히 축제화, 상업화되었
다. 크리스마스는 여성들에게 쇼핑을
위한 기회이자 좋은 핑곗거리였고, 아
이들과 연인들에겐 선물을 주고받는
날이었다. 『조선일보』 1936년 12월 25
일자(위)와 『조선일보』 1938년 12월
25일자(아래).

이 썼다.

"낮 2시에 유억겸, 신흥우, 김활란, 유각경, 구자옥, 이춘호, 김종우 및 여타 인사들과 함께 YMCA 회관에서 모임을 가졌다. 북중국에 있는 용맹한 장병들에게 크리스마스 위문품을 보내기 위해 조선 각지의 교회로부터 기금을 모으는 방안에 대해 논의했다. 12월 25일 이전에 서울 YMCA로 2원~6원을 보내달라는 편지를 4,000여 곳의 교회에 발송하기로 결정했다."[113]

또 윤치호는 1938년 12월 14일자 일기에선 "조선 기독교인들이 중국에 파병되어 있는 일본군에게 크리스마스 선물로 위문대(慰問袋)를 보내는 운동은 그 발상 자체만으로도 칭찬받을 만한 일이다. 그리고 만일 이 운동이 성공한다면, 기독교는 일본 군사 당국의 호감을 사게 될 것이다. 12월 25일 이전에 2원~5원을 서울 YMCA로 송금해달라고 요청하는 편지가 3,500여 개가 넘는 전국 각지의 교회에 발송되었다"고 했다.

"이 운동을 추진하는 데 가장 주도적으로 나선 사람은 유억겸 군이었다. 신흥우는 이 운동에 전혀 관심이 없었다. 그러나 이 운동이 2원짜리 위문대 2,000자루를 준비할 수 있을 만큼의 돈을 모으는 데 성공한다면, 그는 뻔뻔하게도 자기가 이 운동의 창시자요 완성자인 양 전면에 나설 것이다. 그는 아주 이기적인 모사꾼으로 정이 뚝 떨어지는 인간이다."[114]

『조선일보』 1938년 12월 25일자는 "마침 동아의 신질서를 위하야 장기 건설의 체제 아래 있는 터요, 제일 전선에는 치움과 곤고에 부대끼는 황군(일본 천황의 군대)이 생각되는 때라 시국에 대응하는 기독교에서는 이 명절에 다시 한 번 황군에 대한 감사를 표하기로 되었다.

그리하야 축하행사는 되도록 간략히 하고 전 조선 교회에서 황군의 무운장구를 기원하며 또 중한 선물 위문주머니를 짓기로 하였다. 이 것은 서울중앙기독청년회를 중심으로 전조선교회가 총동원하야 한 교회에서 최소한도 2원 이상 어치의 주머니 한 개 이상을 짓기로 한 것으로 벌써 2,000여 개가 걷히었다고 한다"고 했다.[115]

『조선일보』 1939년 12월 26일자는 "조선 안 각 교회에서도 이 아름 다운 날을 기념하기 위하여 해마다 성대한 행사가 있어 왔는데 금년 은 특히 시국에 비추어 자숙하는 의미로 번거로운 행사는 피하기로" 했다고 보도했다.[116]

크리스마스권을 미리 팔지 말라

그럼에도 유흥 축제로서의 크리스마스 열기는 여전히 만만치 않았던 것 같다. 『매일신보』 1940년 12월 25일자 기사 「유흥 기분 엄금」은 "①이날 밤 요리점 카페, 빠 등에서는 일반의 흥미로울 만한 장식을 못하게 할 것 ②크리스마스권 같은 것은 미리서 팔지 못하도록 할 것 ③칠면조 등의 고급요리를 만들지 못하게 할 것"이라는 '크리스마스 자숙통첩'을 보도했다.[117]

1941년 태평양전쟁이 시작되면서 크리스마스 열기는 다시 위축되 었다. 일제가 선교사 추방을 완료한 1942년 한 해에 개신교 신자 수 는 10만 5,000여 명(전체 교세의 약 30퍼센드)이나 감소했다.[118] 그러나 일제시대에 개신교 교회는 한국 전체 중등교육의 20~40퍼센트를 담 당했으며, 졸업생은 대부분 개신교 신자였기 때문에 크리스마스 열기 가 다시 살아날 잠재력은 충분했다.[119]

여기서 잠시 미션계 교육통계를 보자면, 1935년에 미션계 고등보통학교에 재학 중인 남학생은 2,345명으로 전체의 36.9퍼센트였고, 여학생의 경우는 전체의 65.4퍼센트에 해당하는 2,459명이었다. 전문학교 재학생 중에서는 전체 재적자 2,150명 중에서 1,289명(60.0%)이 미션계 학교에 다니고 있었다.[120] 게다가 '토산 크리스마스'는 어차피 기독교 신앙과는 아무런 관련이 없는 축제였으므로, 한번 그 환락 축제의 맛을 본 이들이 가만히 있을 리도 만무했다. 전봉관은 "성탄 전야에 밤새워 술 마시며 흥청거리는 '토산 크리스마스' 풍속은 해방 후에도 이어졌다"며 다음과 같이 말했다.

"1945년 9월부터 1982년 1월까지 야간통행금지가 실시된 37년간, 자정부터 새벽 4시까지 거리를 나다닐 수 있는 날은 1년에 12월 24일과 31일 단 이틀뿐이었다. 잃어버린 밤 시간을 되찾은 사람들은 성탄의 본디 의미가 무엇이건, 모조리 거리로 쏟아져 나와 부어라 마셔라 흥청거렸다. 크리스마스는 아기 예수의 탄생을 축하하는 전 인류의 축제이다. 이제는 70여 년 전 시작된 '토산 크리스마스' 풍속을 청산할 시기도 되었다."[121]

그러나 '토산 크리스마스'는 이젠 설이나 추석처럼 명절화되어버렸으니 그 기원이 무엇이건 청산이 가능할 것 같지는 않다. 해방된 남한의 통치세력으로 등장한 미군정은 1945년 10월 미국의 독립기념일, 추수감사절, 크리스마스 등을 공휴일로 지정했는데, 그렇기 때문에 크리스마스가 갖는 의미는 더욱 각별한 것이 되었다. 기독교 인사는 권력의 자리에 올랐으며, 크리스마스 축하는 친미(親美)의 상징이 되었다. 친미적 유흥, 아마도 그건 거부하기 어려운 마력이었으리라.

제5장

1930년대의 중독문화

"축구는
한풀이 마당"

제2회 경평축구대항전

경평축구대항전 제2회 대회는 1930년 11월 28일부터 3일간 지금의 동대문운동장인 경성운동장에서 열렸다. 제2회 대회는 다소 체계가 잡혀 경성팀은 막강한 멤버를 갖출 수 있어 2만 대관중이 지켜보는 가운데 종합 2승 1패로 우승했다. 1차전은 경성이 3대 2로 승, 2차전은 평양이 5대 3으로 승, 3차전은 경성이 5대 1로 대승했다.

당시 경성팀은 김용식 등 경신중학 출신의 공격수들이 쇼트 패스 등을 구사하는 기술의 축구를 했고 평양은 투지의 축구를 했다. 『조선일보』 주최의 경평전은 2회 대회로 중단되고 말았는데 그 이유는 분분하지만 승부욕이 지나쳐 싸움이 잦아 중단됐다는 설이 유력하다.[1] 반면 『조선일보』는 "2회 대회를 치른 후 1931년~1932년의 2년간은 일본 총독부의 조선인 집회금지 조치에 따라 중단"되었다고 주장했다.[2]

지금 동대문운동장 자리에 있던 경성공설운동장의 당시 모습. 일제는 축구시합이 반일시위로 비화될 가능성을 두려워해 축구경기를 자주 금지시켰다.

이 대회에 보성전문학교 상학과 2학년 재학생으로 경성 팀 선수로 출전했던 김화집(1909~2006)은 훗날(1990년) "처음 대표로 선발됐을 때 서울의 명예를 지키기 위해 혼신의 힘을 다해 그라운드를 누비기 일쑤였다"며 "수많은 관중이 경성운동장에 운집해 '이겨라' 며 환호성을 시르던 그날의 감격이 아직도 생생하다"고 회고했다. 평양 수옥리에서 태어나 광성국민학교를 마친 뒤 서울로 와 배재중학과 보성전문을 나온 김화집은 167센티미터 단신에도 불구하고 100미터를 12초에 주파하는 준족으로 장안의 화제가 됐던 선수였다. 그는 "체력을 앞세운 육탄전이 트레이드 마크였던 평양 팀과 개인기—전술 위주의 경기를 폈던 서울팀은 여러 면에서 대조를 이뤘다"고 했다.[3]

당시 『조선일보』 기사는 "경기가 있는 날이면 시내는 거의 철시했으며 경성운동장엔 2만 관중이 운집, 입추의 여지가 없었다"고 적고 있다. 당대 축구계의 최고 스타는 경신학교를 거쳐 보성전문 선수로 활동했던 '한국 축구의 대부' 김용식(1910~1985)이었다. 그는 1936년 베를린 올림픽에 '반도 선수'로는 유일하게 참가해 스웨덴을 3대 2로 이기는 결승골을 어시스트했다.[4]

일제의 축구 통제와 경기장 폭력사태

1930년 우루과이에서 첫 번째 월드컵 대회가 열렸지만, 한국은 축구 열정마저 일제의 감시를 받아야 하는 상황이었다. 일제는 축구시합이 반일시위로 비화될 가능성을 두려워했다. 1931년에 일어난 두 가지 사례를 보자.

5월 평양양화직공조합 작업부에서 일하는 전영택이 평양에서 열린 한 친선축구대회에서 관중들에게 자신의 직장을 광고하는 선전 삐라를 뿌렸다 하여 경찰서로 끌려가 엄중 취조를 받고 1주일 넘게 구류되었다. 삐라를 뿌리는 행위 자체가 불온하다는 이유에서였다.[5] 11월 함경남도 안변 체육구락부가 주최하기로 한 축구대회가 인근 지역의 시국이 불안하다는 이유로 경찰에 의해 금지당했다.[6] 축구의 승패에 집착한 분규와 폭력사태도 자주 일어났고, 이것이 축구경기를 금지시킨 이유가 되기도 했다.

1933년 8월 사리원에서 열린 황해도축구연맹전에선 이런 일이 있었다. 재령군 팀이 심판을 불신임하자 불신임당한 심판은 재령군 팀이 투숙한 여관을 찾아가 항의했다. 그 과정에서 흥분한 재령군 팀 선수들이 심판의 따귀를 몇 번 때린 일이 벌어졌고, 이 소식을 들은 사리원 팀 선수들이 재령군 팀이 투숙한 여관을 포위했다. 경찰이 출동해 대규모 폭력사태로까지 비화되진 않았지만 축구시합은 금지되었다.[7]

1933년 10월 함경북도 경성에선 경성고보 팀이 독진청년 팀에게 패하자 경성고보 응원단 수백 명은 심판이 불공정하다며 운동장에 뛰어들어 심판과 독진청년 팀 선수들을 둘러싸고 "타살하라고 절규하며 일대 난투"를 벌였는바 경찰이 총검을 뽑아 가까스로 제지하는 일이 벌어졌다.[8] 1933년에는 축구 단체가 전국에 걸쳐 200여 개에 이르렀는데 그런 분규는 전국에서 빈발하였다. 이에 조선총독부 학무국은 통제방안을 내놓았는데, 그 방안 중의 하나는 학생 팀과 학생 이외의 팀과는 경기를 하지 못하도록 하는 것이었다.[9] 또 세 학교 이상 또는 두 도(道) 이상이 관계한 대회는 체육협회의 책임감독을 받고, 전조선대회와 입장료를 받는 대회는 학무국의 인가를 받고, 응원단에 관한 책임은 학교 교장이 져야 한다는 것 등이었다. 이에 『조선일보』는 그렇게 통제하면 모든 대회의 7할~8할 이상의 축소를 보게 될 것이라며 자율통제의 필요성을 역설하였다.[10]

중앙기독청년체육부의 장권은 『조선일보』에 기고한 글을 통해 "1933년까지의 조선체육계의 무통제 상황은 다른 사회에서는 상상키 어려운 현상이있을 것이다"며 "어떠한 곳에서든지 체육 장려에 뜻을 가진 단체가 있는 곳이면 그 지방마다 전조선 모모(某某) 대회를 개최"해 "동일한 개최가 수없이 중복"되었다고 지적했다. 그는 이런 혼란을 막기 위해 "권위 있는 기관의 결성을 바란다"고 했다.[11]

1933년~1935년의 경평전

1933년에 조선축구협회의 주선으로 경평 대표자들이 모임을 갖고 1933년 경성축구단 및 평양축구팀이 각각 창단을 기념하여 봄, 가을 두 차례로 나누어 경기장소를 경성과 평양을 오가며 실시하도록 결정하였다.[12] 이 결과 1933년 4월 평양공설운동장에서 제3회 경평축구대회가 열렸다. 일본 유학을 마치고 돌아온 최일이 평양축구단을 창설했는데 만주 상하이 등을 원정하고자 여비 마련을 위해 경평전을 부활시켰다는 설도 있다.[13]

1933년 4월 6일부터 10일 사이에 평양의 기림리축구장에서 열린 1차전(6일)은 경성이 3대 2로 이겼으나 2차전(8일)은 2대 2로 비겼다. 이때 경성 팀은 평양 팀이 거친 플레이를 한다고 항의하고 제3차전(10일)을 포기하려 했으나 설득 끝에 출전, 평양이 3대 0으로 완승해 1승 1무 1패로 비겼다. 당시 1차전에서 평양 팀이 패하자 평양 시민들은 2차전의 응원을 위해 전 시가지가 철시하다시피 해 2만 관중이 운동장을 메웠다.[14]

그러나 1933년 4월의 대회는 평양 팀이 주최한 일종의 친선경기로 3회 대회라 부르지 않는다는 주장도 있다. 명실상부한 제3회 대회는 1933년 9월 20일부터 3일간 경성의 배재중학 운동장에서 열렸다. 이 운동장엔 스탠드가 없는데도 7,000여 명이 몰려들어 경기장 라인마저 관중에 의해 점령당했다. 주최 측은 새끼줄로는 밀려드는 관중을 막을 수 없어 인분을 끼얹기도 했다.[15]

대회 주최는 조선체육회였고 여운형이 사장으로 있던 조선중앙일보사가 후원했다. 대회장인 윤치호가 개회사를 했고 여운형이 축사를 했다. 이 3회 대회 때는 경성방송국이 3경기를 모두 실황 중계했는데

1933년 10월 22일 열린 경평전 개회식 장면. 경평전의 인기는 하늘을 찔렀다. 선발된 축구선수는 사생결단의 자세로 임했고, 관중들은 기꺼이 가게문을 닫고 응원 대열에 합류했다.

당시 아나운서로 이름을 날렸던 박충근이 중계를 맡았다. 1차전은 경성이 3대 2로 승리했고, 2차전은 반대로 평양이 같은 스코어로 설욕했고 3차전은 1대 1로 비겼다.[16]

1933년 10월 22일부터 3일 동안에도 평양 팀이 경성 팀을 초청해 경평전이 이루어졌는데 이때부터 신문사 등이 주최하지 않고 봄에는 경성, 가을에는 평양 팀이 주최하는 '홈 앤드 어웨이' 방식으로 치러졌다. 대회명칭도 경성평양대항정기축구전으로 바뀌어 이 대회를 경평전의 제1회 대회로 꼽기도 한다.[17]

그 뒤 평양공설운동장에서 제4회, 배제운동장에서 제5회 경기가 열리고, 1935년 4월 서울 경성운동장에서 제6회 대회가 열렸다. 그런데 제6회 대회에서 심판 판정시비가 지역감정으로 비화되면서 양측 응원단 간에 충돌이 일어났고 또다시 경기가 중단되었다.[18] 박경호·김덕기는 "경평전에 쏟아지는 관심이 높아지면서 애향심을 넘어 지역감정으로까지 발전, 대회가 있을 때면 경성과 평양시민들의 감정은 대립적인 상태로 변했다. 결국은 이대로 계속 가다가는 두 도시 간의 지역감정이 악화될 것이라는 여론이 일어났"다고 했다.[19]

당시 조선식 축구의 속성이 그랬던 건지도 모를 일이었다. 이 당시 신문엔 축구폭력 관련 기사들이 즐비했다. 『조선일보』1935년 10월 15일자는 "경성운동장에서 열린 조선신궁경기대회 전문부축구결승전에 경성치과의전과 경성의전의 양교가 대치하야 처음부터 경기가 서로 난폭하야 불쾌한 감을 주더니 필경은 개전 십팔 분 만에 양군의 일부 선수들 사이에 고의로 서로 차고 머리로 받는 등 실로 전문학교 학생인 선수답지 못한 행동을 감행하야 이에 흥분된 응원단까지 운동장에 뛰어들어 소리를 지르는 등 명랑하여 할 운동장이 수라장을 이루자 본부 위원들이 달려가 겨우 진무하였다"고 보도했다.

"소위 전문 학생들로서 '스포츠맨쉽'을 존중히 하여야 할 경기장에서 이러한 불상사를 일으킨 것은 운동계 큰 수치인 동시에 전문 학생에게 욕됨이 큰 불상사이다. 그리고 이날 중등 이하 생도들도 다수 구경하고 있었는데 이러한 난투극의 장면을 그들에게까지 보이게 함은 후배들을 위하야서도 크게 반성하여야 할 일이라 하야 일반은 학생선수답지 못한 그들의 추태를 타매하여 마지않는다."[20]

경평전과 스타 선수의 인기

경평전의 인기는 하늘을 찔렀다. 치열한 몸싸움으로 다친 선수가 많아 경기를 연기하기도 하는 등 양 팀 모두 사생결단의 자세로 임했다. 3일간 연속경기라는 방식도 무리한 것이었지만, 경쟁이 지나쳐 난투

장으로 변하는 등 세 경기를 치르고 나면 몸이 성한 선수는 한 명도 남지 않을 정도였다.[21]

관중의 열기도 비슷했다. 경기 룰이 엄격하지 않아 상대에게 고의적인 태클을 하는 이른바 '까기' 가 주요 볼거리가 되었는데, 관중은 편이 나뉘어 "까라!", "잘 깐다!"는 원색적인 응원으로 운동장은 아수라장이 되곤 했다.[22] 경평전이 있는 날은 거의 가게 문을 닫았고 평양 기생들은 영업을 포기했다. 경평 간 3시간 거리인 기차 속은 응원인파로 초만원이었으며, 이기면 양조장들에선 행인에게 막걸리를 공짜로 퍼 먹이기도 했다.[23]

경평전 스타플레이어는 특히 여인들의 가슴을 설레게 만들었다. 박경호 · 김덕기는 " '대중적인 인기를 누리는 사람을 스타' 라고 정의한다면 영화배우에 앞서 축구선수가 최초의 스타가 아니었나 생각된다"며 당시의 대표적 스타였던 평양 팀의 김영근이 누린 인기에 대해 다음과 같이 말했다.

"훤칠한 키에 미남형인 김영근은 뛰어난 기술로 인하여 인기를 한 몸에 모으고 있었다. 군계일학이라고나 할까. 유연하고 재빠른 동작 그리고 신기에 가까운 기술을 구사하는 그에 대적할 만한 수비수는 사실상 없었다. 당시만 하더라도 아녀자가 운동장에 나오는 것은 흔한 일이 아니었다. 그러나 김영근이란 이름이 워낙 유명하였으므로 그의 경기 모습을 한 번도 본 일이 없는 아녀자들조차 그의 얘기만 나오면 공연히 설렐 정도였다고 한다. 그의 명성이 이러하니 외부 나들이가 자유로운 기생들은 물론이려니와 용기 있는 여염집 아녀자들까지 운동장에 나와 그의 경기 모습을 훔쳐보는 일이 적지 않았다. …… 그를 사모하다 못해 청혼까지 한 것은 피아니스트 강모 여인뿐이 아니었다."[24]

선수들의 훈련 때에도 구경꾼은 항상 들끓었으며 돈깨나 있는 유지가 선수들에게 저녁을 대접하고 싶어도 20일 전이나 1개월 전에 예약을 해야만 가능했다.[25] 경성 팀 선수로 네 차례의 대회를 치르면서 2골을 넣기도 했던 김화집은 "평양의 경우 방직공장—고무공장에 다니던 부녀자—어린이가 관중의 대부분을 차지했던 반면 서울은 청년층이 운동장의 거의 전부를 차지했다"고 회고했다.[26]

평양에선 특히 기생들의 축구 열기가 높았다. 평양축구단이 1935년 가을 일본 도쿄에서 개최되는 신궁경기에 나가는 것과 관련, "기성권번 소속 기생 23명은 평양축구단의 원정비를 기부코저 오는 11일과 12일 양일간 '김천대좌'에서 연주회를 개최키로되여 목하 그 준비에 분망 중인데 입장료는 보통 70전 학생 50전이라고 한다."[27]

평양에서 돈을 횡령해 만주로 도망갔다가 2년 만에 다시 돌아와 근신치 아니하고 축구 열기에 들떴다가 경찰에 붙잡힌 사나이도 있었다. 『조선일보』는 "축구 좋아하다가 잡힌 사나이가 있다"고 보도했다.

"금년에 집에 돌아와 잠복하여 있던 중 16일 평축 주최 제1회 군대항 축구대회에 구경을 와서 '꼴인' '업싸이드' 하면서 한참 흥분이 되어서 응원하다가 대동서원에게 체포되어 유치장에 들어갔다 한다."[28]

1936년 베를린 올림픽

1936년 베를린 올림픽을 앞두고 일본축구협회는 제1회 전일본축구선수권대회(1935년 6월)와 제8회 명치신궁경기대회(1935년 10월) 성적을 토대로 대표팀을 구성할 것이라고 발표했다. 그런데 이 두 대회를 모

1936년 6월 일본 도쿄에서 열린 전일본축구선수권대회에서 우승을 차지한 경성축구단과 응원 나온 교포들의 모습. 일본축구협회는 명백히 실력으로 더 우위에 있는 조선인 선수를 국가대표 팀으로 선발하지 않았을 뿐 아니라 주요 경기에서의 공로도 인정하지 않았다.

두 경성축구단이 석권했다.

공언한 것처럼 실력 위주로 하면 조선인 선수는 적어도 7명 이상 선발되어야 했다. 그러나 일본축구협회는 선발기준을 다시 바꿔 조선인은 김영근과 김용식 두 명만 선발하였다. 이에 국내에선 찬반 논란이 일었다. 조선축구협회 회장 여운형을 비롯하여 민족지도자들은 민족적 자존심을 상하게 하는 일이라며 분노해 김영근, 김용식에게 참가하지 말 것을 종용했다. 반면 두 명이라도 참가해 멋진 플레이로 일본인들의 콧대를 꺾어 놓아야 한다는 의견도 있었다.[29]

두 선수는 참가를 하긴 했지만 김영근은 중도에 나오고 말았다. 이런 사건이 있었다. 일본 대표팀은 베를린 올림픽 출전을 앞둔 시점에서 때마침 일본을 방문한 영국함대 축구팀과 친선경기를 가졌다. 일본팀은 전반전에 0대 2로 패배했다. 실력 발휘 기회가 주어지지 않은 김영근은 후반전에 포스트플레이만을 하라는 코치의 지시를 어기고 천재적 기량을 발휘해 혼자서 6골을 뽑아내는 기염을 통했다. 그 덕분에 일본팀은 6대 3으로 승리했지만, 경기가 끝난 뒤 코치는 자신의 지시를 어겼다고 김영근을 심하게 꾸짖었다. 민족적 울분을 느낀 김영근은 경기를 마치고 목욕탕에서 대나무로 만든 물바가지로 코치의 등줄기를 내리치고 "나 조선으로 가겠다"는 한 마디를 남긴 채 그 길로 평양으로 가버렸다. 그러나 김영근의 이후 인생은 축구 천재로서의 기량을 한껏 발휘해보지도 못한 채 불행의 연속이었으니, 나라 없는 비극의 한 모습이 아닐 수 없었다.[30] 반면 김영근이 최종 엔트리에서 탈락해 자존심이 상한 나머지 후보 선수가 뭐냐면서 출전을 포기하고 평양으로 가버렸다는 설도 있다.[31]

조선인으로서 일장기를 달고 베를린 올림픽에 출전한 사람은 마라톤 손기정, 남승룡을 비롯하여 농구의 장이진, 이성구, 염은현, 복싱의 이기환, 그리고 축구의 김용식 등 모두 7명이었다. 일본 축구팀은 스웨덴전에서 김용식의 맹활약으로 3대 2로 기적과 같은 역전승을 거두었으나, 이틀 뒤 이 대회우승팀인 이탈리아와의 두 번째 경기에서는 0대 8로 패배했다(일본축구협회는 이 대회 이후 조선 선수들을 대거 발탁해 1942년까지 38명의 조선 선수들이 일본 대표로 활약했다).[32]

이 베를린 올림픽에서 손기정은 마라톤에서 우승, 남승룡은 3위를 차지해 온 국민을 감격시켰다. 마라톤과 축구. 이 두 가지 운동의 공통점은 특별한 장비 없이 누구나 즐길 수 있고 직접 할 수 있는 운동이라는 점이었다. '웰빙 바람'은 꿈도 꿀 수 없었던 당시 마라톤을 즐기긴 어려웠을 것이나 축구는 가난한 민중의 큰 호응을 얻었다. 조선을 지배하고 있는 일본인들과 경쟁해 이길 수 있는 유일한 길이기도 했다. 축구는 카타르시스의 대축제였다.

1936년~1942년 전조선도시대항축구대회

경평전이 막을 내린 이후에도 다른 축구경기는 계속되었다. 도시는 말할 것도 없고 시골 구석구석까지도 1년에 한두 차례의 대회를 치르는 축구 열기가 전국을 휩쓸었다. 특히 1938년은 '우리나라 축구의 최대 전성기'라는 평가도 있다.[33]

1936년 4월 『조선중앙일보』가 주최한 제1회 도시대항전도 경평전을 무너뜨리는 데에 일조했다. 이 대회엔 경성, 평양, 함흥, 원산, 마산, 군산, 안악, 진남포, 순천, 제주 등 10개 도시 팀이 참가했다. 이에 질세라 조선일보사는 1938년 4월 전조선도시대항대회를 개최했다. 이 대회엔 7개 도시 팀이 참가했는데 함흥이 최강자로 떠올랐다.[34]

1938년경엔 시골마다 축구대회가 열려 그런 시골 축구대회만을 찾아다니는 부정 축구선수가 꽤 많았다. 군(郡) 단위 축구전에서 이기기 위해 다른 지역의 선수들을 돈 주고 불러 선수로 뛰게 하는 식이었다. 승리하면 군 전체가 잔치를 벌일 정도로 축구 열기는 뜨거웠다.[35]

1940년 4월 조신일보사가 주최하는 제3회 전조선도시대항축구대회엔 경성, 평양, 대구, 함흥, 철원, 광주(廣州), 전주, 신의주, 홍원, 인천, 원산, 마장, 덕원, 광주(光州) 등 14곳이 참가했다. 조선일보사는 호외까지 발행해 "모두가 제 고장의 영예를 걸머지고 반드시 이긴다는 굳은 결심의 빛이 선수들의 얼굴에 역력합니다"라면서 "이런 강한 팀만 모인 축구대회라 갈 맛도 있고 또 정신 기술 두 방면으로 약진에 약진을 거듭하고 있는 축구 조선의 한 해 동안의 수확과 성장도 과연 어떠할까 점칠 수 있습니다"라고 했다.[36]

『조선일보』는 이 대회를 「각군(各軍)의 혈전처장(血戰悽壯)의 극(極)!」, 「우천불구(雨天不拘) 열광(熱狂)된 관중쇄도(殺到)」 등과 같은 기사 제목으로 대서특필하였지만,[37] 이게 조선일보사가 주최하는 마지막 대회가 되고 말았다. 1940년 8월 10일 『조선일보』가 『동아일보』와 함께 폐간되었기 때문이다.

그래도 전조선도시대항축구대회는 계속 열렸다. 1941년 4월 제4회 전조선도시대항축구대회는 조선총독부 기관지인 매일신보사와 조선축구협회가 공동 주최했다. 제5회 대회는 1942년 5월에 열렸으나 이 대회를 끝으로 축구를 포함하여 모든 스포츠 경기가 금지되었다. 일제가 학생들을 근로동원하고 군사훈련을 시키려고 했기 때문이다. 스포츠 단체마저 해체되었다.[38] 이로써 "그나마 스포츠를 통해 망국의 한을 달래고 나아가 스포츠를 통해 일본을 이겨보겠다는 우리 젊은이들의 염원은 사라지고 말았다."[39]

1942년 5월 이후 관중 축구만 사라졌을 뿐 동네 축구는 전국 방방곡곡 시골에서도 계속되었다. 공은 구하기 어려웠기에 새끼줄을 뭉친 공이나 소·돼지 오줌통에 바람을 넣어 만든 공이 사용되었다. 운동장이 없어도 좋았다. 논바닥이면 충분했다. 이런 '전통' 축구는 시골에선 1940년대 후반을 거쳐 1960년대까지도 흔하게 볼 수 있는 광경이었다.

1946년 마지막 경평전

1945년 8월 15일 해방과 함께 그간 억눌렸던 축구에도 봇물이 터졌다. 클럽·직장·동네마다 상호교류 친선경기가 열렸다. 축구인들은 매일 부푼 꿈을 안고 서울 계동의 금성운동구점에 모였다. 이들은 10월 6일 OB와 현역팀을 구성하여 해방 후 처음 축구경기를 벌였다.

1938년경엔 시골마다 축구대회가 열렸고 군(郡) 단위의 축구전에서는 승리하기 위해 다른 지역 선수를 '용병'으로 기용하기도 했다. 사진은 1938년 6월호 『조광』에 실린 고봉오의 「도시대항축구대회후기」 기사.

10월 27일~31일 서울운동장에선 조선체육회재건준비위원회가 주최한 자유해방 경축 전국종합경기대회가 열렸는데, 9개 종목 중 축구 부문에는 일반부 24개 팀, 중학부 22개 팀이 출전했다. 12월 4일엔 서울운동장에서 연희전문과 보성전문의 졸업생들로 구성된 OB전이 벌어졌다. 그리고 1945년 12월 10일 서울신문사 강당에서 발기인 총회를 갖고 축구협회가 출발했다.[40]

1946년 3월 25일~26일 이틀간 자유신문사 주최로 서울운동장에서 경평축구대회가 재개되었다. 『자유신문』은 "조선민족 통일정권 수립을 위한 민족여론의 공기(公器)되기를 기한다"고 선언하면서 1945년 10월 5일에 창간된 신문이었다. 이승만과 한민당계에서는 이 신문을 좌경신문이라 비난하기도 했으나, 1947년 9월 미군정 당국의 『조사월보』에 의하면 『자유신문』은 발행부수 4만여 부에 이르는 중립적 신문이었다.[41]

이 대회에서 1차전은 2대 1로 서울 팀, 2차전은 3대 1로 평양 팀이 승리를 거두었다. 2차전에서 패하자 관중들은 심판이 공정치 못하다면서 흥분하기 시작했다(공교롭게도 심판은 평양 팀 감독인 강기순이었다). 해방의 감격도 관중의 승리에 대한 집착은 누그러뜨리지 못한 셈이었다. 사태가 위험하게 전개되자 경비를 맡았던 경찰이 공포를 쏘아 가까스로 진정시켰지만, 이 개운치 못한 경기가 경평전의 마지막이 되고 말았다.[42]

육로로 왔던 평양선수들은 서울운동장에서 경기를 마친 뒤 돌아갈 때는 미·소가 갈라놓은 38선이 위험해 뱃길로 갔다. 그 험한 길을 돌아가면서 다음에는 서울선수들을 꼭 초청하겠다고 했지만, 이는 이후 40여 년간 실현되지 못했다. 1929년 제1회부터 1946년 마지막 경기까지 경평축구전은 8회에 걸쳐 23경기를 펼쳐 경성 6승 7무 10패, 평양 10승 7무 6패의 종합전적을 기록했다.[43]

민족주의와 지역감정

경평축구전에 대한 평가는 주로 '민족주의'를 강조하고 있다.

"경평축구전은 암울했던 시대에 일제에 대항해 민족단결을 과시하는 장으로서 전 국민의 호응을 받았다."[44]

"경평전은 당시 온 나라를 들끓게 했던 최고의 스포츠 제전이었는데 이는 일제에 심정적이나마 대항할 수 있는 한풀이 마당이었기 때문이다."[45]

이 대회는 당시 우리나라의 대표적 두 도시 간 대항전이란 점에서 전 국민의 뜨거운 관심을 불러일으켰으며 일제 치하에서 민족의 단합과 반일정신을 키우는 데 기여했다."[46]

"경평(京平) 대항전은 축구에 대한 관심을 크게 증폭시키며 전 민족이 즐기는 대중적인 스포츠로 자리 잡게 되는 계기를 만들었다. 축구는 일제 식민지 아래에서 가슴에 쌓인 민족의 울분을 풀어줄 수 있는 유일한 청량제였고 독립의 희망을 키울 수 있는 싹이었다."[47]

그런 이유와 더불어 경평전의 뜨거운 열기엔 앞서 지적한 경평 간 지역주의도 적잖이 작용했다. 윤치호의 일기엔 1920년대와 1930년대 내내 당시 두 지역(기호파와 서북파) 간 갈등이 매우 심각했있다는 기록이 많이 나온다. 기호는 서울을 중심으로 황해도 남반, 경기도 일대와 충남북부 지역이었고, 서북은 평양을 중심으로 평안도, 함경도, 황해도 등의 지역이었다. 예컨대, 윤치호는 1921년 6월 4일자 일기에서 다음과 같이 말했다.

"이조 500년 동안 서북인들은 정치적 박대와 모욕적인 차별을 받아왔다. 서북인들이 기호인들, 특히 지배계층으로 군림했던 기호인들을 증오하는 건 당연하다. 그러나 지금이 눈에는 눈, 이에는 이라는 식의 복수심을 실천에 옮길 때인가? 조선인 모두가 자기의 적에게 앙갚음하고 싶어 한다면, 우리는 언제쯤 단결된 민족이 되겠는가?"[48]

윤치호는 1929년 3월 12일자 일기에선 "오후 4시에 YMCA 회관 강당에서 사랑스런 우리 문희(윤치호의 셋째 딸)의 결혼식이 거행되었다. 명월관 본점에서 하객을 치렀다. 모두 250명의 하객들이 왔고, 1인당 1원 30전짜리 식사를 대접했다. 외국인 친구들도 꽤 많이 와주었다"며 다음과 같이 말했다.

"이 결혼이 앞으로 어떻게 될지는 아무도 모른다. 그저 최상의 결혼이길 빌 뿐이다. 서울의 잘 알려진 가문에서 평양 출신을 사위로 맞는 건 이번이 처음이다. 난 조롱과 비난, 심지어는 욕을 먹게 될 것이다. 그들은 내가 1883년에 인력거를 탄다고 욕했고, 1907년에는 자전거를 탄다고 욕했다. 그러나 시간이 내가 옳았다는 걸 입증해주었다. 내 평양 사위가 성공을 입증해주었으면 좋겠다."[49]

기호파와 서북파의 지역갈등

1930년대 들어 윤치호의 일기엔 기호파와 서북파의 갈등을 안타깝게 여기는 대목이 더욱 자주 등장한다. 윤치호는 1931년 4월 17일자 일기에 "모든 조선인들은, 자신들을 상당수의 적대적인 진영으로 갈라놓은 파벌이라는 것이야말로 민족 최악의 천벌이었다는 사실을 솔직히 시인한다. 두 가지의 씻을 수 없는 범죄를 저지른 이조가, 다시 말해서 소수의 양반 가문에게 모든 권력을 집중시키고, 백성들의 호전성을 제거한 이조가 1905년에 사라져버렸다. 하지만 파벌의 전통과 편견과 정신은 지금도 예전 못지않게 기승을 부리고 있다"고 썼다.[50]

윤치호는 1931년 4월 19일자 일기에서 "난 지역차별에 반대하면서 하루빨리 화해가 이루어져야 한다는 입장을 견지해왔다. 그래서 난 서북인 중에서도 전형적인 서북인이라 할 수 있는 평양 청년을 사위로 맞아들였다"며 "그러나 신흥우와 유억겸 같은 지도자들은, 평양 인사들이 기호인들을 싫어하는 것 못지않게 서북인들을 싫어한다"고 말했다.

"얼마 전 이화여전 학생들이 문학을 주제로 한 강연에 저명한 소설가인 이광수를 초빙했다. 팜플렛이 인쇄되었다. 그런데 예정시간을 불과 몇 시간 앞두고, 유억겸이 이 학교의 미국인 교장(앨리스 아펜젤러)에게 이광수 군의 강연을 금지시키는 게 좋을 거라고 충고했다. 이 군이 전처와 이혼했다는 게 그 명분이었다. 이 군으로서는 굉장히 수치스러운 일이었음에 틀림없다. 얼마 전 이화여전은 내 사위의 형인 정두현 씨를 초빙해 일부 교과목을 맡기려고 했다. 신흥우가 그런 특수 과목은 여선생이 가르쳐야 한다고 제안함으로써 아주 교묘하게 이 계획을 취소시켰다는 얘기를 들었다. 난 두 파벌의 심리를 충분히 이해한다. 그들에게는 상대방에 대해 가혹하게 굴 만한 충분한 이유가 있다. 그러나 내가 주장하고 싶은 건, 우리에겐 지역적 적대감이라는 사치를 부릴 만한 여유가 없다는 것이다."[51]

윤치호는 1933년 10월 2일자, 4일자, 6일자, 8일자 일기에서 지역 감정에 대해 집중적으로 썼다. 차례대로 살펴보자.

"하와이, 미국, 상하이, 만주, 러시아 등 조선인들이 살고 있는 모든 곳에서 계속되어온 서북파와 기호파 간의 보기흉한 경쟁, 충돌, 음모가 서울에서도 가시화되고 있다. 서울의 서북파 지도자는 이광수 군, 정인과 군, 이용설 군이라고 알려져 있다. 그런가 하면 신흥우 군, 박용희 목사, 함태영 목사 등은 걸출한 반(反)서북인사들로 손꼽히고 있다. 새문안교회의 차재명 목사는 서북파의 지도자로 알려져 있다. 상하이와 다른 곳에서 파벌투쟁을 봐왔던 여운형 군은 기호파 측의 거물급 인사다."[52]

"서북파 인사들이—방응모, 고일청이—자금을 댄 『조선일보』가 서북파의 거두인 안창호 씨의 일자리로 준비되고 있다는 건 알만 한 사람은 다 알고 있는 사실이다. 그런데 안 씨는, 일본인들은 최근 몇 년 동안의 적이지만 기호인들은 500년 동안 서북인들의 적이었으므로, 먼저 기호파를 박멸해야 한다고 말한 것으로 알려져 있다. 난 안 씨가 이런 말을 했다고는 결코 믿지 않는다. 그러나 대부분의 기호파 인사들은 이를 사실로 여기고 있으며, 안 씨가 이보다 더 심한 말도 했다고 믿고 있다. 신흥우와 여운형이 내게 서북파의 비양심적인 음모와 계획을 분쇄하기 위해 충직한 기호인들로 구성된 결사를 만들자고 제안했다. 난 이 제안에 대해 장고(長考)를 거듭한 끝에 여 군에게 이렇게 말했다."[53]

"①서북파, 특히 평안도인들은 오랜 세월 동안 억압을 받아온데다 자기들끼리 신분상의 이질감이 없기 때문에 응집력이 강한 편이다. 서북인들은 기호인들보다도 더 쉽사리, 더 기꺼이 기독교로 개종해 다른 지역 주민들보다 더 빨리 현대 교육을 접할 수 있었다. ②서북인들이 다른 지역의 조선인들과 비교해 응집력이 강하고 교육을 더 많이 받았기 때문에, 기독교계, 재계, 관계 등 모든 분야에서 지도자들로 부상했다. 그들이 결집할 수 있는 건 흥사단과 같은 조직과 안창호 같은 지도자가 있기 때문이다. ③그들은 일본인들보다 기호인들을 더 증오하기 때문에, 일본인들에게 아첨해서 기호파에 대한 비열한 계략을 동원하는 데 주저치 않을 것이다. ④일본인들은 조선인들을 분열시키기 위해 파벌싸움을 기꺼이 활용할 것이다."[54]

"이 네 가지 사실에 비추어볼 때, 우리 기호인들은 뭘 해야 하나? 내 생각엔 다음 세 가지 중 어느 하나일 것이다. ①분파기관으로 기호인들의 결사를 만들 건가? 아니다. 기호인들은 서북인들처럼 하나의 결사로 결집할 만큼의 응집력이 없다. 이렇게 성공 가능성이 희박한 걸 시도해봤자 상대편의 비웃음만 살 뿐이다. ②응집력 있는 결사를 만드는 건 어렵다고 보고 기독교계나 재계나 관계에서 사적인 증오와 대립을 일삼는 건 어떨까? 아니다. 내 생각엔 이것 역시 매우 유치하고 어리석은 짓이다. ③그렇다면 서북파 지도자들에게 신사적으로 나아가자. 그들과 허심탄회하게 교류하고, 그들에게 어떤 계략도 쓰지 말자. 좋은 일이면 뭐든지 그들과 협력하고, 그들이 잘못된 행동을 할 때에는 반대하는 데 주저치 말자. 내 생각엔 조직화된 싸움을 벌이거나 사적인 대립을 일삼는 것보다는 이렇게 하는 것이야말로 궁극적인 견지에서 그들을 이기는 것이다. 일본인들에게 조선인들의 분열을 활용할 기회를 제공해서는 안 된다."[55]

1935년 3월 24일, 윤치호는 자신의 일기에서 이렇게 말했다.

"오후에 중앙호텔에 머물고 있는 안창호 씨를 방문했다. 그를 단독으로 면담한 건 이번이 처음이었다. 그는 극심한 반남(反南) 파벌주의자라는 내용으로 자기에게 쏟아지고 있는 비난을 반박했다. 그의 설명이 모두 사실이라면, 안 씨와 관계를 끊은 쪽은 오히려 이승만 박사였다. 안 씨는 훌륭한 얘기꾼이었다. 그는 조선인들에게 지역적 적대감을 부추기느니 차라리 죽음을 택하겠다는 말로 자기 얘기를 마무리했다."[56]

소영현은 "상공인을 중심으로 한 서북지방의 신흥 중간계급과 기호지방의 청년 학생층을 비롯한 개화지식인층을 양대 축으로 출신 지역에 따른 분파 의식과 서로에 대한 배척 감정이 해외에 거주하는 조선인 사이에까지 널리 퍼져 있었다"며 "기호파에 대한 서북파의 거부감은 양반을 중심으로 운용되던 조선의 신분제에 대한 저항이나 거부의 감정과 무관하지 않다"고 했다.[57] 물론 서북파에 대한 기호파의 거부감도 마찬가지로 설명될 수 있을 것이다. 이런 관점에서 보자면 당시 지역갈등의 주요 동력은 신분제의 붕괴와 그에 따른 새로운 헤게모니 투쟁과 관련된 것이었다고 할 수 있겠다.

일본인을 합법적으로 두들겨 팰 수 있는 방법

일제강점기의 지역주의를 어떻게 보건, 한 가지 분명한 건 축구 흥행의 인프라는 어느 나라를 막론하고 지역성이라고 하는 사실이다. 그러나 그 지역성은 언제든 국가성·민족성으로 전환될 수 있는 폭발성을 갖고 있다. 일제가 두려워한 것도 바로 이 점이었다. 윤치호의 1934년 11월 2일자 일기엔 이런 대목이 나온다.

"오전 11시에 경성운동장에서 개회식이 거행되고 난 후 여러 종류의 운동 경기가 펼쳐졌다. 날씨는 추웠고, 운동장은 논보다 조금도 나을 게 없었다. 이런 까닭에 축구 팀들이 곤욕을 치렀다. 일본 당국, 즉

시, 도, 아니 총독부가 조선 청년들이 스포츠를 배우려고 노력하는 건 조금도 격려하지 않는 게 이목을 끈다."[58]

그러나 총독부가 격려하지 않아도 조선인들은 스스로 스포츠를 통해 맺힌 한(恨)을 분출하고자 했다. 윤치호의 1934년 9월 25일자 일기다.

"일본인들에 대한 조선인들의 보편적인 정서를 알고 싶으면, 어느 종목이든 일본 팀과 외국 팀 간에 운동경기가 벌어지는 곳에 가서 조선인 관중들의 태도를 지켜봐라! 작년에 경성운동장에서 필리핀 선수와 일본 선수 간에 권투경기가 열렸다. 조선인들은 필리핀 선수가 일본 선수에게 유효타를 날릴 때마다 열렬히 환호했다. 조선 청년들이 권투를 그토록 열광적으로 좋아하는 이유는 조선인이 일본인을 원 없이 두들겨 패고도 경찰서에 끌려가지 않기 때문이란다. 난 이런 게 바람직한 건 아니라고 생각한다. 그러나 이건 옳고 그름과 상관없는 엄연한 현실이다."[59]

'세계적으로 우러러보는 새로운 영웅 한 분'

1935년 10월 21일 밤 경성운동장(현재 동대문운동장) 특설 링에서 여운형이 6,000여 명의 서울 시민 앞에서 일장 연설을 했다. 플라이급 권투선수 서정권(1912~1984)의 귀국 환영 경기를 격려하기 위한 연설이었다. 전 일본 아미추어 권투선수권자이며 프로권투 세계 랭킹 6위였던 서정권은 1931년 여름에 도미하여 3년간 총 54회의 대전기록을 세우며 미국 서해안 일대의 권투 강자로 군림했다. 이날 귀국 환영 경기는 미국에서 활약하는 스페인계 라슈 조와 치러졌는데, 서정권의

윤치호는 일기에서 "조선 청년들이 권투를 열광적으로 좋아하는 이유는 일본인을 원 없이 두들겨 패고도 경찰서에 끌려가지 않기 때문"이라고 했다. 사진은 1933년 1월호 『중앙』에 실린 서정권의 미국 활약을 다룬 기사 「조선권투계의 지보 서정권군의 분석가―그는 어떠케 양키들을 경도시켰나?」.

판정승으로 끝났다. 이 귀국 환영 행사 때 조선총독부가 카퍼레이드를 위해 차를 내주는 등 서정권의 인기는 하늘을 찔렀다. 『삼천리』1935년 11월호는 다음과 같이 말했다.

"이 5척 어린 청년 앞에 전 세계의 코끼리 같은 양키들이 길을 피하고, 그의 앞에 무릎을 꿇음에 우리들은 그와 피와 산천을 같이 하였음을 열광이라 하지 않을 수 없다. ······이리하여 아, 동방에도 우리 반도에는 세계적으로 우러러보는 새로운 영웅 한 분이 나타났다. 우리는 그의 장래를 빌며 그가 현재의 제 6위로부터 제 1위에 오를 날이 하루 급하기를 빌 따름이노라."[60]

신여성 사이에서도 권투는 대인기였다. 『신여성』 1933년 10월호는 "요즘 한창 유행하는 권투시합에는 의례껏 남성보다 여성군이 보다 더 열광한다"고 했다. 『조선일보』 1933년 11월 19일자는 "요사히 권투가 조선에도 수입되어 부녀들도 '링사이드'에서 손뼉을 친다"고 했다. 1933년 여학교 졸업생을 대상으로 한 설문조사에서 "어떠한 취미의 남편을 바라는가"를 묻는 항목에서 전체 408명 중 스포츠가 150명(36.8퍼센트)으로 단연 많았다.[61]

권투의 인기도 그러했을진대 축구의 경우엔 더 말해 무엇하랴. 이상 살펴본 바와 같이 일제 치하에서의 축구는 카타르시스였다. 프로이트는 인간은 공격을 표현함으로써 분노의 감정을 감소시킬 수 있다고 보았다. 프로이트는 이런 과정을 정화 또는 카타르시스라고 하였다. 프로이트의 카타르시스 이론은 우리는 내부에 공격적 에너지의 저장소를 항상 지니고 있다고 가정한다. 늘 발산시켜버려야 할 공격성을 어느 정도 갖고 있다는 것이다.[62] 축구를 통해 그 공격성을 발산하지 않으면 안 되었던 한국인들의 억눌린 상태는 해방이 되었다고 일시에 해소될 수 있는 건 아니었다. 그들에겐 또 다른 종류의 억압이 기다리고 있었다.

"세계 범죄 사상 전무후무한 범죄기록"

조선은 '샤머니즘의 천국'

일제강점 후 무속을 기조로 한 신흥종교들이 크게 늘었다. 그야말로 우후죽순(雨後竹筍) 격이었다. 이를 전통적 윤리와 가치관이 무너지기 시작한 것에 대한 반작용으로 보는 시각이 있다.[63] 이에 그 어떤 불길함을 느꼈던 걸까? 일제는 강점 후 미신 타파에 열을 올렸다.

이에 대해 황루시는 "사실상 무속을 미신으로 규정한 것도 일제시대 때의 일이다"며 "일본은 무속신앙을 통해서 우리 민족이 유지해온 공동체적 삶의 질서와 의식을 파괴하기 위하여 마을마다 있던 당집을 부수고 미신타파운동을 벌였던 것이다"고 주장했다.[64]

1919년 3·1운동 때 항간에 퍼진 비의적(秘義的) 미신은 모두가 항일적인 선동과 밀접한 관련을 맺고 있었다. 해나 달을 보면서 일본이 망할 징조를 찾아내는 '게임'이 유행하였다. 3·1운동 이후 벌어진

산발적인 만세운동도 미신과 관련이 있었다. 예컨대, 어느 날은 만세를 부르는 날이며 그날 열 번 만세를 부르면 집안이 잘 되고, 스무 번을 부르면 광복이 된다는 식이었다. 이런 내용을 종이에 써서 몰래 퍼트리면 복을 받지만, 그렇게 하지 않으면 천벌을 받는다는 내용도 곁들여졌다.[65]

1920년대에 이른바 '문화통치'로 돌아선 일제는 사회 각 분야에 대한 친일화 공작에 들어갔는데, 이때에 무속도 포섭 대상이었다. 단속에서 간접통제로 전환한 셈이었다. 임종국에 따르면, "이들은 조선인의 무속신앙을 치안공작에 이용하기 위해서, 면허제로써 무당사회를 무면허자와 면허소지자로 분열시킨 후 면허소지자를 친일 경신교풍회(敬神矯風會)로 조직화시켰다. 이 회에 소속한 무녀들은 당국의 보호로 영업을 계속하면서 굿과 예언·신탁 등을 빙자하여 반독립 정치선전 및 첩보활동 등을 수행하였다."[66]

일제의 그런 정치적 악용이 겹쳐 미신은 수그러들기는커녕 더욱 기승을 부렸다. 『경향신문』은 1920년대의 조선을 '샤머니즘의 천국'으로 보면서 다음과 같이 말했다.

"1920년대에 '숭신인조합'이라는 것이 있었다. 점쟁이나 무당들이 모여 이익을 도모하는 색다른 조합이었다. 점치는 일을 업으로 삼는 맹인, 즉 판수들의 도가가 있어서 지역별 또는 지방별 연결망에 배치하는 일을 맡았다. '전내집'으로 일컫는 무당집도 수도 없이 많았다. 또 국사당이라 하여 규보가 큰 굿을 하는 집으로는 노량진·남산·자하문 밖이 유명했다. 이들 지역에선 밤낮없이 요란한 타악기 소리와 무당들의 넋두리 소리가 높았다."[67]

숭신인조합(崇神人組合)은 1920년에 결성돼 1926년까지 존속했는

일제는 조선인의 무속신앙을 치안공작에 이용하기 위해서 무당에게 면허를 발부했으며, 면허소지자를 친일 경신교풍회로 조직화시켰다. 사진은 당시 무당의 모습.

데, 경찰로부터 인기를 얻어 전국에 지부를 두었다. 일제는 모두 여기에 가입케 해 지배하는 방식을 썼다.[68] 미신타파엔 일제뿐만 아니라 기독교 사회주의 진영, 우파 민족주의 진영도 일심동체였다.

1920년대엔 비교적 민중의 신뢰를 받는 『조선일보』, 『동아일보』 등이 미신타파에 앞장섰다. 미신을 증오하게끔 만드는 데에 열성이었다. 일제 당국이 미신타파에 수동적이며 미온적인 태도를 보인다고 비판하기까지 했다. 조선총독부가 조선 사람들을 미신으로 인도하여 부패하도록 하려는 음모일지도 모른다는 여론도 있다고 소개할 정도였다. 이들은 더 나아가 부분적으로는 세시풍속(歲時風俗)을 비롯하여 조선 사람의 일상생활까지 미신으로 또는 몰가치한 문화로 부정했다.[69]

『매일신보』는 1921년 평양의 박람회에서 공연된 봉산탈춤을 거론하면서 특히 노승과 소무의 춤을 겨냥한 듯 별별 괴악 추잡한 행동을 기탄없이 행하는 야만의 오락이라 비판하고서는 이를 지적한 청년단체에 찬사를 보내는 논설을 싣기도 했다.[70]

인육영약설(人肉靈藥說) 사건

사람 고기가 좋은 약이라는 이른바 인육영약설(人肉靈藥說)은 일제강점기 내내 수많은 사건들을 낳았다. 1910년대의 『매일신보』엔 그런 엽기 뉴스가 많다. 몇 가지만 살펴보자.

1911년 8월 황해도 신계군에서 6세 여아를 죽여 음핵을 절취한 사건이 일어났다. 그걸 먹으면 간병(癎病)이 즉시 없어진다는 미신으로 일어난 사건이다. 1913년 6월 경남 고성군에서 13세 된 남자아이가 산속을 지나다 쓸개를 강탈당할 뻔했는데, 때마침 지나는 사람들이 있어 구출된 사건이 일어났다. 사람의 생 쓸개는 문둥병에 특효약이라는 식의 담취만습(膽取蠻習) 미신이다.

1913년 6월 전북 금산군에선 삼남매가 단지(斷指)를 해 병든 어머니에게 피를 먹였다. 『매일신보』 6월 10일자에 따르면, "세 자녀의 피를 먹은 그 모친은 그 피가 비록 그 병에 약될 바는 아니나 지극한 정성이 신명을 감동함이었던지 거의 죽었던 목숨이 다시 회생되어 지금은 전혀 쾌복되었으므로 어린 소년 삼남매의 고금에 드문 효성을 사람마다 칭송한다더라."

1917년 7월 황해도 해주군에선 미친 처를 낫게 할 목적으로 사람의 뇌 골을 얻기 위해 살인을 저지른 사건이 일어났다. 범인은 죽은 사람

의 머리를 작두로 찍어 가르고 뇌 골을 꺼내려다 스스로 무서운 생각
이 들어 그냥 시체를 파묻었다고 한다.[71]

　1930년대에도 '인육영약설' 사건은 끊이지 않고 일어났다. 1933년
6월 서울 충정로의 한 공터에서 3세가량으로 보이는 어린애의 머리
가 발견되자, 신문은 이후 20여 일간 '젖먹이 아이의 목 잘리운 사건',
'어린아이 머리 베인 사건', '어린아이 머리 베어버린 사건' 등으로 부
르면서 연일 보도하였다.

　어린애의 머리엔 칼로 골을 빼낸 자국이 있었다. 당시엔 사람의 고
기, 해골, 간 따위를 먹으면 불치의 병이 낫는다는 미신이 우매한 사
람들 사이에서 꽤 보편화돼 있었으며, 실제로 그런 사건들이 일어나
곤 했다. 이 사건도 바로 그런 경우였다. 결국 붙잡힌 범인은 아들의
간질병을 고치려고 한 아버지였다. 죽은 지 얼마 안 된 어린애의 무덤
을 파헤쳐 머리를 자른 뒤 골을 빼내 아들에게 먹인 것이다.

　1934년 1월 충북 보은에선 24세 된 젊은이가 아버지의 병을 고치
려고 자신의 다리 살을 베어 회를 쳐서 쇠고기라고 속이며 올린 사건
이 있었고, 1934년 2월 경남 동래에선 3세 먹은 한동네 아이를 죽여
생간(生肝)을 먹은 사건 등 '인육영약설 사건'은 꼬리를 물고 계속 일
어났다. 이즈음 어린애를 잡아먹고 사형을 받은 전인석이란 자는 재
판장의 물음에 "아이의 고기 맛이 소고기 맛 같습디다"라고 천연덕스
럽게 말해 사람들을 경악케 했다.[72]

380명을 죽인 백백교 사건

일제시대를 통틀어 미신으로 인한 최악의 비극은 아무래도 1937년의

'백백교 사건'일 것이다. "한 사람의 흰 것으로 천하를 희게 하자"는 종지(宗旨)에서 연유된 이름인 백백교는 평남 덕천 태생의 동학교도 전정운이 1900년에 창시했다. 1930년 신도 살해사건으로 백백교 간부 10여 명이 무기징역에서 징역 5년까지 법의 심판을 받았지만, 전정운의 둘째 아들 전용해는 건재해 새로운 교주로 백백교를 계속 이어갔다.

전용해는 "곧 심판의 날이 온다. 너희가 전국 53곳의 피난처에 가 있으면 난 금강산에 은거한다. 그때 천부(天父)님이 내려오셔서 난 임금이 되고 너희는 헌금을 바치는 순서대로 벼슬을 받아 날 모시게 된다"고 주장하면서 무지몽매한 농민들을 끌어 모았다.

전용해와 그의 일당들은 남녀 신도들의 고혈을 짜 재산을 통째로 상납하게 하고 돈이 없으면 딸이라도 바치게 해 성적 노예로 삼았다. 또 자기의 정사(情事)를 여신도들이 지켜보게 하고는 이를 '신(神)의 행사'라고 했다. 이에 불만을 가지는 교도가 있으면 가차 없이 죽여버렸다. 이때 살인을 담당한 간부들은 스스로를 '벽력사(霹靂使)'라고 불렀다.[73]

너무나 흉악한 범죄였기에 수사가 진행되는 동안 보도를 전면 금지했던 경찰은 두 달이 지난 1937년 4월 13일에야 보도금지를 해제하고 수사결과를 발표했다. 『조선일보』1937년 4월 13일자 호외는 다음과 같이 보도했다.

"동대문서 고등계는 지난 2월 16일 밤 10시를 기해 필사적으로 백백교 검거에 나섰다. 두 달여의 활동에 의해 백백교의 죄상이 청천 백일하에 폭로되었다. 백백교는 이름만은 종교단체이나 그 내용에 있어서는 순전한 사기, 부녀자 능욕, 강도, 살인 등을 거침없이 한 흉악무

兇暴의極·慘虐의絶·魔道白白教罪狀

朝鮮日報 外號

官爵을食餌삼아
愚氓을欺瞞騙財
不平敎徒를京城本部로誘引
一家族單位로慘殺

得敬 李 格謀總

毒手에慘殺된教徒
判明者만百五十八名
推定被殺者男女四百餘名
犯罪史上空前의慘記錄

生地獄天金礦苑

大金礦으로擬裝한
兇慘秘密·屠人
可和世! 呪文으로無
北斗使가時

天羽金礦開鑛式

백백교는 동학교도 전정운이 창시했으며, 그의 둘째 아들인 전용해가 교주가 되면서 범죄단체화되었다. 전용해는 많은 여신도들 앞에서 정사(情事)를 벌이고 이를 보게 했으며, 자신에게 불만이 있는 자는 가차 없이 죽였다.

도한 결사다. 소위 교주된 자와 그 간부가 되는 자들은 우매한 지방 농민들을 허무맹랑한 조건으로 낚아 재산을 몰수하고, 부녀자의 정조를 함부로 유린한 후 그 비밀을 막기 위하여 수단을 가리지 않고 닥치는 대로 살육을 감행했다. 교도 중에서 피살된 자가 400여 명으로 추정되고, 현재 판명된 자만도 158명에 달한다. 전율할 숫자는 세계 범죄 사상 전무후무한 범죄기록이 될 것이다.”[74]

경찰은 강원 평강, 경기 연천 등을 돌아 1937년 6월 8일 양평지역에서 시체 발굴 작업을 계속했는데, 이때까지 발견된 유골이 무려 380구에 이르렀다. 전모가 탄로 나자 전용해는 산 속으로 들어가 자살한 것으로 전해지며, 나머지 핵심 간부 12명도 1940년 경성(京城) 법원에서 사형을 선고받았다. 『동아일보』 1940년 3월 20일자는 “세계 역사상 가장 무서운 범죄라는 기록으로, 다른 자랑할 것이 없는 우리는 후세에 가서도 이 부끄러움을 무엇으로도 씻을 수 없게 되었다”고 개탄했다.[75]

일제의 종교정책

송건호는 백백교 참사는 일제의 사교(邪敎) 장려책과 무관치 않다고 주장했다. 그는 1934년 사교가 39종이고 신도 수가 7만 5,000여 명이었으나 1935년에는 127종에 신도 수가 약 3배로 늘어났고, 1936년 8월 미나미가 총독으로 부임한 후에는 사교를 더욱 공공연히 비호 · 장려해 산중이나 농어촌은 물론 서울 시내까지 더욱 만연해졌다고 주장했다.

“특히 미나미는 민족주의 색채가 짙은 천도교와 일제의 총독 정치에 반항하는 기독교세력을 억누르기 위해 의식적으로 이런 사교 장려책을 썼던 것이다. 미나미의 취임 후 사교의 보급 상황이 어떠했는가는 보도관제로 알 길이 없었으나 그들의 사교 장려책은 뜻하지 않게도 백백교 사건으로 폭로되고 말았다. 백백교의 본거지가 남산 밑 일인 주택가인 이른바 사쿠라이마치에 있었다는 것 자체가 우연이 아니다. 일제는 당초 이 사건을 흐지부지 처리할 생각이었으나 사건이 너무 끔찍하고 어마어마해 조선인들의 여론이 비등해 우물쭈물 시간을 끌다가 언론통제가 100퍼센트 실시된 1939년 4월에야 첫 공판을 열었다. 조선인의 민족정신을 마비시키기 위해 일본 신사를 보급, 참배를 강요하고 천도교를 억압, 사교를 장려하는 등 일제의 식민통치가 얼마나 악랄하고 잔인했던가를 알 수 있다."[76]

전봉관은 "식민지 시대 어수선한 사회 분위기 속에서 갖가지 신흥종교가 우후죽순처럼 생겨났다. 동학계의 천도교·시천교·상제교, 증산계의 보천교·흠치교·태을교, 단군계의 단군교·대종교·칠성교·관성교 등 총독부가 파악한 것만 해도 70여 개에 달했다. 밀교의 형태로 운영된 것은 그보다 몇 배나 많았다"며 다음과 같이 말했다.

"총독부는 신도(神道), 불교, 기독교만을 종교로 인정하고, 나머지는 모두 '유사종교'로 분류했다. 종교는 학무국 종교과의 '관리' 대상이었지만, '유사종교'는 경찰서 보안과의 '단속' 대상이었다. 총독부에 의해 '유사종교'로 규정된 신흥종교를 모두 사교나 사이비 종교로 치부할 수는 없다. 가령 천도교는 백백교와 같은 동학에 뿌리를 둔 종교이지만, 1910년 교인 수가 100만을 넘었고 독립운동과 민중계몽운동에 주력했다. 현상적으로는 백백교처럼 사악한 종교가 분명 존재한다. 그러나 자신의 종교가 사악한 종교라고 생각하는 신자는 아무도 없다. 근대 이후 새롭게 등장한 신흥종교들은 교리상으로 큰 편차가 없다. 인존사상과 민중사상, 후천개벽사상과 지상천국신앙, 구세주신앙과 선민사상, 조화사상과 통일사상, 해원(解寃)사상과 전통문화계승사상은 거의 모든 신흥종교의 공통된 교리다. 오용될 소지는 있지만 그 자체가 나쁜 것은 아니다."[77]

백백교가 저지른 "세계 범죄 사상 전무후무한 범죄기록"에도 불구하고 훗날 한국은 세계적인 '종교 백화점'으로서 그 어떤 나라에서도 찾아보기 어려운 '종교 다원주의'의 면모를 과시하게 된다. 한국은 새뮤얼 헌팅턴이 주장한 '문명의 충돌'에 대한 해답까지 제공해줄 수 있는 화이부동(和而不同)의 나라로 우뚝 선다.

03

"마작을
철저히 박멸하자"

서민층에 유행한 〈화투타령〉

일제 치하에서 조선인은 그들의 전통적인 놀이문화마저 일제에 의해 규제당했다. 일제는 "조선 농부의 농사는 전적으로 축제의 소동"이라며 농악을 '낭비적' 민속으로 적대시하고 탄압했다. 이는 두레가 쇠퇴하고 소멸하는 데에 큰 영향을 미쳤다.[78]

일본인들에게 그 어떤 악의도 있었겠지만, 조선인보다 '호모 루덴스(homo ludens, 놀이하는 인간)' 기질이 약한 그들이 일과 놀이를 구분하지 않은 채 놀면서 일하고 일하면서 노는 문화를 이해할 리는 만무했으리라. 일제의 의해 왜곡된 놀이문화의 빈 곳을 화투가 파고들었다. 일제시대 서민층에선 〈화투타령〉까지 유행했다.

"정월 솔에 쓸쓸한 내 마음/ 이월 매화에 매어놓고/ 삼월 사쿠라 산란한 내 신세/ 사월 흑싸리에 축 늘어지네/ 오월 난초에 나는 흰나비/

유월 목단에 웬 초상인가/ 칠월 홍돼지 홀로 누워/ 팔월 공산 허송한
다/ 구월 국화 굳어진 내 마음/ 시월 단풍에 우수수 지네/ 동지 오동
에 오신다던 님은/ 섣달 비 장마에 갇혀만 있네"

황상철은 "화투의 1(솔)부터 12(비)까지를 각 달과 연결시켜 식민지
백성의 '허무한 삶' 을 읊고 있다. 일제시대 때 이미 화투가 서민층에
게 널리 퍼졌음을 보여주는 것이기도 하다. 일본에서 들어온 화투로
나라 잃은 백성의 무력감을 짙게 드러낸 것도 흥미롭다"며 "민속학자
들은 화투의 전래시기보다는 화투노름이 일제시대 급속도로 확산됐
다는 점에 더욱 주목한다. 일제시대 들어 각계각층으로 급격하게 전
파된 데에는 일제의 식민지 지배정책과 관련이 있을 것이라고 보고
있는 것이다. ……나라 잃은 백성의 저항의식을 막기 위해 화투를 보
급했으며, '조선의 몸과 정신' 을 노름판에서 탕진하도록 한 일제의
의도가 숨어 있다는 것이다"고 했다.[79]

1934년 전 조선을 떠들썩하게 만들었던 중앙보육학교 박희도 교장
의 '여제자 정조유린' 사건에서 '키스내기 화투' 가 등장하는 걸 보더
라도 당시 화투의 인기가 대단했다는 걸 알 수 있다.[80]

1935년 『동아일보』는 창간 15주년 기념으로 '농촌오락의 조장과
정화의 구체적 방안' 이라는 제목으로 원고 공모를 했다. 당시 응모자
는 많았으나 채택할 만한 것은 없었다. 그러자 『동아일보』는 민속학자
인 송석하에게 의뢰하여 「농촌오락의 조장과 정화에 대한 사견: 특히
전승오락과 장래오락의 관계에 취(就)하여」라는 원고를 받아 1935년
6월 22일부터 7월 10일까지 신문에 게재했다. 송석하는 화투놀이가
농어민 층에 편재했다고 했으며 등산과 낚시를 새로운 오락으로 지적
했다.[81]

화투와 쌍벽을 이룬 마작

일제치하에서 화투와 더불어 도박의 쌍벽을 이룬 건 마작이었다. 1920년대 후반부터 마작의 피해가 집중적으로 나타났지만, 조선총독부는 1930년 12월 경성에 30여 개소의 마작구락부를 허가했다. 전봉관은 "'문화도시' 경성에 공인된 도박장을 허가해서는 안 된다는 여론이 드세게 일었지만, 마작은 '게임'이지 도박이 아니라는 총독부의 고집을 꺾을 수 없었다"며 "'게임산업'을 육성하겠다는 총독부의 의지 덕분에 마작구락부는 전 조선으로 급속히 퍼져나갔다. 6개월 만에 경성의 마작구락부는 50여 개소로 늘었고, 허가를 기다리는 업소도 100여 개소에 이르렀다"고 했다.

"1년 후 인구 30만인 도시 경성의 마작 인구는 3만여 명, 매일같이 마작으로 밤을 새우는 중독자도 3,000여 명에 달했다. 대공황 직후 유사 이래 최악의 불황에 시달리던 조선에서 유독 마작구락부만 호황을 구가했다. 폐해는 막대했다. 시아버지와 며느리가 마작 패를 속였다고 주먹다짐을 하고, 마작으로 학비를 탕진한 학생은 좀도둑으로 전락했다. 귀족, 교장, 학사, 교회간부, 회사중역은 도박 혐의로 줄줄이 체포되었다. '마작은 하되, 마작으로 도박은 하지 마라!'는 총독부의 명령을 어긴 탓이었다. 그러나 1930년대 마작 열풍의 진짜 원인은 총독부의 게임산업 육성정책이 아니었다. ……일하고 싶어도 일자리가 없고, 사랑하고 싶어도 사랑을 받아줄 사람이 없고, 나라꼴도 엉망이고……. 아편이든 마작이든 마음 붙일 곳이 필요했던 것이다."[82]

그래도 언론까지 속수무책으로 바라만 보고 있을 순 없었을 게다. 월간 『삼천리』 1932년 2월호엔 「여론의 위력으로 마작을 철저히 박멸하자」라는 글이 실렸다. 이 글은 마작이 오락이 아닌 이유로 ①마작은 그것을 하는 시간이 너무도 길어서 밤을 밝히는 것 ②마작은 하는 도구, 하는 장소, 내기 등 비용이 많이 드는 것 ③마작은 지식을 증진 시키지 못하고 정신을 혼탁케 하는 것 ④마작은 하는 사람의 어깨를 졸라매고 가슴을 좁게 해서 호연한 원기를 도리어 말살시키고 돈내 기, 담배내기로 승부를 결하는 것이어서 순전한 도박성을 가진 것 ⑤ 마작은 풍기를 해하고 범죄를 양성할지언정 교화는 결코 못되는 것 등을 들었다.[83]

1937년 2월 한 '원남동 주부'는 일간지 독자상담 코너에 다음과 같 은 하소연을 했다.

"세상에 이런 일이 있습니까? 남편은 아침에 나가면 일러야 새벽 2 시~3시 그렇지 않으면 밤을 새우고 들어옵니다. 옷은 사흘돌이로 갈 아입혀 보내지만, 언제나 까무잡잡하게 검어지는구려. 어디 갔다 오 는 길이냐고 물으면, 온종일 마작구락부에 있었답니다. 대체 어찌해 야 좋습니까?"

상담자는 다음과 같은 '계책'을 제시했다.

"정말 딱한 일입니다. 마작구락부에 모인 마작당(黨)들은 밥도 굶습 니다. 청요리나 빵조각을 물고 온종일 한자리에 앉아서 버팁니다. 마 작에 반한 사람 이야기를 들으면 패를 들고 앉으면 세상일이 모두 뜬 구름 같고, 세월이 가는 줄 모르며 뼛속까지 짜릿하게 재미가 난다고 합니다. 바깥양반은 아마도 웬만한 충고를 해서는 마음을 돌리지 않 을 것입니다. 그저 가만히 두고 보다가 한번 크게 혼을 낼 계책을 생 각하십시오. 밤늦도록 놀다가 돌아와 곤히 잘 때, 옷을 전부 치워버리 고 벌거숭이로 만들어놓은 다음, 뭐라고 말하더라도 듣지 말고, 밥만 먹이며 사나흘 동안 가둬두시는 것도 한 가지 계책일 듯합니다."[84]

1932년 1월 24일자 『조선일보』에 실린 안석영의 만문만화. 마작이 호황을 누리던 당시 세태를 풍자해 마작구락부 간판이 거리를 가득 메우고 있는 모습을 그리고 「사람의 성도 마작으로」라며 비꼬고 있다.

일제의 엽기적인 아편정책

1930년대 김유정의 단편소설들엔 노름이 자주 등장한다. 강심호에 따르면, "김유정은 노름을 주변적인 사회현상으로 보면서도, 노름에 대해서 도덕적으로 단죄하거나 부정적인 비난을 하지 않는다. 그렇다고 긍정하지도 않는다. 그 까닭은 그것이 당대의 농민들이 취할 수밖에 없는 삶의 태도 그 자체였기 때문일 것이다. 전통적인 농업사회에서 존중받는 노동의 형태로는 새로운 경제 체제하에서 속수무책이었기 때문에 취하게 되는 태도가 노름이요, 일확천금 바라기요, 아내팔기였기 때문인 것이다."[85]

아내를 팔아먹을 정도로 노름에 빠진 이들이 아편을 두려워할 리는 만무했다. 이미 1920년대부터 오남용되기 시작한 아편은 1930년대 들어 더욱 기승을 부렸다. 앞서도 지적했지만, 일제의 아편정책은 엽기적이었다.

1909년 상하이에서 개최된 국제아편회의에 의해 아편은 국제적으로 생산 및 수출이 금지 또는 제한되었다. 그러나 일본은 아편을 자신들의 점령지 안에서 점진적으로 금지시킨다는 명분으로 합법적이고 공개적으로 판매함으로써 국제조약을 위반하면서 엄청난 이익을 얻고자 했다.[86] 일제는 소비지와 생산지를 분리시키는 정책을 썼다. 식민지 가운데 아편 소비인구가 거의 없는 조선과 이란, 터키 등지로부터 아편을 수입해 아편 소비지역인 대만, 관동주, 만주국 등 중국인이 많이 거주하는 지역에 판매한 것이다.[87]

1920년 1톤 정도에 불과하던 조선의 생아편 생산량은 1930년대 후반에는 30톤으로 늘어났다. 전봉관은 총독부는 조선산 아편을 전매하여 직할 공장에서 모르핀으로 가공했는데, 양귀비 보호를 위해서 아편연(阿片煙) 흡연을 막았고, 모르핀 판매를 위해서 모르핀 사용을 묵인하는 수법을 썼다고 했다.

"모르핀은 아편을 정제한 물질이었다. 아편연에 비해 값도 싸고, 사용하기도 간편했다. 효능과 해악에는 차이가 없었지만, 총독부는 아편과는 달리 모르핀에 관한 한 한없이 너그러웠다. 아편 밀매업자가 징역 6개월 이상 7년 이하의 중형에 처해졌음에 반해, 모르핀 밀매업자는 구류 며칠이나 100원 남짓한 벌금형에 처해졌다. 아편연 흡연자는 3년 이하의 징역형을 살았지만, 모르핀을 주사한 자는 무죄였다. 모르핀 밀매업자들은 일주일에 한 번씩 잡혀가 100원씩 벌금을 물고 나와도 수지타산을 맞출 수 있었다."[88]

'모르핀 권하는 사회'

총독부가 1930년 4월부터 모르핀 전매제와 함께 실시한 중독자 등록제는 더욱 엽기적이었다. 이는 모르핀 중독자로 등록하면 '치료' 명목으로 저렴한 가격에 모르핀을 공급하는 제도였는데, 의사에게는 치료 목적의 모르핀 사용을 무제한 허용했다.

전봉관은 "사실상 총독부가 앞장서서 모르핀 주사 맞으라고 부추긴 셈이었다. 총독부의 해괴한 아편 정책 덕분에 아편 흡연 풍속이 없던 조선에 모르핀 중독자가 급속히 증가했다. 1920년 1만여 명 정도로 추산되던 모르핀 중독자는 1930년 7만여 명으로 늘었다. 가끔씩 모르핀 주사를 맞는 사람은 그보다 10배는 많았다"며 다음과 같이 말했다.

"모르핀 중독자들은 모르핀을 얻기 위해서 수단과 방법을 가리지 않았다. 논을 팔고, 밭을 팔고, 딸과 아내까지 팔아넘겼다. 깡통을 차고, 좁쌀부대를 두르고 '한 푼 줍쇼' 동냥을 하다가 그마저 신통치 않으면 도둑질을 해서라도 모르핀 값을 벌었다. 모르핀 중독자들은 1원을 구하면 90전은 모르핀을 사고, 10전으로 끼니를 해결했다. 일시적 쾌락을 얻기 위해 모르핀의 유혹에 빠져든 상류층도 적지 않았지만, 대부분의 모르핀 중독자들은 가난과 병마에 시달리던 서민이었다. 서민들은 감기에 걸리거나 배탈이 나면 병원 대신 모르핀 밀매업자가 운영하는 '주사옥'을 찾기 일쑤였다. 서울 시내에만 100여 곳의 '주사옥'이 암암리에 성업했다. 1928년에는 장질부사(腸窒扶斯, 장티푸스) 치료를 위해 모르핀 주사를 맞은 환자 90여 명이 떼죽음을 당하는 비극이 연출되었다. ……일부 비양심적 의사들은 환자 유치를 위해 모르핀을 남용했고, 밀매업자들은 의료의 사각지대에 놓인 서민들을 유혹했다. 아픈 곳도 많고 근심걱정이 끊이지 않았던 시절, 총독부와 비양심적 의사, 밀매업자가 한목소리로 '모루히네(모르핀)'를 권했다."[89]

이 정도였으니, 박열이 일제가 조선인의 멸망을 위해 아편정책과 매독정책을 쓰고 있다고 비판한 것도 무리가 아니다. 강상중은 "식민지 조선은 일본 본토에 이익을 제공하는 장소였을 뿐만 아니라, 본국에서 감당하기 어려운 '방탕아들', 곧 범죄자, 빈민, 그 밖의 바람직하지 않은 '과잉인구'를 내보내는 장소로서 유용했다"고 지적한 바 있다.[90] 과연 일제는 그런 목적 달성을 위해 적당한 수준의 조선 멸망을 원했던 걸까?

04

"낙제하는 경우에는
자살하겠다"

일본 유학생 1만~3만 시대

1930년대의 교육열은 앞서 '교육·과학·우생계몽운동'을 다루면서 소개한 바 있지만, 여기선 그 풍경을 좀더 자세히 살펴보기로 하자. 1933년 『동아일보』조사부의 통계자료에 따르면, 조사 대상 중류층 3만 1,578명의 학력은 무학 58.14퍼센트, 보통학교 졸업 18.64퍼센트, 강습소나 야학 수학자 15.67퍼센트, 중등 과정 6.90퍼센트, 전문학교 이상 0.6퍼센트 등이었다.[91] 한마디로 고학력층이 희소했다. 여학생은 더욱 희소해 선망의 대상이 되었다. 1937년에 발표된 김유정의 소설 『따라지』엔 "변도(도시락) 하나만 차면 공장의 계집에나 뼈쓰걸로 알까봐서 그 무거운 잡지책들을 (책보에 싸서) 힘 드는 줄도 모르고 들고 왔다갔다" 하는 버스 걸과 가난 때문에 딸을 공부시키지 못하는 미안함에 아침마다 책보를 싸는 아버지가 등장한다.[92]

1920년대부터 일본에서 고등교육을 받는 조선인 학생 수가 조선에서 고등교육을 받는 학생 수보다 많아졌다. 전체 유학생 수는 1910년 42명에서 1920년 1,230명, 1938년 1만 명을 넘어섰으며, 1942년 3만 명 가까이 늘어났다. 남학생의 경우 1929년 조선의 전문학교 및 대학(예과 포함)의 재적 학생 수가 1,411명이었던 것에 비해 일본의 고등교육기관의 재적 학생 수는 2,153명이었다. 여학생의 경우 1929년 조선의 하나뿐인 여자전문학교(이화여자전문학교)에는 138명이 재학하고 있었지만, 일본에 있는 21곳(동경에 16개 학교) 여자전문학교에는 158명의 조선인 여학생이 다니고 있었다.[93]

　　1910년 전체 유학생의 8.1퍼센트(34명)였던 여자 유학생 수는 1920년에 11.8퍼센트(145명)로 증가했다. 그러나 1920년대 중반부터 전체 유학생 수가 급증했는데도 여학생의 비율은 10퍼센트 이하에 머물렀고, 1942년에 10퍼센트(2,947명)를 기록했다.[94]

　　유학생 수가 너무 많아지자 조선총독부는 유학생을 통제하고자 했다. 『동아일보』 1934년 6월 17일자 기사에 따르면, "그들(일본 유학생)의 사상계통을 당국자가 조사한 바에 의하면 민족주의자보다 공산주의 방면이 훨씬 많아서 적색 검거사건이 있을 때마다 그중에는 조선 학생이 반드시 끼어 있으며……과거에는 고학도 할 수 잇었으나 그 본바닥 학생으로도 고학하기가 어렵게 된 현상이라 조선 학생은 물론 쉬운 일이 아니라 한다. 이 문제에 대해 총독부의 방침으로서 조선 사람은 조선에서 교육을 받는 것이 올타는 것을 원측으로 하야 될 수만 잇으면 그들의 현해탄 건느는 것을 방지할 의향이라 한다."[95]

취업난과 교육정체성

그러나 일본 유학을 성공리에 마치고 돌아온다고 해서 취업이 보장되는 건 아니었다. 조선의 '적당한 수준의 멸망'을 기도했던 일제 치하에서 조선 청년들의 취업은 기대하기 어려웠다. 1931년에 공개된, 도쿄에서 유학하고 돌아온 '문학사(文學士)'가 쓴 이력서는 당시의 취업난이 얼마나 심했는지를 잘 말해준다.

"금년 봄에 졸업을 하게 되었습니다. 집에서는 졸업을 하면 하늘의 별이라도 따가지고 오는가 하여 눈이 빠지게 기다립니다. 사회에서는 한 덩이 밥을 찾느라고 시키면 손을 높이 들고 달려드는 군중이 있는 이때, 나 같은 놈조차 밥을 위하여 그 속에 한목 끼이게 된 것을 생각하면 눈물이 나옵니다. 그러나 그와 같이 날뛰지 아니하고는 입에 거미줄을 칠 지경이니 어떻게 합니까. 만일 형이 자리를 주선해주시면……."[96]

『신동아』 1933년 4월호 권두언은 다음과 같은 애절한 어조로 극심한 입학난과 취업난을 개탄했다.

"해마다 이맘때면 귀가 아프게 들리는 소리. 입학난, 구직난! 해마다 듣는 이 소리가 안 들리게 될 날은 과연 언제일까? 배우겠다는 정성은 극진하건만 배움을 얻을 기회가 거부되어 있는 허다한 아동들. 그리고 또 그 어려운 입학 난관을 겨우 돌파하고 없는 돈 있는 돈 다 긁어모아 허덕허덕 공부를 마치고 나면 또다시 배운 바 지식과 기능을 발휘할 기회가 거부되는 수많은 지식 청년들!"[97]

정선이는 "고등인력의 취업난은 1930년대 내내 만성적으로 지속되었고 중일전쟁으로 인한 특수 수요가 일어날 때까지 조선 사회 내의 미해결 과제로 남아 있었다. 소위 '인텔리' 조차 장래가 보장되지 않는 사회 속에서 고등교육집단이 갖는 부동성과 허무주의는 독특한 지식인 문화로 이들을 몰아가고 있었다"며 다음과 같이 말했다.

"첫째는 지식인 계급이 사회주의 경향으로 경도되어 가는 것이다. 지식인 계급의 소위 '막스 보이'와 '엥겔스 걸'이라는 표현이 30년대의 지식인을 표상하는 대표적인 단어였다. 둘째, 일부 지식인 집단이 자포자기로 인한 은둔 혹은 퇴폐적 생활양식에 빠져들어 갔다. ……셋째, 불확실한 미래를 예기하는 취업난을 겪으면서 이들은 확실한 지위와 전도를 보장하는 행정 관료의 길, 특히 공개채용을 원칙으로 하는 고등문관의 응시 쪽으로 기울어 갔다. 이러한 고등인력의 만성적인 실업난은 식민지 지식인들의 자기 정체성과 지식인 문화를 이해하는 하나의 관건이라 할 수 있겠다."[98]

그런 현실은 지식인 정체성뿐만 아니라 교육 정체성까지도 형성하는 힘을 발휘했다. 교육의 목적이 무엇인가? 그 목적은 극도의 제약을 받아야 했다. 타 민족의 부당하거니와 억압적인 지배를 용인하는 걸 전제로 한 교육에서 과연 그 어떤 목적을 실현할 수 있었을까?

1930년대 중반까지 학교교육과 가정교육에서 가장 강조된 것은 정조(情操) 함양이었다고 한다. 정조가 인간에게 가장 많은 영향을 미치는 동기라고 생각했기 때문이다. 정조는 '교육된 정서'라고 정의되고 동시에 교육되는 것이라고 생각했으며, 한 번 형성되면 비교적 영속적인 것으로 규정했다. 정조는 이론적 정조, 윤리적 정조, 종교적 정조, 미적 정조 등 4종으로 구분되었다.[99] '눈 가리고 아웅'하는 건 아니었을까? 무슨 정조란 말인가?

"낙제하는 경우에는 자살하겠다"

그럼에도, 아니 그렇기 때문에, 뜨거운 교육열은 계속 더 뜨겁게 달아 올랐다. 취업난이 매우 심각했기 때문에 조금 더 높은 학력과 조금 더 나은 학벌을 가져야만 했다. 불안심리 때문에라도 경쟁에 중독되지 않으면 견디기 어려웠으리라. 자신이 원하는 천국으로 가기 위해 '입시지옥'을 거쳐야만 했다.

보통학교 입시경쟁을 뚫은 학생들에겐 진짜 경쟁이 무엇인가를 실감케 하는 중등학교 입시경쟁이 기다리고 있었다. 1937년 2만 8,172명의 중등학교 지원자 중 합격자는 4,489명으로 전국 평균 6대 1을 넘었지만, 제일고보 10대 1, 양정 11대 1, 배재 13대 1, 보성 12대 1 등 서울 시내 학교는 대부분 10대 1을 상회했다.

여기서 탈락한 학생들 중 매년 수십 명이 자살을 하거나 시도했다. 1934년 대전에서는 입학시험에 낙제한 19세 소년이 할복자살했고, 1937년 청진에서는 수험생이 작문시험 답안지에 연필 깎는 칼로 왼편 손등을 갈라 흐르는 피로 "낙제하는 경우에는 자살하겠다"는 혈서를 썼다. 이 학생이 불합격하자 덜컥 겁이 난 교장은 수시로 찾아가 학생을 위로해야 했고, 경찰은 한동안 학생 주위를 경계하며 불상사를 막으려고 애썼다.[100]

당시의 뜨거운 교육열은 출판시장을 통해서도 잘 드러났다. 천정환은 "1920년대~1930년대 책 시장을 가장 넓게 점하였던 매뉴얼로서의 출판물 중에서 가장 대표적인 것은 수험준비서와 학습참고서이다. 중등학교 입시용 수험서, 보통학교와 중등학교 교과서 및 참고서들이 그것이다"며 다음과 같이 말했다.

"지금까지 존속하고 있는 '전과'라는 이름의 학습보조서와 과목별

보통학교 입시경쟁도 힘들었지만 진짜 경쟁이 무엇인가는 중등학교 입시경쟁에서 여실히 드러났다.
1937년 2만 8,172명의 중등학교 지원자 중 합격자는 4,489명으로 입시경쟁률이 전국 평균 6대 1을
넘었다. 사진은 당시 입시경쟁률이 13대 1이었던 배재고등학교의 모습.

로 된 중등용 교재 및 입시준비를 위한 각종 문제집과 답안집이 허다
하게 팔렸다. 교육열은 높았고 학교 문은 좁았다. ……근대 사회의 개
막은 곧 학벌사회의 개막이기도 하였다. 교재·수험서가 가장 큰 시
장을 형성하게 된 직접적인 원인은 바로 학벌주의였다. ……이러한
수험·학습교재들 중에는 총독부의 보통문관시험·순사시험 응시자
용으로 팔려나간 것이 상당하며, 1920년대 후반에는 고등문관·순사
시험 응시자들을 위한 교재가 따로 만들어져 팔렸다는 점이 주목된
다. 조선 청년들이 일제 통치기관의 관료인 고등문관과 순사가 되기

위해 열심히 공부하였던 것이다. 식민지 청년들에게도 안정된 직장과 사회적 인정은 중요한 욕망이었다."[101]

그런 욕망의 최고봉은 단연 경성제국대학이었다. 이길상에 따르면, "1941년까지의 법문학부 한국인 졸업생 323명 가운데 33.4퍼센트인 108명이 관공서에 취직하였는데……관공서 이외에도 한국인 졸업생들은 대체적으로 관변단체인 학교, 은행, 금융조합 순으로 취업함으로써 일제의 식민 통치에 간접적으로 협력하는 역할을 하였다."[102]

교육은 사익을 추구하기 위한 수단

1934년 김교신(1901~1945)은 당시 조선인에게 나타나는 과도하고 그릇된 교육열로 인하여 자식교육이라는 미명하에 다른 사회적 책임을 소홀히 하는 것을 비판하였다. 그리고 학교들이 수업료만 받을 뿐 학교로서 해야 할 책임을 제대로 하지 못하는 것에 대해서도 비판하였다.[103]

하지만 이는 사회적 · 민족적 차원의 문제였을 뿐이다. 개인과 가족 단위에선 생존과 성공을 위해 입시전쟁에 적극 참전해 맹렬하게 싸우는 수밖에 없었다. 바로 여기에 조선 교육의 비극이 있었다. 이 전통은 훗날의 대한민국 교육마저 지배하게 된다. 2000년대 중반 들어 일제강점기 조선인 엘리트들의 사회적 의식을 규명하려는 연구가 활발해진 건 바로 그런 문제의식과 무관치 않을 것이다.

2006년 11월 3일 한국역사연구회(회장 홍순민 명지대 교수)의 학술대회에서 발표된 논문들은 일제강점기 고등문관, 금융조합 이사, 군수 등 엘리트 집단의 자기의식을 조명했다. 논문들이 공통으로 지적한

안정된 직장과 사회적 인정이라는 출세 욕망의 최고봉에 있는 경성제국대학. 경성대학 졸업생들은 관공서, 학교, 은행, 금융조합 등의 분야로 취업함으로써 일제의 식민 통치에 간접적으로 협력하는 역할을 했다.

것은 조선인 엘리트들의 끝없는 상승욕구와 출세 지향적인 삶의 태도다. 조선 엘리트들은 하층 민중에 대한 구별짓기를 꾀하는 근대적 엘리트의 정체성을 지녔으며 탈민족적 사고로 자신을 합리화하는 경향을 보였다.[104]

고등문관시험 행정과를 통과해 총독부 고등 관료가 된 사람들의 의식을 분석한 장신의 연구에 따르면, 1938년 총독부 본청 안의 고등관 230명 가운데 조선인 고등관은 12명에 지나지 않았다. 총독부 고등관은 '관계의 꽃' 이었다. 따라서 고등관이 된다는 것은 영광스러운 일이었다.

"당시 '고등시험 합격이 관계 등용문의 유일한 패스포트'이자 '고등시험에 합격하면 아무리 바보라도 내무부장까지는 보장'되는 분위기였으므로, 한 수험생은 고등시험 합격자 명단을 보는 순간 '내 앞날의 인생이 보장된 듯한 안도의 기분'을 느꼈다. 또 고등문관 합격은 문중의 자랑이었으며, 출신지역 또는 고향의 자랑이었다. 각지에서는 고등문관시험 통과를 축하하는 환영회를 열었다."[105]

2006년 11월 10일~11일 고려대 인촌기념관에서 열린 역사문제연구소 창립 20주년 기념 학술대회 '식민지 근대를 살다'에서 발표자들은 '교육', '취업'이라는 테마를 통해 식민지를 배경으로 살아간 개인의 일상적 욕망이 어떻게 일제의 식민통치와 결합해 갔는지를 탐구했다.

이기훈은 「식민지 학교 공간의 형성과 변화」라는 제목의 논문에서 일제강점기 보통학교제도의 정착 과정을 통해 조선 민중들의 식민지배 순응 현상을 분석했다. 1912년 조선인의 보통학교 취학률은 2.1퍼센트에 불과했으나 1940년에는 41.6퍼센트로 가파르게 올라갔다. 이기훈은 해방 당시까지도 진학이 가능하지 못한 조선인 학생이 더 많았고, 이는 '열등감'으로 작용하면서 식민통치의 계급구조가 합리화되는 결과를 가져왔다고 지적했다.[106]

일제강점기 조선인들에게 공적(公的) 영역은 존재할 수 없었다. 모든 게 사적(私的) 영역이었다. 교육을 받고 공직을 추구하는 것도 사익(私益)을 추구하기 위한 수단에 지나지 않았다. 나라를 빼앗긴 상황에서 그건 당연한 처세였는지도 모른다. 문제는 그것이 전통·관행·의식으로 굳어져 오늘의 한국 교육마저 지배하고 있다는 사실이다. 오늘날 '조기유학' 붐이나 '기러기 아빠' 현상은 개척적인 진취성이라고 하는 점에선 긍정평가 할 수 있지만, 다른 한편으로 이는 일제강점기에 형성된 교육적 전통·관행·의식의 산물이라고 해도 과언이 아니다. 한국은 '각개약진(各個躍進) 사회', 한국 교육은 '각개약진 교육'이다.[107] 한국에서 심심하면 벌어지는 집단적 열광이나 분노의 비밀도 바로 여기에 있다. 집단적 열광과 분노는 각개약진에 지친 심신을 달래기 위한 집단주의 축제다.

한국의 각개약진 문화엔 명암이 있다. 그건 세계에서 가장 빠른 경제발전을 이뤄낸 원동력이면서도 동시에 모든 문제를 개인과 가족 단위에서 해결해야 하기 때문에 구성원 개개인의 삶은 더할 나위 없이 피곤하고 살벌하기까지 하다. 당연히 행복도도 매우 낮다. 각개약진할 때 하더라도 이젠 다른 방식의 삶에 대해서도 관심을 기울이는 슬기가 필요하다 하겠다.

제1장

1) 김주리, 『모던 걸, 여우 목도리를 버려라: 근대적 패션의 풍경』, 살림, 2005, 32쪽.

2) 김진송, 『서울에 딴스홀을 허(許)하라: 현대성의 형성』, 현실문화연구, 1999, 11쪽.

3) 박노자, 『나를 배반한 역사』, 인물과사상사, 2003, 118쪽.

4) 박노자, 『나를 배반한 역사』, 인물과사상사, 2003, 83~84쪽.

5) 강준만, 『한국의 언론인 1』, 인물과사상사, 1999, 131쪽.

6) 이영미, 『광화문 연가』, 예담, 2008, 39~40쪽.

7) 윤치호, 김상태 편역, 『윤치호 일기 1916~1943: 한 지식인의 내면세계를 통해 본 식민지시기』, 역사비평사, 2001, 606쪽.

8) 김경일, 「일제하의 신여성 연구: 성과 사랑의 문제를 중심으로」, 한국사회사학회, 『사회와 역사』 제57집, 문학과지성사, 2000, 47~48쪽.

9) 김경일, 「일제하의 신여성 연구: 성과 사랑의 문제를 중심으로」, 한국사회사학회, 『사회와 역사』 제57집, 문학과지성사, 2000, 51쪽.

10) 이상옥, 『이효석: 참여에서 순수로』, 건국대학교출판부, 1997, 95~96쪽.

11) 김경일, 「일제하의 신여성 연구: 성과 사랑의 문제를 중심으로」, 한국사회사학회, 『사회와 역사』 제57집, 문학과지성사, 2000, 51~52쪽.

12) 김경일, 「일제하의 신여성 연구: 성과 사랑의 문제를 중심으로」, 한국사회사학회, 『사회와 역사』 제57집, 문학과지성사, 2000, 60쪽.

13) 신명직, 『모던보이, 경성을 거닐다: 만문만화로 보는 근대의 얼굴』, 현실문화연구, 2003, 204쪽.

14) 김경일, 「일제하의 신여성 연구: 성과 사랑의 문제를 중심으로」, 한국사회사학회, 『사회와 역사』 제57집, 문학과지성사, 2000, 68쪽.

15) 이준희, 「유행가 시대(30)~이룰 수 없는 사랑, '봉자의 노래'」, 추억의 음악감상실 가요 114;

장유정, 『오빠는 풍각쟁이야: 대중가요로 본 근대의 풍경』, 민음in, 2006, 309쪽.

16) 김경일, 「일제하의 신여성 연구: 성과 사랑의 문제를 중심으로」, 한국사회사학회, 『사회와 역사』 제57집, 문학과지성사, 2000, 69쪽.

17) 이준희, 「유행가 시대(30)~이룰 수 없는 사랑, '봉자의 노래'」, 추억의 음악감상실 가요 114; 장유정, 『오빠는 풍각쟁이야: 대중가요로 본 근대의 풍경』, 민음in, 2006, 309~310쪽.

18) 김경일, 「일제하의 신여성 연구: 성과 사랑의 문제를 중심으로」, 한국사회사학회, 『사회와 역사』 제57집, 문학과지성사, 2000, 67쪽.

19) 김경일, 「일제하의 신여성 연구: 성과 사랑의 문제를 중심으로」, 한국사회사학회, 『사회와 역사』 제57집, 문학과지성사, 2000, 67쪽.

20) 전봉관, 「[전봉관의 옛날 잡지를 보러가다 ⑨] 이화여전 안기영 교수의 애정의 도피행각」, 『신동아』, 2006년 3월 호.

21) 전봉관, 「토요 연재 [30년대 조선을 거닐다] (4) '동정(同情)'에서 비롯된 사랑, 여학생 동성애」, 『조선일보』, 2005년 10월 29일자.

22) 김경일, 「일제하의 신여성 연구: 성과 사랑의 문제를 중심으로」, 한국사회사학회, 『사회와 역사』 제57집, 문학과지성사, 2000, 71~72쪽.

23) 전봉관, 「토요 연재 [30년대 조선을 거닐다] (4) '동정(同情)"에서 비롯된 사랑, 여학생 동성애」, 『조선일보』, 2005년 10월 29일자.

24) 전봉관, 「토요 연재 [30년대 조선을 거닐다] (4) '동정(同情)'에서 비롯된 사랑, 여학생 동성애」, 『조선일보』, 2005년 10월 29일자.

25) 박정애, 「여자를 사랑한 여자: 1931년 '동성연애' 철도자살 사건」, 여성사연구모임 길밖세상, 『20세기 여성사건사: 근대 여성교육의 시작에서 사이버 페미니즘까지』, 여성신문사, 2001, 105쪽.

26) 박정애, 「여자를 사랑한 여자: 1931년 '동성연애' 철도자살 사건」, 여성사연구모임 길밖세상, 『20세기 여성사건사: 근대 여성교육의 시작에서 사이버 페미니즘까지』, 여성신문사, 2001, 108쪽.

27) 김경일, 「일제하의 신여성 연구: 성과 사랑의 문제를 중심으로」, 한국사회사학회, 『사회와 역사』 제57집, 문학과지성사, 2000, 63쪽.

28) 김경일, 「일제하의 신여성 연구: 성과 사랑의 문제를 중심으로」, 한국사회사학회, 『사회와 역사』 제57집, 문학과지성사, 2000, 63쪽.

29) 김경일, 「일제하의 신여성 연구: 성과 사랑의 문제를 중심으로」, 한국사회사학회, 『사회와 역사』 제57집, 문학과지성사, 2000, 63쪽.

30) 신시영, 「'가정'과 '여성성'의 추상화와 감각의 리모델링: 1930년대 잡지 『여성』을 중심으로」, 한국학의 세계화 사업단·연세대학교 국학연구원 편, 『일제 식민지 시기 새로 읽기』, 혜안, 2007, 262쪽.

31) 전봉관, 「[30년대 조선을 거닐다 〈7〉] 욕망의 해방구, 해수욕장」, 『조선일보』, 2005년 11월 19일자.

32) 김주리, 『모던 걸, 여우 목도리를 버려라: 근대적 패션의 풍경』, 살림, 2005, 60~61쪽.

33) 전봉관, 「[30년대 조선을 거닐다 〈7〉] 욕망의 해방구, 해수욕장」, 『조선일보』, 2005년 11월 19일자.

34) 소래섭, 『에로 그로 넌센스: 근대적 자극의 탄생』, 살림, 2005, 3011쪽.

35) 소래섭, 『에로 그로 넌센스: 근대적 자극의 탄생』, 살림, 2005, 3~4쪽.

36) 연구공간 수유+너머 근대매체연구팀, 『신여성: 매체로 본 근대 여성 풍속사』, 한겨레신문사, 2005, 190~191쪽.

37) 천정환, 『근대의 책읽기: 독자의 탄생과 한국 근대문학』, 푸른역사, 2003, 402~403쪽.

38) 쇼펜하우어, 이동진 옮김, 『사랑은 없다: 쇼펜하우어 인생론 에세이』, 해누리, 2004, 33쪽.

39) 권혁웅, 「박지성과 역지사지」, 『중앙일보』, 2006년 3월 11일, 30면.

40) 최혜실, 『신여성들은 무엇을 꿈꾸었는가』, 생각의나무, 2000, 329~330쪽.

41) 연구공간 수유+너머 근대매체연구팀, 『신여성: 매체로 본 근대 여성 풍속사』, 한겨레신문사, 2005, 20, 49쪽.

42) 이은경, 「광기/자살/능욕의 모성공간」, 태혜숙 외, 『한국의 식민지 근대와 여성공간』, 여이연, 2004, 110쪽.

43) 송영주, 「[나혜석] "여자도 인간이외다"」, 『한국일보』, 1999년 4월 21일, 36면.

44) 소현숙, 「정조는 취미다: 나혜석 이혼 사건」, 여성사연구모임 길밖세상, 『20세기 여성사건사: 근대 여성교육의 시작에서 사이버 페미니즘까지』, 여성신문사, 2001, 119쪽.

45) 소현숙, 「정조는 취미다: 나혜석 이혼 사건」, 여성사연구모임 길밖세상, 『20세기 여성사건사: 근대 여성교육의 시작에서 사이버 페미니즘까지』, 여성신문사, 2001, 109쪽.

46) 이상경, 『인간으로 살고 싶다: 영원한 신여성 나혜석』, 한길사, 2000, 434쪽.

47) 이상경, 『인간으로 살고 싶다: 영원한 신여성 나혜석』, 한길사, 2000, 421쪽; 이철, 경성을 뒤흔든 11가지 연애사건』, 다산초당, 2008, 118쪽.

48) 이상경, 『인간으로 살고 싶다: 영원한 신여성 나혜석』, 한길사, 2000, 424~425쪽.

49) 이상경, 『인간으로 살고 싶다: 영원한 신여성 나혜석』 , 한길사, 2000, 444~446쪽.

50) 나영균, 『일제시대, 우리 가족은: 어느 가족의 삶을 통해 본 식민지 한국 지식인 사회의 풍경』, 황소자리, 2004, 194쪽.

51) 나영균, 『일제시대, 우리 가족은: 어느 가족의 삶을 통해 본 식민지 한국 지식인 사회의 풍경』, 황소자리, 2004, 194~195쪽.

52) 김진송, 「최초의 여류 서양화가 나혜석: 자유주의의 파탄」, 『역사비평』, 계간 17호, 1992년 여름, 237~238쪽; 송영주, 「[나혜석] "여자도 인간이외다"」, 『한국일보』, 1999년 4월 21일, 36면.

53) 송영주, 「[나혜석] "여자도 인간이외다"」, 『한국일보』, 1999년 4월 21일, 36면.

54) 송영주, 「[나혜석] "여자도 인간이외다"」, 『한국일보』, 1999년 4월 21일, 36면.

55) 송영주, 「[나혜석] "여자도 인간이외다"」, 『한국일보』, 1999년 4월 21일, 36면.

56) 박노자, 「신여성의 명암, 히라쓰카 라이초」, 『한겨레21』, 2006년 1월 10일자.

57) 이철, 『경성을 뒤흔든 11가지 연애사건』, 다산초당, 2008, 123쪽.

58) 전봉관, 「[전봉관의 옛날 잡지를 보러가다 ⑩] 조선의 '노라' 박인덕 이혼사건」, 『신동아』,

2006년 4월호.

59) 전봉관, 「[전봉관의 옛날 잡지를 보러가다 ⑩] 조선의 '노라' 박인덕 이혼사건」, 『신동아』, 2006년 4월호.

60) 전봉관, 「[전봉관의 옛날 잡지를 보러가다 ⑩] 조선의 '노라' 박인덕 이혼사건」, 『신동아』, 2006년 4월호.

61) 전봉관, 「[전봉관의 옛날 잡지를 보러가다 ⑩] 조선의 '노라' 박인덕 이혼사건」, 『신동아』, 2006년 4월호.

62) 케네스 웰즈, 「합법성의 대가: 여성과 근우회 운동, 1927~1931」, 신기욱·마이클 로빈슨 엮음, 도면회 옮김, 『한국의 식민지 근대성: 내재적 발전론과 식민지 근대화론을 넘어서』, 삼인, 2006, 307~308쪽; 윤치호, 김상태 편역, 『윤치호 일기 1916~1943: 한 지식인의 내면세계를 통해 본 식민지시기』, 역사비평사, 2001, 602~603쪽.

63) 윤치호, 김상태 편역, 『윤치호 일기 1916~1943: 한 지식인의 내면세계를 통해 본 식민지시기』, 역사비평사, 2001, 549쪽.

64) 케네스 웰즈, 「합법성의 대가: 여성과 근우회 운동, 1927~1931」, 신기욱·마이클 로빈슨 엮음, 도면회 옮김, 『한국의 식민지 근대성: 내재적 발전론과 식민지 근대화론을 넘어서』, 삼인, 2006, 308쪽.

65) 윤치호, 김상태 편역, 『윤치호 일기 1916~1943: 한 지식인의 내면세계를 통해 본 식민지시기』, 역사비평사, 2001, 572쪽.

66) 윤치호, 김상태 편역, 『윤치호 일기 1916~1943: 한 지식인의 내면세계를 통해 본 식민지시기』, 역사비평사, 2001, 367쪽.

67) 윤민용, 「신여성이 본 미국, 미국, 미국」, 『경향신문』, 2007년 4월 10일, 23면.

68) 김혜경, 『식민지하 근대가족의 형성과 젠더』, 창비, 2006, 291쪽.

69) 김혜경, 『식민지하 근대가족의 형성과 젠더』, 창비, 2006, 292쪽.

70) 신영숙, 「신식 결혼식과 변화하는 결혼 양상」, 국사편찬위원회 편, 『혼인과 연애의 풍속도』, 두산동아, 2005, 202~203쪽.

71) 김혜경, 『식민지하 근대가족의 형성과 젠더』, 창비, 2006, 185쪽.

72) 김윤식, 『이광수와 그의 시대 1』, 솔, 1999, 49쪽.

73) 박종민 외, 「조선일보를 통해서 본 한국 가족의 변화」, 『조선일보』, 2007년 3월 5일, A22~23면.

74) 유영익, 『동학농민봉기와 갑오경장』, 일조각, 1998, 168쪽.

75) 김수남, 『한국 영화작가 연구: 나운규의 민족영화에서 김수용의 현대영화까지』, 예니, 1995, 67쪽.

76) 김수남, 『한국 영화작가 연구: 나운규의 민족영화에서 김수용의 현대영화까지』, 예니, 1995, 69~70쪽.

77) 유숙란, 「[발굴 신여성] 강요된 선택 조혼 혹은 여공」, 『여성신문』, 2003년 7월 25일자.

78) 신영숙, 「강제 결혼이 빚어낸 여성 범죄」, 국사편찬위원회 편, 『혼인과 연애의 풍속도』, 두산동아, 2005, 233~234쪽.

79) 김미지, 『누가 하이카라 여성을 데리고 사누: 여학생과 연애』, 살림, 2005, 74쪽.

80) 유숙란, 「[발굴 신여성] 강요된 선택 조혼 혹은 여공」, 『여성신문』, 2003년 7월 25일자.

81) 김미지, 『누가 하이카라 여성을 데리고 사누: 여학생과 연애』, 살림, 2005, 74쪽.

82) 이철, 『경성을 뒤흔든 11가지 연애사건』, 다산초당, 2008, 196~197쪽.

83) 신영숙, 「자유연애, 자유결혼, 그 이상과 현실」, 국사편찬위원회 편, 『혼인과 연애의 풍속도』, 두산동아, 2005, 224쪽.

84) 이임하, 「'광기에 찬' 여성들: 1950년대 간통쌍벌죄 법정에 몰려들던 여성들의 소동」, 이상록·이유재 엮음, 『일상사로 보는 한국근현대사』, 책과함께, 2006, 267~268쪽.

85) 신영숙, 「자유연애, 자유결혼, 그 이상과 현실」, 국사편찬위원회 편, 『혼인과 연애의 풍속도』, 두산동아, 2005, 220쪽.

86) 박태원, 장수익 책임편집, 『천변풍경: 박태원 장편소설』, 문학과지성사, 2005, 29쪽.

87) 박태원, 장수익 책임편집, 『천변풍경: 박태원 장편소설』, 문학과지성사, 2005, 76~77쪽.

88) 서형실, 「일제시기 신여성의 자유연애론」, 『역사비평』, 계간 25호, 1994년 여름, 112~113쪽; 김경일, 「일제하의 신여성 연구: 성과 사랑의 문제를 중심으로」, 한국사회사학회, 『사회와 역사 제57집』, 문학과지성사, 2000, 62~63쪽.

89) 정규웅, 『나혜석평전: 내 무덤에 꽃 한 송이 꽂아주오』, 중앙M&B, 2003, 282쪽.

90) 이철, 『경성을 뒤흔든 11가지 연애사건』, 다산초당, 2008, 97쪽.

91) 이철, 『경성을 뒤흔든 11가지 연애사건』, 다산초당, 2008, 130~165쪽

92) 윤택림, 『한국의 모성』, 지식마당, 2001, 43쪽.

93) 박명규, 「한말 '사회' 개념의 수용과 그 의미 체계」, 한국사회사학회 편, 『사회와 역사 59』, 문학과지성사, 2001, 58~59쪽.

94) 윤소영, 「근대 한·일의 만들어진 '현모양처'론」, 장남호 외, 『화혼양재와 한국근대』, 어문학사, 2006, 136쪽.

95) 윤택림, 『한국의 모성』, 지식마당, 2001, 42쪽.

96) 유석재, 「현모양처, 현해탄 건너 온 근대적 여성관이었다」, 『조선일보』, 2007년 11월 24일자.

97) 박선미, 『근대 여성, 제국을 거쳐 조선으로 회유하다: 식민지 문화지배와 일본유학』, 창비, 2007, 222쪽.

98) 박선미, 『근대 여성, 제국을 거쳐 조선으로 회유하다: 식민지 문화지배와 일본유학』, 창비, 2007, 206쪽.

99) 김혜경, 『식민지하 근대가족의 형성과 젠더』, 창비, 2006, 325쪽.

100) 소현숙, 「정조는 취미다: 나혜석 이혼 사건」, 여성사연구모임 길밖세상, 『20세기 여성사건사: 근대 여성교육의 시작에서 사이버 페미니즘까지』, 여성신문사, 2001, 113~114쪽.

101) 박선미, 『근대 여성, 제국을 거쳐 조선으로 회유하다: 식민지 문화지배와 일본유학』, 창비, 2007, 211~212쪽.

102) 박선미, 『근대 여성, 제국을 거쳐 조선으로 회유하다: 식민지 문화지배와 일본유학』, 창비, 2007, 212쪽.

103) 김혜경, 『식민지하 근대가족의 형성과 젠더』, 창비, 2006, 282~283쪽.

104) 연구공간 수유+너머 근대매체연구팀, 『신여성: 매체로 본 여성 풍속사』, 한겨레신문사, 2005, 291쪽.

105) 함한희, 『부엌의 문화사』, 살림, 2005, 30쪽.

106) 백지혜, 『스위트 홈의 기원』, 살림, 2005, 6쪽.

107) 백지혜, 『스위트 홈의 기원』, 살림, 2005, 7, 57쪽.

108) 김혜경, 『식민지하 근대가족의 형성과 젠더』, 창비, 2006, 96쪽.

109) 김혜경, 『식민지하 근대가족의 형성과 젠더』, 창비, 2006, 92, 94쪽.

110) 백영흠 · 안옥희, 『한국 주거역사와 문화』, 기문당, 2003, 161~162쪽.

111) 김정동, 『문학속 우리 도시기행 2』, 푸른역사, 2005, 132쪽.

112) 박숙희 · 유동숙 편저, 『뜻도 모르고 자주 쓰는 우리말 나이 사전』, 책이있는마을, 2005, 316쪽.

113) 김정동, 『문학속 우리 도시기행 2』, 푸른역사, 2005, 135쪽.

114) 김정동, 『문학속 우리 도시기행 2』, 푸른역사, 2005, 122쪽.

115) 공제욱, 「의복통제와 '국민' 만들기」, 공제욱 · 정근식 편, 『식민지의 일상, 지배와 균열』, 문과학사, 2006, 147쪽.

116) 공제욱, 「의복통제와 '국민' 만들기」, 공제욱 · 정근식 편, 『식민지의 일상, 지배와 균열』, 문과학사, 2006, 146쪽.

117) 심지연, 『허헌 연구』, 역사비평사, 1994, 67쪽.

118) 공제욱, 「의복통제와 '국민' 만들기」, 공제욱 · 정근식 편, 『식민지의 일상, 지배와 균열』, 문과학사, 2006, 146쪽.

119) 고부자, 『우리 생활 100년 · 옷』, 현암사, 2001, 106쪽.

120) 이규태, 『한국인, 이래서 잘산다』, 신원문화사, 1999, 95쪽.

121) 고부자, 『우리 생활 100년 · 옷』, 현암사, 2001, 106쪽.

122) 고부자, 『우리 생활 100년 · 옷』, 현암사, 2001, 107~108쪽.

123) 공제욱, 「의복통제와 '국민' 만들기」, 공제욱 · 정근식 편, 『식민지의 일상, 지배와 균열』, 문과학사, 2006, 151쪽.

124) 김태수, 『꽃가치 피어 매혹케 하라: 신문광고로 본 근대의 풍경』, 황소자리, 2005, 361쪽.

125) 고부자, 『우리 생활 100년 · 옷』, 현암사, 2001, 108쪽.

126) 공제욱, 「의복통제와 '국민' 만들기」, 공제욱 · 정근식 편, 『식민지의 일상, 지배와 균열』, 문과학사, 2006, 159~160쪽.

127) 공제욱, 「의복통제와 '국민' 만들기」, 공제욱 · 정근식 편, 『식민지의 일상, 지배와 균열』, 문과학사, 2006, 160쪽.

128) 김태수, 『꽃가치 피어 매혹케 하라: 신문광고로 본 근대의 풍경』, 황소자리, 2005, 361쪽.

129) 공제욱, 「의복통제와 '국민' 만들기」, 공제욱 · 정근식 편, 『식민지의 일상, 지배와 균열』, 문과학사, 2006, 163쪽.

130) 고부자, 『우리 생활 100년 · 옷』, 현암사, 2001, 203~204쪽.

131) 박태호, 『장례의 역사: 고인돌부터 납골당까지, 숭배와 기피의 역사』, 서해문집, 2006, 176쪽.

132) 박태호, 『장례의 역사: 고인돌부터 납골당까지, 숭배와 기피의 역사』, 서해문집, 2006, 183쪽.

133) 이종민, 「식민지 시기 형사 처벌의 근대화에 관한 연구: 근대 감옥의 이식·확장을 중심으로」, 한국사회사학회, 『사회와 역사』, 통권 제55집(1999), 23쪽.

134) 박태호, 『장례의 역사: 고인돌부터 납골당까지, 숭배와 기피의 역사』, 2006, 178쪽.

135) 고영진, 「관혼상제, 어떻게 변했나」, 한국역사연구회, 『우리는 지난 100년 동안 어떻게 살았을까 1: 삶과 문화이야기』, 역사비평사, 1998, 275쪽.

136) 박태호, 『장례의 역사: 고인돌부터 납골당까지, 숭배와 기피의 역사』, 서해문집, 2006, 186~187쪽.

137) 장석만, 「한국 의례 담론의 형성: 유교 허례허식의 비판과 근대성」, 윤해동 외 엮음, 『근대를 다시 읽는다 1』, 역사비평사, 2006, 71~72쪽.

138) 박태호, 『장례의 역사: 고인돌부터 납골당까지, 숭배와 기피의 역사』, 서해문집, 2006, 189쪽.

139) 박태호, 『장례의 역사: 고인돌부터 납골당까지, 숭배와 기피의 역사』, 서해문집, 2006, 189쪽.

140) 김문겸, 『여가의 사회학: 한국의 레저문화』, 한울아카데미, 1993, 128쪽.

141) 고영진, 「관혼상제, 어떻게 변했나」, 한국역사연구회, 『우리는 지난 100년 동안 어떻게 살았을까 1: 삶과 문화이야기』, 역사비평사, 1998, 276쪽.

142) 이만갑, 「1950년대 한국 농촌의 사회구조」, 박지향 외 엮음, 『해방 전후사의 재인식 2』, 책세상, 2006, 400~401쪽.

제2장

1) 조영복, 「1930년대 신문 학예면과 문학 담론 형성의 의미: 조선일보를 중심으로」, 방일영문화재단, 『한국언론학술논총 2003』, 커뮤니케이션북스, 2003, 156쪽.

2) 정진석, 「"신동아" 60년, 그 '신화 창조'의 발자취」, 『신동아』, 1991년 11월, 616~617쪽.

3) 이범진, 「국내 첫 신문사 발행 시사잡지 '新朝鮮' 창간호 찾았다」, 『조선일보』, 2004년 7월 7일자.

4) 이범진·신동흔, 「[국내 첫 언론사잡지 '新朝鮮' 발굴] 어떻게 만들어졌나」, 『조선일보』, 2004년 7월 7일자.

5) 이중연, 『'책'의 운명: 조선~일제강점기 금서의 사회·사상사』, 혜안, 2001, 410쪽.

6) 정진석, 「"신동아" 60년, 그 '신화 창조'의 발자취」, 『신동아』, 1991년 11월, 616~617쪽.

7) 백철, 「개벽시대」, 강진호 엮음, 『한국문단 이면사』, 깊은샘, 1999, 91~94쪽.

8) 연구공간 수유+너머 근대매체연구팀, 『신여성: 매체로 본 여성 풍속사』, 한겨레신문사, 2005.

9) 이동욱, 『민족계몽의 초석 방응모』, 지구촌, 1998, 182~183쪽; 정진석, 「한국언론흥망사」, 『업서버』, 1992년 12월, 578~579쪽.

10) 이영표, 「'小波' 급사 언론사 횡포 탓' 월간지 위탁판매 일방해지 충격 동아일보 불공정으로 판로 끊겨」, 『서울신문』, 2002년 7월 22일, 23면.

11) 정진석, 『언론유사: 체험적 언론사 연구의 뒷이야기』, 커뮤니케이션북스, 1999, 335쪽.

12) 최덕교 편저, 『한국잡지백년 3』, 현암사, 2004, 153쪽; 장석주, 『20세기 한국문학의 탐험 2

1935~1956』, 시공사, 2000, 165쪽; 조선일보사 사료연구실, 『조선일보 사람들: 일제시대편』, 랜덤하우스중앙, 2004, 212~214쪽.

13) 최덕교 편저, 『한국잡지백년 3』, 현암사, 2004, 157~158쪽.

14) 최덕교 편저, 『한국잡지백년 3』, 현암사, 2004, 160쪽.

15) 최덕교 편저, 『한국잡지백년 3』, 현암사, 2004, 157쪽.

16) 조선일보사 사료연구실, 『조선일보 사람들: 일제시대편』, 랜덤하우스중앙, 2004, 214쪽.

17) 최덕교 편저, 『한국잡지백년 3』, 현암사, 2004, 159쪽.

18) 조선일보사 사료연구실, 『조선일보 사람들: 일제시대편』, 랜덤하우스중앙, 2004, 85쪽; 김영식, 『아버지 파인 김동환: 그의 생애와 문학』, 국학자료원, 1994, 353쪽.

19) 김영식, 『아버지 파인 김동환: 그의 생애와 문학』, 국학자료원, 1994, 341~342쪽.

20) 정운현, 「親日의 군상:9/시인 金東煥(정직한 역사 되찾기)」, 『서울신문』, 1998년 10월 19일, 6면; 조선일보사 사료연구실, 『조선일보 사람들: 일제시대편』, 랜덤하우스중앙, 2004, 215쪽.

21) 김영식, 『아버지 파인 김동환: 그의 생애와 문학』, 국학자료원, 1994, 422~423쪽.

22) 정운현, 「親日의 군상:9/시인 金東煥(정직한 역사 되찾기)」, 『서울신문』, 1998년 10월 19일, 6면; 김영식, 『아버지 파인 김동환: 그의 생애와 문학』, 국학자료원, 1994.

23) 박헌호, 『이태준과 한국 근대소설의 성격』, 소명출판, 1999, 33쪽.

24) 이태준, 임형택 해제, 『문장강화』, 창비, 2005, 81~82쪽.

25) 백승권, 「되짚어보는 언론비평지 역사: '언론 바로세우기' 이미 28년 등장」, 『미디어오늘』, 1996년 5월 15일자.

26) 김영희, 「일제시기 라디오의 출현과 청취자」, 『한국언론학보』, 제46-2호(2002년 봄), 166쪽.

27) 이동윤, 「기록으로 본 경평축구/평양이 11승 7무 7패로 우세」, 『세계일보』, 1990년 9월 20일, 11면.

28) 김태수, 『꽃가치 피어 매혹케 하라: 신문광고로 본 근대의 풍경』, 황소자리, 2005, 204쪽.

29) 유병은, 『방송야사』, KBS문화사업단, 1998, 32쪽; 쓰가와 이즈미, 김재홍 옮김, 『JODK, 사라진 호출부호』, 커뮤니케이션북스, 1999, 66쪽.

30) 박찬호, 안동림 옮김, 『한국가요사 1895~1945』, 현암사, 1992, 255~257쪽.

31) 박찬호, 안동림 옮김, 『한국가요사 1895~1945』, 현암사, 1992, 396쪽.

32) 이승원, 『소리가 만들어낸 근대의 풍경』, 살림, 2005, 75~76쪽.

33) 유병은, 『방송야사』, KBS문화사업단, 1998, 65~68쪽.

34) 이승원, 『소리가 만들어낸 근대의 풍경』, 살림, 2005, 73~74쪽.

35) 정진석, 『한국언론사』, 나남, 1990, 596쪽.

36) 쓰가와 이즈미, 김재홍 옮김, 『JODK, 사라진 호출부호』, 커뮤니케이션북스, 1999, 70쪽, 105쪽, 108쪽.

37) Roger Eatwell, 『Fascism: A History』, New York: Penguin Books, 1995, p.151. 그러나 1939년 당시 미국의 라디오 보급률은 79.9%였다는 통계도 있어 '세계에서 가장 높은 라디오 보급률'이었다는 Eatwell의 주장은 검증이 필요할 것 같다. Christopher H. Sterling and John M. Kittross, 『Stay Tuned: A Concise History of American Broadcasting』,

Belmont, Ca.: Wadsworth, 1978, p.533.

38) Walter Laqueur, 『Fascism: Past Present Future』, New York: Oxford University Press, 1997, p.58.

39) 월터 C. 랑거, 최종배 옮김, 『히틀러의 정신분석』, 솔, 1999, 98쪽.

40) 월터 C. 랑거, 최종배 옮김, 『히틀러의 정신분석』, 솔, 1999, 100쪽.

41) 황문평, 『한국 대중연예사』, 부루칸모로, 1989, 14쪽.

42) 임종국, 반민족연구소 엮음, 『실록 친일파』, 돌베개, 1996, 186쪽.

43) 백미숙, 「라디오의 사회문화사」, 유선영 · 박용규 · 이상길 외, 『한국의 미디어 사회문화사』, 한국언론재단, 2007, 330~331쪽.

44) 이한수, 「동화와 배제, 두 얼굴의 일 식민주의」, 『조선일보』, 2007년 5월 5일, D7면.

45) 마이클 로빈슨, 「방송, 문화적 헤게모니, 식민지 근대성, 1924~1945」, 신기욱 · 마이클 로빈슨 엮음, 도면회 옮김, 『한국의 식민지 근대성: 내재적 발전론과 식민지 근대화론을 넘어서』, 삼인, 2006, 103~104쪽.

46) 마이클 로빈슨, 「방송, 문화적 헤게모니, 식민지 근대성, 1924~1945」, 신기욱 · 마이클 로빈슨 엮음, 도면회 옮김, 『한국의 식민지 근대성: 내재적 발전론과 식민지 근대화론을 넘어서』, 삼인, 2006, 104~105쪽.

47) 동아일보사, 『민족과 더불어 80년: 동아일보 1920~2000』, 동아일보사, 2000, 109~110쪽.

48) 조선일보사 사료연구실, 『조선일보 사람들: 일제시대편』, 랜덤하우스중앙, 2004, 206쪽.

49) 김수남, 『한국 영화작가 연구: 나운규의 민족영화에서 김수용의 현대영화까지』, 예니, 1995, 70쪽; 김수남, 『한국영화감독론 1: 해방전 한국영화작가 12인』, 지식산업사, 2002, 118쪽.

50) 안종화, 『한국영화측면비사』, 현대미학사, 1998, 188~189쪽.

51) 이효인, 『한국영화역사강의 1』, 이론과 실천, 1992, 247~248쪽.

52) 이효인, 『한국영화역사강의 1』, 이론과 실천, 1992, 248~249쪽.

53) 김지운 편저, 『국제정보유통과 문화지배』, 나남, 1991, 143쪽.

54) 이용관 · 김지석, 『할리우드: 할리우드영화의 산업과 이데올로기』, 제3문학사, 1992, 72쪽.

55) 유선영, 「황색식민지의 서양영화 관람과 소비의 정치, 1934~1942」, 공제욱 · 정근식 편, 『식민지의 일상, 지배와 균열』, 문과학사, 2006, 443~449쪽; 유선영, 「대한제국 그리고 일제 식민지배 시기 미화화」, 김덕호 · 원용진 엮음, 『아메리카나이제이션』, 푸른역사, 2008, 78~79쪽.

56) 조흡, 『영화가 정치다: 대중이 평론가인 포스트 시대 문화정치』, 인물과사상사, 2008, 168~170쪽.

57) 이화진, 『조선영화: 소리의 도입에서 친일영화까지』, 책세상, 2005, 27쪽.

58) 이화진, 『조선영화: 소리의 도입에서 친일영화까지』, 책세상, 2005, 31쪽.

59) 김려실, 『투사하는 제국 투영하는 식민지: 1901~1945년의 한국영화사를 되짚다』, 삼인, 2006, 142쪽.

60) 이기훈, 「독서의 근대, 근대의 독서: 1920년대의 책읽기」, 역사문제연구소, 『역사문제연구 7』, 역사비평사, 2001, 36쪽.

61) 마이클 김, 「일제시대 출판계의 변화와 성장: 고전소설에서 근대문학의 생산 시기까지」, 『한국사 시민강좌 제37집』, 일조각, 2005, 194쪽.

62) 조동일, 『한국문학통사 4: 중세에서 근대로의 이행기문학 제2기, 1860~1918년』, 지식산업사, 2005, 227쪽.

63) 장원재, 「"춘향전, 항일 민족정신 일깨웠다": 설성경 교수 '일제강점기 춘향전 의미' 재조명」, 『동아일보』, 2007년 2월 28일, A10면.

64) 장원재, 「"춘향전, 항일 민족정신 일깨웠다": 설성경 교수 '일제강점기 춘향전 의미' 재조명」, 『동아일보』, 2007년 2월 28일, A10면.

65) 이효인, 『한국영화역사강의 1』, 이론과실천, 1992, 244쪽.

66) 유석재, 「1930년대는 영화 한 회에 세 시간/김승구 교수 '식민지 조선에서의 영화관' 분석/ "냉난방 시설 열악하고 악취… 막간에 쇼·연주"」, 『조선일보』, 2008년 4월 8일자.

67) 김소희, 「아리랑에서 파업전야까지」, 한국역사연구회, 『우리는 지난 100년 동안 어떻게 살았을까 1』, 역사비평사, 1998, 87쪽.

68) 천정환, 『끝나지 않는 신드롬: 친일과 반일을 넘어선 식민지시대 다시 읽기』, 푸른역사, 2005, 341쪽.

69) 이효인, 『한국영화역사강의 1』, 이론과실천, 1992, 206~207쪽.

70) 김려실, 『투사하는 제국 투영하는 식민지: 1901~1945년의 한국영화사를 되짚다』, 삼인, 2006, 96~98쪽.

71) 이효인, 『한국영화역사강의 1』, 이론과실천, 1992, 243쪽.

72) 유석재, 「1930년대는 영화 한 회에 세 시간/김승구 교수 '식민지 조선에서의 영화관' 분석/ "냉난방 시설 열악하고 악취… 막간에 쇼·연주"」, 『조선일보』, 2008년 4월 8일자.

73) 연구공간 수유+너머 근대매체연구팀, 『신여성: 매체로 본 여성 풍속사』, 한겨레신문사, 2005, 164~165쪽.

74) 이준식, 「문화 선전 정책과 전쟁 동원 이데올로기: 영화통제체제의 선전영화를 중심으로」, 방기중 편, 『일제 파시즘 지배정책과 민중생활』, 혜안, 2004, 192쪽, 209쪽.

75) 천정환, 『근대의 책읽기: 독자의 탄생과 한국 근대문학』, 푸른역사, 2003, 314쪽.

76) 김진송, 『서울에 딴스홀을 허(許)하라: 현대성의 형성』, 현실문화연구, 1999, 163~165쪽.

77) 김진송, 『서울에 딴스홀을 허(許)하라: 현대성의 형성』, 현실문화연구, 1999, 161쪽.

78) 장유정, 『오빠는 풍각쟁이야: 대중가요로 본 근대의 풍경』, 민음in, 2006, 354쪽.

79) 장유정, 『오빠는 풍각쟁이야: 대중가요로 본 근대의 풍경』, 민음in, 2006, 354쪽.

80) 장유정, 『오빠는 풍각쟁이야: 대중가요로 본 근대의 풍경』, 민음in, 2006, 354~355쪽.

81) 장유정, 『오빠는 풍각쟁이야: 대중가요로 본 근대의 풍경』, 민음in, 2006, 53쪽.

82) 이승원, 『소리가 만들어낸 근대의 풍경』, 살림, 2005, 56쪽.

83) 손정목, 『일제강점기 도시사회상연구』, 일지사, 1996, 97쪽.

84) 서연호, 『한국연극사: 근대편』, 연극과인간, 2003, 112쪽; 이근태, 「초창기의 인기여가수~ "이애리수"」, 추억의 음악감상실 가요 114; 장유정, 『오빠는 풍각쟁이야: 대중가요로 본 근대의 풍경』, 민음in, 2006, 168쪽; 박찬호, 안동림 옮김, 『한국가요사 1895~1945』, 현암사,

1992, 192~193쪽.

85) 정영도, 『철학교수와 대중가요의 만남』, 화산문화, 2008, 208~209쪽; 박찬호, 안동림 옮김, 『한국가요사 1895~1945』, 현암사, 1992, 192쪽.

86) 연구공간 수유+너머 근대매체연구팀, 『신여성: 매체로 본 여성 풍속사』, 한겨레신문사, 2005, 30쪽.

87) 장유정, 『오빠는 풍각쟁이야: 대중가요로 본 근대의 풍경』, 민음in, 2006, 49~50쪽.

88) 장유정, 『오빠는 풍각쟁이야: 대중가요로 본 근대의 풍경』, 민음in, 2006, 50쪽.

89) 이상길, 「유성기의 활용과 사적 영역의 형성」, 『언론과 사회』, 제9권 4호(2001년 가을), 88~89쪽.

90) 장유정, 『오빠는 풍각쟁이야: 대중가요로 본 근대의 풍경』, 민음in, 2006, 54쪽.

91) 이준희, 「유행가 시대(27)-유행가 작사에 나선 문인들」, 추억의 음악감상실 가요 114.

92) 장유정, 『오빠는 풍각쟁이야: 대중가요로 본 근대의 풍경』, 민음in, 2006, 131쪽.

93) 이근태, 「최초의 가수선발대회」, 추억의 음악감상실 가요 114; 장유정, 『오빠는 풍각쟁이야: 대중가요로 본 근대의 풍경』, 민음in, 2006, 71쪽.

94) 장유정, 『오빠는 풍각쟁이야: 대중가요로 본 근대의 풍경』, 민음in, 2006, 381쪽.

95) 박찬호, 안동림 옮김, 『한국가요사 1895~1945』, 현암사, 1992, 106~110쪽.

96) 정영도, 『철학교수와 대중가요의 만남』, 화산문화, 2008, 47쪽.

97) 박찬호, 안동림 옮김, 『한국가요사 1895~1945』, 현암사, 1992, 316쪽.

98) , 「부부가수-고복수 황금심」, 추억의 음악감상실 가요 114; 이근태, 「최초의 가수선발대회」, 추억의 음악감상실 가요 114; 장유정, 『오빠는 풍각쟁이야: 대중가요로 본 근대의 풍경』, 민음in, 2006, 313~316쪽.

99) 이동순, 「李東洵 교수의 歌謠 이야기(7) 滿洲 체험을 다룬 노래들―동쪽은 두만강 간도살이 가는 물…」, 『월간조선』, 2001년 7월호.

100) 장유정, 『오빠는 풍각쟁이야: 대중가요로 본 근대의 풍경』, 민음in, 2006, 160~161쪽.

101) 이경훈, 「하르빈의 푸른 하늘: '벽공무한'과 대동아공영」, 김철·신형기 외, 『문학 속의 파시즘』, 삼인, 2001, 197쪽.

102) 장유정, 『오빠는 풍각쟁이야: 대중가요로 본 근대의 풍경』, 민음in, 2006, 316쪽.

103) 장유정, 『오빠는 풍각쟁이야: 대중가요로 본 근대의 풍경』, 민음in, 2006, 319쪽.

104) 이근태, 「일제시대의 대중가요」, 추억의 음악감상실 가요 114.

105) 장유정, 『오빠는 풍각쟁이야: 대중가요로 본 근대의 풍경』, 민음in, 2006, 290쪽.

106) 배경식, 「보릿고개를 넘어서」, 한국역사연구회, 『우리는 지난 100년 동안 어떻게 살았을까 3』, 한국역사연구회, 1999, 223~224쪽.

107) 박찬호, 안동림 옮김, 『한국가요사 1895~1945』, 현암사, 1992, 301~302쪽.

108) 이영미, 『광화문 연가』, 예담, 2008, 81쪽.

109) 정영도, 『철학교수와 대중가요의 만남』, 화산문화, 2008, 54~57쪽.

110) 이준희, 「유행가 시대(17)―1935년, 레코드 가수 인기투표」, 추억의 음악감상실 가요 114; 장유정, 『오빠는 풍각쟁이야: 대중가요로 본 근대의 풍경』, 민음in, 2006, 149~153쪽.

111) 장유정, 『오빠는 풍각쟁이야: 대중가요로 본 근대의 풍경』, 민음in, 2006, 194쪽.

112) 장유정, 『오빠는 풍각쟁이야: 대중가요로 본 근대의 풍경』, 민음in, 2006, 187~188쪽.

113) 장유정, 『오빠는 풍각쟁이야: 대중가요로 본 근대의 풍경』, 민음in, 2006, 159~161쪽.

114) 정영도, 『철학교수와 대중가요의 만남』, 화산문화, 2008, 52쪽.

115) 최규성, 「[추억의 LP 여행] 김정구(上)」, 『주간한국』, 2004년 5월 6일자.

116) 황문평, 『한국 대중연예사』, 부루칸모로, 1989, 38쪽; 김진송, 『서울에 딴스홀을 허(許)하라: 현대성의 형성』, 현실문화연구, 1999, 168쪽.

117) 이영미, 「대중가요」, 역사문제연구소 엮음, 『사회사로 보는 우리 역사의 7가지 풍경』, 역사비평사, 1999, 269~270쪽.

118) 이승원, 『소리가 만들어낸 근대의 풍경』, 살림, 2005, 60쪽.

119) 이승원, 『소리가 만들어낸 근대의 풍경』, 살림, 2005, 56쪽.

120) 남근우, 『'조선민속학'과 식민주의』, 동국대학교출판부, 2008, 35쪽.

121) 장유정, 『오빠는 풍각쟁이야: 대중가요로 본 근대의 풍경』, 민음in, 2006, 178~179쪽.

122) 장유정, 『오빠는 풍각쟁이야: 대중가요로 본 근대의 풍경』, 민음in, 2006, 142쪽.

123) 박찬호, 안동림 옮김, 『한국가요사 1895~1945』, 현암사, 1992, 397쪽.

124) 김진송, 『서울에 딴스홀을 허(許)하라: 현대성의 형성』, 현실문화연구, 1999, 168쪽.

125) 김희경, 「대중가요사 연구서 '오빠는…' 펴낸 장유정씨」, 『동아일보』, 2006년 3월 10일, 21면.

126) 이동순, 『번지 없는 주막: 한국가요사의 잃어버린 번지를 찾아서』, 선, 2007, 361~362쪽; 박찬호, 안동림 옮김, 『한국가요사 1895~1945』, 현암사, 1992, 328쪽; 이근태, 「부부가수-고복수 황금심」, 추억의 음악감상실 가요 114.

127) 이동순, 『번지 없는 주막: 한국가요사의 잃어버린 번지를 찾아서』, 선, 2007, 241~242쪽.

128) 이영미, 『한국대중가요사』, 시공사, 1998, 72쪽.

129) 장유정, 『오빠는 풍각쟁이야: 대중가요로 본 근대의 풍경』, 민음in, 2006, 226쪽.

130) 박찬호, 안동림 옮김, 『한국가요사 1895~1945』, 현암사, 1992, 331쪽.

131) 박찬호, 안동림 옮김, 『한국가요사 1895~1945』, 현암사, 1992, 334~335쪽.

132) 김영식, 『아버지 파인 김동환: 그의 생애와 문학』, 국학자료원, 1994, 494~495쪽.

133) 이동순, 「李東洵 교수의 歌謠 이야기: 妓生을 노래하다」, 『월간조선』, 2001년 8월호.

134) 최규성, 「[추억의 LP 여행] 김정구(下)」, 『주간한국』, 2004년 5월 5일자; 박찬호, 안동림 옮김, 『한국가요사 1895~1945』, 현암사, 1992, 357~359쪽.

135) 임경석, 『이정 박헌영 일대기』, 역사비평사, 2004, 146~148쪽; 이기우, 「[책갈피 속의 오늘] 1925년 조선공산당 창당」, 『동아일보』, 2004년 4월 17일, 29면.

136) 최규성, 「[추억의 LP 여행] 김정구(下)」, 『주간한국』, 2004년 5월 5일자; 박찬호, 안동림 옮김, 『한국가요사 1895~1945』, 현암사, 1992, 359쪽.

137) 최규성, 「[추억의 LP 여행] 김정구(下)」, 『주간한국』, 2004년 5월 5일자.

138) 최규성, 「[추억의 LP 여행] 김정구(上)」, 『주간한국』, 2004년 5월 6일자; 박찬호, 안동림 옮김, 『한국가요사 1895~1945』, 현암사, 1992, 362~364쪽.

139) 장유정, 『오빠는 풍각쟁이야: 대중가요로 본 근대의 풍경』, 민음in, 2006, 217~219쪽.

140) 이동순, 『번지 없는 주막: 한국가요사의 잃어버린 번지를 찾아서』, 선, 2007, 31, 138쪽.

141) 박찬호, 안동림 옮김, 『한국가요사 1895~1945』, 현암사, 1992, 434~435쪽; 이준희, 「유행가 시대(12)-사랑을 팔고 사는 꽃바람 속에」, 추억의 음악감상실 가요 114.

142) 최창호, 『민족수난기의 대중가요사』, 일월서각, 2000, 112~115쪽.

143) 박찬호, 안동림 옮김, 『한국가요사 1895~1945』, 현암사, 1992, 436쪽.

144) 박영정, 「신파극」, 역사문제연구소 엮음, 『사회사로 보는 우리 역사의 7가지 풍경』, 역사비평사, 1999, 240쪽.

145) 한명희 · 송혜진 · 윤중강, 『우리 국악 100년』, 현암사, 2001, 66~67쪽.

146) 한명희 · 송혜진 · 윤중강, 『우리 국악 100년』, 현암사, 2001, 183 · 184쪽.

147) 이영미, 『한국대중가요사』, 시공사, 1998, 90쪽.

148) 장유정, 『오빠는 풍각쟁이야: 대중가요로 본 근대의 풍경』, 민음in, 2006, 293쪽.

149) 장유정, 『오빠는 풍각쟁이야: 대중가요로 본 근대의 풍경』, 민음in, 2006, 293~294쪽.

150) 장유정, 『오빠는 풍각쟁이야: 대중가요로 본 근대의 풍경』, 민음in, 2006, 296쪽.

151) 장유정, 『오빠는 풍각쟁이야: 대중가요로 본 근대의 풍경』, 민음in, 2006, 298쪽.

152) 정영도, 『철학교수와 대중가요의 만남』, 화산문화, 2008, 97~98쪽.

153) 박찬호, 안동림 옮김, 『한국가요사 1895~1945』, 현암사, 1992, 382~383쪽.

154) 정영도, 『철학교수와 대중가요의 만남』, 화산문화, 2008, 81~82쪽.

155) 박찬호, 안동림 옮김, 『한국가요사 1895~1945』, 현암사, 1992, 400쪽.

156) 박찬호, 안동림 옮김, 『한국가요사 1895~1945』, 현암사, 1992, 405쪽.

157) 박찬호, 안동림 옮김, 『한국가요사 1895~1945』, 현암사, 1992, 429~434쪽.

158) 최규성, 「[추억의 LP 여행] 김정구(下)」, 『주간한국』, 2004년 5월 5일자.

159) 이준희, 「유행가 시대(19)-1943년, 인기 유행가수 군상」, 추억의 음악감상실 가요 114.

160) 김광해, 「일제 강점기의 대중가요에 대한 계량언어학적 연구: 유성기 음반 채록본을 중심으로」, 『한국어 의미학』 제3호(1998), 197~215쪽.

161) 천정환, 『근대의 책읽기: 독자의 탄생과 한국 근대문학』, 푸른역사, 2003, 398~400쪽.

162) 장유정, 『오빠는 풍각쟁이야: 대중가요로 본 근대의 풍경』, 민음in, 2006, 191쪽.

163) 이영미, 『한국대중가요사』, 시공사, 1998, 17, 20~21쪽.

164) 장유정, 『오빠는 풍각쟁이야: 대중가요로 본 근대의 풍경』, 민음in, 2006, 377쪽.

165) 최상진 · 조윤동 · 박정열, 「대중가요 가사분석을 통한 한국인의 정서 탐색: 해방 이후부터 1996년까지의 가요를 대상으로」, 『한국심리학회지』, 20:1(2001), 41~66쪽.

166) 이지연 · 신수진, 「한국 대중가요에 나타난 낭만적 사랑」, 『한국가족관계학회지』, 제9권 1호(2004), 25~55쪽.

167) 강준만, 『고독한 한국인』, 인물과사상사, 2007, 46쪽.

제3장

1) 이서구, 「커피의 어제와 오늘」, 『커피와 행복』, 합동통신사, 1973, 11~12쪽.

2) 노형석, 『모던의 유혹 모던의 눈물: 근대 한국을 거닐다』, 생각의나무, 2004, 129쪽.

3) 「만히 먹지 아니하면 커피는 무해하다—백 五十잔부터는 해롭다」, 『동아일보』, 1932년 4월 28일, 4면.

4) 장유정, 『오빠는 풍각쟁이야: 대중가요로 본 근대의 풍경』, 민음in, 2006, 226쪽.

5) 현민, 「현대적 다방이란?」, 『조광』, 1938년 6월호, 157~158쪽.

6) 김수기, 「다방에 드리워진 현대의 음영」, 『월간 말』, 2000년 4월호, 202쪽.

7) 이봉구, 「한국 최초의 다방 —카카듀에서 에리자까지」, 『세대』, 1964년 4월호, 341쪽.

8) http://www.coffeeguide.co.kr/htm/book_dabang.htm

9) 최재봉, 「문학속의 공간—(3)카페」, 『한겨레』, 2000년 4월 17일, 12면; 박태원, 천정환 책임편집, 『소설가 구보씨의 일일: 박태원 단편선』, 문학과지성사, 2005, 90쪽.

10) 장유정, 『오빠는 풍각쟁이야: 대중가요로 본 근대의 풍경』, 민음in, 2006, 226~227쪽.

11) http://www.dongsuh.co.kr/coffee/board/cview.asp

12) 이규태, 「커피와 한국 근대사 속의 인물들」, 『Coffee&Coffee』, 동서식품주식회사, 2002, 15쪽.

13) 조용만, 「남기고 싶은 이야기들—30년대의 문화계」, 『중앙일보』, 1985년 2월 6일, 11면.

14) 조용만, 「남기고 싶은 이야기들—30년대의 문화계」, 『중앙일보』, 1985년 2월 6일, 11면.

15) 이경재, 『다큐멘터리 서울정도 600년—제2권 개화풍속도』, 서울신문사, 1993, 29쪽.

16) 이상, 『날개(외)』, 범우사, 1982, 53~54쪽.

17) http://seoul600.visitseoul.net/seoul~history/sidaesa/txt/6~10~5~1~3.html

18) 이봉구, 「한국 최초의 다방—카카듀에서 에리자까지」, 『세대』, 1964년 4월호, 341쪽.

19) 이경재, 『다큐멘터리 서울정도 600년: 제2권 개화풍속도』, 서울신문사, 1993, 30쪽.

20) 한국현대문학회, 『한국 문학과 풍속 1』, 국학자료원, 2003, 104쪽.

21) 한국현대문학회, 『한국 문학과 풍속 1』, 국학자료원, 2003, 98~100쪽.

22) 이성욱, 「대중문화100년의 계보학—대중문화의 텃밭 '클럽문화'」, 『경향신문』, 1999년 11월 12일, 33면.

23) 서울특별시편찬위원회, 『서울 육백년사』, 서울특별시, 1981, 1254쪽.

24) 이경재, 『다큐멘터리 서울정도 600년—제2권 개화풍속도』, 서울신문사, 1993, 31~32쪽.

25) 이경재, 『한양이야기』, 가람기획, 2003, 280쪽.

26) 장유정, 『오빠는 풍각쟁이야: 대중가요로 본 근대의 풍경』, 민음in, 2006, 226쪽.

27) 장유정, 『오빠는 풍각쟁이야: 대중가요로 본 근대의 풍경』, 민음in, 2006, 228~229쪽.

28) 「커피와 주름살—너모 마시면 해로워요」, 『동아일보』, 1939년 8월 29일, 5면.

29) 정영도, 『철학교수와 대중가요의 만남』, 화산문화, 2008, 214쪽.

30) 한국현대문학회, 『한국 문학과 풍속 1』, 국학자료원, 2003, 95~96쪽.

31) 조용만, 「남기고 싶은 이야기들(4103) 제81화 30년대의 문화계(36) 초창기의 다방들」, 『중앙일보』, 1984년 8월 29일, 11면.

32) 이영미, 『광화문 연가』, 예담, 2008, 47~48쪽.

33) 이상옥, 『이효석: 참여에서 순수로』, 건국대학교출판부, 1997, 75쪽.

34) 「다방」, 『조광』, 1940년 8월호, 35쪽.

35) 「다방업 실태」, 『조사월국』, 1972년 5월호, 20쪽.

36) 동서식품, 『동서식품 20년사』, 동서식품주식회사, 1990, 214쪽.

37) 김경애·김채현·이종호, 『우리 무용 100년』, 현암사, 2001, 52~53쪽.

38) 소래섭, 『에로 그로 넌센스: 근대적 자극의 탄생』, 살림, 2005, 15쪽.

39) 김태수, 『꼿가치 피어 매혹케 하라: 신문광고로 본 근대의 풍경』, 황소자리, 2005, 105~106쪽.

40) 박상하, 『경성상계』, 생각의나무, 2008, 169쪽.

41) 신명직, 『모던보이, 경성을 거닐다: 만문만화로 보는 근대의 얼굴』, 현실문화연구, 2003, 251~252쪽.

42) 박찬호, 안동림 옮김, 『한국가요사 1895~1945』, 현암사, 1992, 222쪽.

43) 장유정, 『오빠는 풍각쟁이야: 대중가요로 본 근대의 풍경』, 민음in, 2006, 206~207쪽.

44) 유선영, 「대한제국 그리고 일제 식민지배 시기 미국화」, 김덕호·원용진 엮음, 『아메리카나이제이션』, 푸른역사, 2008, 83쪽.

45) 이동순, 『번지 없는 주막: 한국가요사의 잃어버린 번지를 찾아서』, 선, 2007, 211쪽.

46) 박찬호, 안동림 옮김, 『한국가요사 1895~1945』, 현암사, 1992, 221쪽.

47) 장유정, 『오빠는 풍각쟁이야: 대중가요로 본 근대의 풍경』, 민음in, 2006, 204쪽.

48) 장유정, 『오빠는 풍각쟁이야: 대중가요로 본 근대의 풍경』, 민음in, 2006, 202~203쪽.

49) 장유정, 『오빠는 풍각쟁이야: 대중가요로 본 근대의 풍경』, 민음in, 2006, 204~205쪽.

50) 장유정, 『오빠는 풍각쟁이야: 대중가요로 본 근대의 풍경』, 민음in, 2006, 208~209쪽.

51) 김정동, 『문학속 우리 도시기행』, 옛오늘, 2001, 93쪽.

52) 김병익, 『한국문단사 1908~1970』, 문학과지성사, 2001, 202쪽.

53) 김경일, 『여성의 근대, 근대의 여성: 20세기 전반기 신여성과 근대성』, 푸른역사, 2004, 233~234쪽.

54) 소래섭, 『에로 그로 넌센스: 근대적 자극의 탄생』, 살림, 2005, 45~46쪽.

55) 연구공간 수유+너머 근대매체연구팀, 『신여성: 매체로 본 여성 풍속사』, 한겨레신문사, 2005, 89쪽: http://www.seoul.go.kr/life/life/culture/history_book/picture_seoul2/9/1203309_3022.html.

56) 소래섭, 『에로 그로 넌센스: 근대적 자극의 탄생』, 살림, 2005, 43쪽.

57) 김태수, 『꼿가치 피어 매혹케 하라: 신문광고로 본 근대의 풍경』, 황소자리, 2005, 291쪽; 홍성철, 『유곽의 역사』, 페이퍼로드, 2007, 128쪽.

58) 이철, 『경성을 뒤흔든 11가지 연애사건』, 다산초당, 2008, 81~82쪽.

59) 소래섭, 『에로 그로 넌센스: 근대적 자극의 탄생』, 살림, 2005, 47쪽.

60) 소래섭, 『에로 그로 넌센스: 근대적 자극의 탄생』, 살림, 2005, 45~46쪽.

61) 장유정, 『오빠는 풍각쟁이야: 대중가요로 본 근대의 풍경』, 민음in, 2006, 230쪽.

62) 김경일, 『여성의 근대, 근대의 여성: 20세기 전반기 신여성과 근대성』, 푸른역사, 2004, 236쪽.

63) 김병익, 『한국문단사 1908~1970』, 문학과지성사, 2001, 202쪽.

64) 정선이, 『경성제국대학 연구』, 문음사, 2002, 151쪽.

65) 이철, 『경성을 뒤흔든 11가지 연애사건』, 다산초당, 2008, 78~79쪽.

66) 이승원, 『소리가 만들어낸 근대의 풍경』, 살림, 2005, 65~66쪽.

67) 김진송, 『서울에 딴스홀을 허(許)하라: 현대성의 형성』, 현실문화연구, 1999, 65쪽.

68) 이승원, 『소리가 만들어낸 근대의 풍경』, 살림, 2005, 69쪽.

69) 박영수, 『운명의 순간들: 다큐멘터리 한국근현대사』, 바다출판사, 1998, 206~208쪽.

70) 김신영, 「Weekzine Free-커버스토리/춤, 이젠 에티켓이다」, 『한국일보』, 2004년 2월 6일, 45면.

71) 장유정, 『오빠는 풍각쟁이야: 대중가요로 본 근대의 풍경』, 민음in, 2006, 225쪽.

72) 소래섭, 『에로 그로 넌센스: 근대적 자극의 탄생』, 살림, 2005, 45~46쪽.

73) 박찬호, 안동림 옮김, 『한국가요사 1895~1945』, 현암사, 1992, 211쪽.

74) 하야시 히로시게, 김성호 옮김, 『미나카이백화점』, 논형, 2007, 106쪽.

75) 하야시 히로시게, 김성호 옮김, 『미나카이백화점』, 논형, 2007, 96쪽.

76) 최재봉, 『간이역에서 사이버스페이스까지: 한국문학의 공간 탐사』, 이룸, 2003, 145쪽.

77) 이이화, 『빼앗긴 들에 부는 근대화 바람: 한국사 이야기 22』, 한길사, 2004, 141~142쪽.

78) 박상하, 『경성상계』, 생각의나무, 2008, 220쪽.

79) 박상하, 『경성상계』, 생각의나무, 2008, 237쪽.

80) 박상하, 『경성상계』, 생각의나무, 2008, 240쪽.

81) 손정목, 『서울 도시계획 이야기: 서울 격동의 50년과 나의 증언 ①』, 한울, 2003, 168~169쪽; 오진석, 「일제하 백화점업계의 동향과 관계인들의 생활양식」, 연세대학교 국학연구원 편, 『일제의 식민지배와 일상생활』, 혜안, 2004, 134쪽.

82) 윤상길, 「통신의 사회문화사」, 유선영·박용규·이상길 외, 『한국의 미디어 사회문화사』, 한국언론재단, 2007, 120~121쪽.

83) 김태수, 『꽃가치 피어 매혹케 하리라: 신문광고로 본 근대의 풍경』, 황소자리, 2005, 255쪽.

84) 하야시 히로시게, 김성호 옮김, 『미나카이백화점』, 논형, 2007, 82~87쪽.

85) 박상하, 『경성상계』, 생각의나무, 2008, 250쪽.

86) 김태수, 『꽃가치 피어 매혹케 하리라: 신문광고로 본 근대의 풍경』, 황소자리, 2005, 252~253쪽.

87) 하야시 히로시게, 김성호 옮김, 『미나카이백화점』, 논형, 2007, 102~103쪽.

88) 신명직, 『모던보이, 경성을 거닐다: 만문만화로 보는 근대의 얼굴』, 현실문화연구, 2003, 314쪽.

89) 신명직, 『모던보이, 경성을 거닐다: 만문만화로 보는 근대의 얼굴』, 현실문화연구, 2003, 289쪽.

90) 연구공간 수유+너머 근대매체연구팀, 『신여성: 매체로 본 근대 여성 풍속사』, 한겨레신문사, 2005, 83쪽.

91) 김수진, 「1930년 경성의 여학생과 '직업부인'을 통해 본 신여성의 가시성과 주변성」, 공제욱·정근식 편, 『식민지의 일상, 지배와 균열』, 문과학사, 2006, 517쪽.

92) 신명직, 『모던보이, 경성을 거닐다: 만문만화로 보는 근대의 얼굴』, 현실문화연구, 2003, 287쪽.

93) 김태수, 『꽃가치 피어 매혹케 하리라: 신문광고로 본 근대의 풍경』, 황소자리, 2005, 256~257쪽.

94) 이이화, 『빼앗긴 들에 부는 근대화 바람: 한국사 이야기 22』, 한길사, 2004, 145쪽.

95) 오진석, 「일제하 백화점업계의 동향과 관계인들의 생활양식」, 연세대학교 국학연구원 편, 『일제의 식민지배와 일상생활』, 혜안, 2004, 166~167쪽.

96) 김태수, 『꽃가치 피어 매혹케 하리라: 신문광고로 본 근대의 풍경』, 황소자리, 2005, 249쪽.

97) 김영근, 「일제하 식민지적 근대성의 한 특징: 경성에서의 도시 경험을 중심으로」, 한국사회사학회, 『사회와 역사』 제57집, 문학과지성사, 2000, 32쪽.

98) 장유정, 『오빠는 풍각쟁이야: 대중가요로 본 근대의 풍경』, 민음in, 2006, 138~139쪽; 정재정·염인호·장규식, 『서울 근현대 역사기행』, 혜안, 1998, 204쪽.

99) 정재정·염인호·장규식, 『서울 근현대 역사기행』, 혜안, 1998, 185쪽.

100) 정재정·염인호·장규식, 『서울 근현대 역사기행』, 혜안, 1998, 203쪽.

101) 심승희, 『서울 시간을 기억하는 공간』, 나노미디어, 2004, 139~141쪽.

102) 박천홍, 『매혹의 질주, 근대의 횡단: 철도로 돌아본 근대의 풍경』, 산처럼, 2003, 233쪽.

103) 노형석, 『모던의 유혹 모던의 눈물: 근대 한국을 거닐다』, 생각의나무, 2004, 55~57쪽.

104) 노형석, 『한국 근대사의 풍경』, 생각의나무, 2006, 46~49쪽.

105) 박진희, 「과학기술, 우리의 일상을 바꾸어 놓다」, 국사편찬위원회 편, 『근현대과학기술과 삶의 변화』, 두산동아, 2005, 285쪽; 정인경, 「과학기술의 도입, 그 환희와 절망」, 한국역사연구회, 『우리는 지난 100년 동안 어떻게 살았을까 1』, 역사비평사, 1998, 25쪽.

106) 박진희, 「과학기술, 우리의 일상을 바꾸어 놓다」, 국사편찬위원회 편, 『근현대과학기술과 삶의 변화』, 두산동아, 2005, 289쪽.

107) 강심호, 『대중적 감수성의 탄생: 도박, 백화점, 유행』, 살림, 2005, 51쪽.

108) 손정목, 『서울 도시계획 이야기: 서울 격동의 50년과 나의 증언 ①』, 한울, 2003, 168~169쪽.

109) 손정목, 『서울 도시계획 이야기: 서울 격동의 50년과 나의 증언 ①』, 한울, 2003, 170쪽.

110) 마정미, 『광고로 읽는 한국 사회문화사』, 개마고원, 2004, 102쪽.

111) 하야시 히로시게, 김성호 옮김, 『미나카이백화점』, 논형, 2007, 96쪽.

112) 하야시 히로시게, 김성호 옮김, 『미나카이백화점』, 논형, 2007, 99쪽.

113) 김태수, 『꽃가치 피어 매혹케 하리라: 신문광고로 본 근대의 풍경』, 황소자리, 2005, 257쪽.

114) 박태원, 장수익 책임편집, 『천변풍경: 박태원 장편소설』, 문학과지성사, 2005, 45쪽.

115) 마정미, 『광고로 읽는 한국 사회문화사』, 개마고원, 2004, 105~106쪽.

116) 윤치호, 김상태 편역, 『윤치호 일기 1916~1943: 한 지식인의 내면세계를 통해 본 식민지시기』, 역사비평사, 2001, 614쪽.

117) 김태수, 『꽃가치 피어 매혹케 하리라: 신문광고로 본 근대의 풍경』, 황소자리, 2005, 251~252쪽.

118) 이이화, 『빼앗긴 들에 부는 근대화 바람: 한국사 이야기 22』, 한길사, 2004, 144쪽.

119) 이규태, 「'화신' 반백년」, 『조선일보』, 1987년 3월 18일, 5면.

120) 발레리 줄레조, 「호화로움의 기준이 도시를 만들 때: 서울의 건설과 고급호텔」, 발레리 줄 레조 외, 양지윤 옮김, 『도시의 창, 고급호텔』, 후마니타스, 2007, 78~84쪽.

121) 강심호, 『대중적 감수성의 탄생: 도박, 백화점, 유행』, 살림, 2005, 47쪽.

122) 이희정, 「화신/"백화점의 왕" 옛 명성도 헐리고(그때 그 자리)」, 『한국일보』, 1992년 1월 16일, 14면.

123) 하쓰다 토오루, 이태문 옮김, 『백화점: 도시문화의 근대』, 논형, 2003, 148쪽.

124) 이희정, 「화신/"백화점의 왕" 옛 명성도 헐리고(그때 그 자리)」, 『한국일보』, 1992년 1월 16일, 14면.

125) 이호철, 『문단골 사람들: 이호철의 문단일기』, 프리미엄북스, 1997, 148쪽.

126) 한복진, 『우리 생활 100년 · 음식』, 현암사, 2001, 324쪽.

127) 오진석, 「일제하 백화점업계의 동향과 관계인들의 생활양식」, 연세대학교 국학연구원 편, 『일제의 식민지배와 일상생활』, 혜안, 2004, 169쪽.

128) 오진석, 「일제하 백화점업계의 동향과 관계인들의 생활양식」, 연세대학교 국학연구원 편, 『일제의 식민지배와 일상생활』, 혜안, 2004, 168~170쪽.

129) 손정목, 『서울 도시계획 이야기: 서울 격동의 50년과 나의 증언 ①』, 한울, 2003, 170~171쪽.

130) 박상하, 『경성상계』, 생각의나무, 2008, 252쪽.

131) 이희정, 「화신/"백화점의 왕" 옛 명성도 헐리고(그때 그 자리)」, 『한국일보』, 1992년 1월 16일, 14면.

132) http://www.visitseoul.net/korean_new/history/photo/ph_1945_0803.htm

133) 「활기띤 백화점의 매장: 경영도 우리손으로, 접대도 친절」, 『조선일보』, 1945년 12월 1일, 조간 2면.

134) 이희정, 「화신/"백화점의 왕" 옛 명성도 헐리고(그때 그 자리)」, 『한국일보』, 1992년 1월 16일, 14면.

135) 정운현, 「[정직한 역사 되찾기]친일의 군상(29)」, 『서울신문』, 1999년 3월 22일, 13면.

136) 박상하, 『경성상계』, 생각의나무, 2008, 286쪽.

137) 이이화, 「[한국사 바로보기] 17. 복식을 통해보는 여권 신장의 의미」, 『경향신문』, 2004년 9월 9일자.

138) 김태수, 『꽃가치 피어 매혹케 하라: 신문광고로 본 근대의 풍경』, 황소자리, 2005, 343쪽.

139) 이임하, 『계집은 어떻게 여성이 되었나』, 서해문집, 2004, 67~68쪽.

140) 「한국 여성계 파이오니아/최초의 미용사 오엽주 여사: 많은 후진을 양성」, 『조선일보』, 1962년 9월 19일, 조간 8면; 조연흥, 「개화기 최초의 미용사: 40여 년 전 종로에 미용실 차 린 오엽주 여사」, 『조선일보』, 1972년 4월 20일, 7면; 김은신, 『한국 최초 101 장면』, 가람기 획, 1998, 21쪽.

141) 김은신, 『한국 최초 101 장면』, 가람기획, 1998, 282~284쪽.

142) 이이화, 『빼앗긴 들에 부는 근대화 바람: 한국사 이야기 22』, 한길사, 2004, 207~208쪽.

143) 신인섭, 『광고로 보는 한국 화장의 문화사』, 김영사, 2002, 27쪽.

144) 반민족문제연구소, 『청산하지 못한 역사 1: 한국현대사를 움직인 친일파 60』, 청년사, 1994, 29쪽.

145) 김미지, 『누가 하이카라 여성을 데리고 사누: 여학생과 연애』, 살림, 2005, 63쪽.

146) 김미지, 『누가 하이카라 여성을 데리고 사누: 여학생과 연애』, 살림, 2005, 63쪽.

147) 오진석, 「일제하 백화점업계의 동향과 관계인들의 생활양식」, 연세대학교 국학연구원 편, 『일제의 식민지배와 일상생활』, 혜안, 2004, 176쪽.

148) 채만식, 김상선 해설, 『탁류』, 하서, 2005, 458쪽.

149) 신인섭, 『광고로 보는 한국화장의 문화사』, 김영사, 2002, 14~15, 20쪽.

150) 김덕록, 『화장과 화장품: 향장의 이론과 실제』, 답게, 1997, 55쪽.

151) 김덕록, 『화장과 화장품: 향장의 이론과 실제』, 답게, 1997, 56쪽.

152) 조혜원, 「광고에서 읽는 화장, 화장품」, 『여성신문』, 2002년 11월 8일, 26면.

153) 마정미, 『광고로 읽는 한국 사회문화사』, 개마고원, 2004, 37쪽.

154) 박상하, 『경성상계』, 생각의나무, 2008, 86~87쪽.

155) 강심호, 『대중적 감수성의 탄생: 도박, 백화점, 유행』, 살림, 2005, 29쪽.

156) 고부자, 『우리 생활 100년 · 옷』, 현암사, 2001, 184쪽.

157) 신명직, 「식민지 근대도시의 일상과 만문만화」, 연세대학교 국학연구원 편, 『일제의 식민지배와 일상생활』, 혜안, 2004, 301쪽.

158) 고부자, 『우리 생활 100년 · 옷』, 현암사, 2001, 184쪽.

159) 고부자, 『우리 생활 100년 · 옷』, 현암사, 2001, 148쪽.

160) 고부자, 『우리 생활 100년 · 옷』, 현암사, 2001, 181쪽.

161) 고부자, 『우리 생활 100년 · 옷』, 현암사, 2001, 106~107쪽.

162) 김상태 편역, 『윤치호 일기 1916~1943: 한 지식인의 내면세계를 통해 본 식민지시기』, 역사비평사, 2001, 617쪽.

제4장

1) 다칭 양, 「일본의 제국적 전기통신망 속의 식민지 한국」, 신기욱 · 마이클 로빈슨 엮음, 도면회 옮김, 『한국의 식민지 근대성: 내재적 발전론과 식민지 근대화론을 넘어서』, 삼인, 2006, 249~250쪽.

2) 서울특별시사편찬위원회 『서울 육백년사』 인터넷 홈페이지.

3) 다칭 양, 「일본의 제국적 전기통신망 속의 식민지 한국」, 신기욱 · 마이클 로빈슨 엮음, 도면회 옮김, 『한국의 식민지 근대성: 내재적 발전론과 식민지 근대화론을 넘어서』, 삼인, 2006, 243쪽.

4) 한국통신 인터넷 홈페이지.

5) 한국통신 인터넷 홈페이지.

6) 한국통신 인터넷 홈페이지; 「도수제 실시 초일 통화수 3분1로 격감」, 『조선일보』, 1937년 7월 2일, 석간 2면.

7) 「러브레터는 구식: 사랑 전화홍수시대 여우(女優)」, 『조선일보』, 1931년 10월 5일, 석간 2면.

8) 「세말풍경: 전화교환국」, 『조선일보』, 1933년 12월 16일, 조간 2면.

9) 박정애, 「'배운 여성'의 일, 그 빛과 그림자: 일제시대 '직업 여성'의 등장」, 여성사연구모임 길밖세상, 『20세기 여성사건사: 근대 여성교육의 시작에서 사이버 페미니즘까지』, 여성신문 사, 2001, 59쪽.

10) 「거는 사람 받는 사람이 피차에 공손하게: 현대인이 지킬 전화도덕」, 『조선일보』, 1934년 11 월 11일, 석간 2면.

11) 이동순, 『번지 없는 주막: 한국가요사의 잃어버린 번지를 찾아서』, 선, 2007, 142~143쪽.

12) 이준희, 「허용될 수 없는 노래의 가벼움, '전화일기'」, 가요114 홈페이지.

13) 「남의 전화 가지고 7천여 원을 사취」, 『조선일보』, 1931년 5월 5일, 석간 2면.

14) 「우리 동리 통신: 공중전화라도 설치해줬으면」, 『조선일보』, 1938년 9월 15일, 조간 3면.

15) 「시간의 여행(旅行)과 전화의 명랑화: 전화국서 선전지 배부」, 『조선일보』, 1938년 6월 9일, 조간 2면.

16) 조영복, 『문인기자 김기림과 1930년대 '활자-도서관'의 꿈: 학예면과 신문문예 장르의 세 계』, 살림, 2007, 229~230쪽.

17) 김예림, 「전시기 오락정책과 '문화'로서의 우생학」, 『역사비평』, 통권 73호(2005년 겨울), 342쪽.

18) 「악질의 전화작난 평양법원서 1년 반역(役)」, 『조선일보』, 1939년 3월 20일, 석간 2면.

19) 「완연 전화광시대(電話狂時代)! 신청자 6천에 접근」, 『조선일보』, 1939년 4월 22일, 조간 3면.

20) 「전화와 문서전으로 백열화한 선거계」, 『조선일보』, 1939년 5월 11일, 조간 3면.

21) 「전화개선진정운동: 가입자 5백여 명이 연서날인」, 『조선일보』, 1939년 6월 20일, 조간 3면.

22) 「놀라운 과학의 힘: 조선에 안자서도 세계의 오십여 나라와 전화로 "여보세요"」, 『조선일 보』, 1939년 8월 13일, 호외 2면.

23) 「자숙하의 연말: 전신전화는 늘고 연하장은 격감」, 『조선일보』, 1939년 12월 27일, 석간 2면.

24) 「"요것만은 꼭 지켜주서요": 전화교환수들이 가입자에 대한 고충」, 『조선일보』, 1940년 2월 9일, 조간 2면.

25) 「만원 전차 타기보다 더 힘든 도청 전화 호출」, 『조선일보』, 1940년 2월 24일, 조간 2면.

26) 「전화교환 소화불량증」, 『조선일보』, 1940년 3월 25일, 석간 2면.

27) 「우편개선좌담회 불평은 전화에 총집중」, 『조선일보』, 1940년 4월 23일, 조간 3면.

28) 「전화통제: 임의의 명의변경 불허」, 『조선일보』, 1940년 7월 16일, 석간 2면.

29) 서울특별시사편찬위원회 『서울 육백년사』 인터넷 홈페이지.

30) 한국통신 인터넷 홈페이지.

31) 한국통신 인터넷 홈페이지.

32) 서울특별시사편찬위원회 『서울 육백년사』 인터넷 홈페이지.

33) 정재정, 『일제침략과 한국철도(1892~1945)』, 서울대학교출판부, 1999, 383쪽.

34) 박천홍, 『매혹의 질주, 근대의 횡단: 철도로 돌아본 근대의 풍경』, 산처럼, 2003, 366쪽, 369쪽.

35) 전봉관, 「[30년대 조선을 거닐다 〈7〉] 욕망의 해방구, 해수욕장」, 『조선일보』, 2005년 11월 19일자.

36) 박찬호, 안동림 옮김, 『한국가요사 1895~1945』, 현암사, 1992, 366쪽.

37) 박천홍, 『매혹의 질주, 근대의 횡단: 철도로 돌아본 근대의 풍경』, 산처럼, 2003, 211~213쪽.

38) 박천홍, 『매혹의 질주, 근대의 횡단: 철도로 돌아본 근대의 풍경』, 산처럼, 2003, 383쪽.

39) 윤치호, 김상태 편역, 『윤치호 일기 1916~1943: 한 지식인의 내면세계를 통해 본 식민시기』, 역사비평사, 2001, 459쪽.

40) 정재정, 『일제침략과 한국철도(1892~1945)』, 서울대학교출판부, 1999, 373쪽.

41) 박천홍, 『매혹의 질주, 근대의 횡단: 철도로 돌아본 근대의 풍경』, 산처럼, 2003, 93~94쪽.

42) 박천홍, 『매혹의 질주, 근대의 횡단: 철도로 돌아본 근대의 풍경』, 산처럼, 2003, 94~95쪽.

43) 정재정, 『일제침략과 한국철도(1892~1945)』, 서울대학교출판부, 1999, 391~392쪽.

44) 정재정, 『일제침략과 한국철도(1892~1945)』, 서울대학교출판부, 1999, 391쪽.

45) 이영미, 『광화문 연가』, 예담, 2008, 60~63쪽; 장유정, 『오빠는 풍각쟁이야: 대중가요로 본 근대의 풍경』, 민음in, 2006, 214~216쪽.

46) 정재정, 『일제침략과 한국철도(1892~1945)』, 서울대학교출판부, 1999, 558쪽.

47) 정재정, 『일제침략과 한국철도(1892~1945)』, 서울대학교출판부, 1999, 379쪽.

48) 김태수, 『꼿가치 피어 매혹케 하리라: 신문광고로 본 근대의 풍경』, 황소자리, 2005, 186쪽; 손정목, 『일제강점기 도시사회상연구』, 일지사, 1996, 338~339쪽.

49) 노형석, 『한국 근대사의 풍경』, 생각의나무, 2006, 142쪽.

50) 마정미, 『광고로 읽는 한국 사회문화사』, 개마고원, 2004, 105~106쪽.

51) 마정미, 「근대의 상품광고와 소비, 그리고 일상성」, 『문화과학』, 제45호(2006년 봄), 219쪽.

52) 장유정, 『오빠는 풍각쟁이야: 대중가요로 본 근대의 풍경』, 민음in, 2006, 383쪽.

53) 이영미, 『광화문 연가』, 예담, 2008, 45쪽.

54) 박천홍, 『매혹의 질주, 근대의 횡단: 철도로 돌아본 근대의 풍경』, 산처럼, 2003, 370쪽.

55) 손정목, 『일제강점기 도시사회상연구』, 일지사, 1996, 340쪽.

56) 윤치호, 김상태 편역, 『윤치호 일기 1916~1943: 한 지식인의 내면세계를 통해 본 식민지시기』, 역사비평사, 2001, 447~448쪽.

57) 손정목, 『일제강점기 도시사회상연구』, 일지사, 1996, 340쪽.

58) 이강민, 「김민수: 중세의 대학에 갇힌 멀티미디어 인간」, 강준만 외, 『부드러운 파시즘: 시사인물사전⑪』, 인물과사상사, 2000, 281쪽.

59) 손정목, 『일제강점기 도시사회상연구』, 일지사, 1996, 340쪽.

60) 이이화, 『빼앗긴 들에 부는 근대화 바람: 한국사 이야기 22』, 한길사, 2004, 49쪽.

61) 윤홍식, 「기아산업 삼천리호자전거(기업살린 히트상품:16)」, 『국민일보』, 1993년 2월 1일, 9면.

62) 김미지, 『누가 하이카라 여성을 데리고 사나: 여학생과 연애』, 살림, 2005, 49쪽.

63) 「전화로 물품주문 자전거 절취 도주」, 『조선일보』, 1933년 6월 1일, 조간 3면.

64) 김영근, 「일제하 식민지적 근대성의 한 특징: 경성에서의 도시 경험을 중심으로」, 한국사회사학회, 『사회와 역사』 제57집, 문학과지성사, 2000, 27쪽.

65) 김영근, 「일제하 식민지적 근대성의 한 특징: 경성에서의 도시 경험을 중심으로」, 한국사회사학회, 『사회와 역사』 제57집, 문학과지성사, 2000, 27쪽.

66) 권보드래, 『1910년대, 풍문의 시대를 읽다: 『매일신보』를 통해 본 한국 근대의 사회 · 문화 키워드』, 동국대학교출판부, 2008, 7쪽.

67) 이연복 · 이경복, 『한국인의 미용풍속』, 월간에세이, 2000, 160~165쪽; 김은신, 『한국 최초 101 장면』, 가람기획, 1998, 267쪽; 김경훈, 『뜻밖의 한국사』, 오늘의책, 2004, 53쪽.

68) 김은신, 『한국 최초 101 장면』, 가람기획, 1998, 267~268쪽.

69) 소현숙, 「'근대'에의 열망과 일상생활의 식민화: 일제시기 생활개선운동과 젠더정치를 중심으로」, 이상록 · 이유재 엮음, 『일상사로 보는 한국근현대사: 한국과 독일 일상사의 새로운 만남』, 책과함께, 2006, 125쪽.

70) 여규병, 「[책갈피 속의 오늘]1922년 조선YWCA 창립」, 『동아일보』, 2006년 4월 20일, 32면.

71) 소현숙, 「'근대'에의 열망과 일상생활의 식민화: 일제시기 생활개선운동과 젠더정치를 중심으로」, 이상록 · 이유재 엮음, 『일상사로 보는 한국근현대사: 한국과 독일 일상사의 새로운 만남』, 책과함께, 2006, 138쪽.

72) 장보웅, 『동서고금의 화장실 문화 이야기』, 보진재, 2001, 115쪽.

73) 장보웅, 『동서고금의 화장실 문화 이야기』, 보진재, 2001, 8쪽.

74) 이병학, 「화장실(해방50년, 삶의 발자취를 찾아서:54)」, 『한겨레』, 1995년 11월 26일, 11면.

75) 이동순, 「'막간 아가씨'와 손풍금」, 『월간조선』, 1998년 5월, 556~557쪽.

76) 이이화, 『빼앗긴 들에 부는 근대화 바람: 한국사 이야기 22』, 한길사, 2004, 106~107쪽.

77) 이상, 『날개(외)』, 범우사, 1982, 29~30쪽.

78) 길윤형, 「2008년 쥐의 해, 십간십이지 중 유일하게 미움 받는 동물… 일제시대부터 개발독재까지 쥐와의 전쟁은 어떻게 흘러왔는가」, 『한겨레 21』, 제691호(2007년 12월 27일).

79) 신동원, 「[의학 속 사상](21) 1930년대 한의학—서양의학 논쟁」, 『한겨레』, 2006년 3월 10일, M28면.

80) 김혜경, 『식민지하 근대가족의 형성과 젠더』, 창비, 2006, 115쪽.

81) 박성래 · 신동원 · 오동훈, 『우리 과학 100년』, 현암사, 2001, 130쪽.

82) 신동원, 「[의학 속 사상](21) 1930년대 한의학—서양의학 논쟁」, 『한겨레』, 2006년 3월 10일, M28면.

83) 박성래 · 신동원 · 오동훈, 『우리 과학 100년』, 현암사, 2001, 136쪽.

84) 신동원, 「[의학 속 사상](21) 1930년대 한의학—서양의학 논쟁」, 『한겨레』, 2006년 3월 10일, M28면.

85) 신동원, 「[의학 속 사상](21) 1930년대 한의학—서양의학 논쟁」, 『한겨레』, 2006년 3월 10일, M28면.

86) 신동원, 「[의학 속 사상](21) 1930년대 한의학—서양의학 논쟁」, 『한겨레』, 2006년 3월 10일, M28면.

87) 신동원, 「[의학 속 사상](21) 1930년대 한의학—서양의학 논쟁」, 『한겨레』, 2006년 3월 10일, M28면.

88) 김창규, 「한국침술, 중국 제치고 국제표준 됐다」, 『중앙일보』, 2008년 6월 19일, 11면.

89) 이경훈, 『오빠의 탄생: 한국 근대문학의 풍속사』, 문학과지성사, 2003, 87쪽.

90) 김혜경, 『식민지하 근대가족의 형성과 젠더』, 창비, 2006, 277쪽.

91) 김태수, 『꼿가치 피어 매혹케 하라: 신문광고로 본 근대의 풍경』, 황소자리, 2005, 86~93쪽.

92) 노형석, 「냉면과 파리만국박람회의 관계는?」, 『한겨레21』, 제721호, 2008년 8월 5일.

93) 백지혜, 『스위트 홈의 기원』, 살림, 2005, 4쪽.

94) 정근식, 「맛의 제국, 광고, 식민지적 유산」, 공제욱 · 정근식 편, 『식민지의 일상, 지배와 균열』, 문과학사, 2006, 207쪽, 210~212쪽.

95) 박상표, http://blog.naver.com/inex1/110000411296

96) 박상표, http://blog.naver.com/inex1/110000411296

97) 박상표, http://blog.naver.com/inex1/110000411296

98) 박상표, http://blog.naver.com/inex1/110000411296

99) 서정보, 「[책갈피 속의 오늘]1928년 국내 구세군 자선냄비 첫 등장」, 『동아일보』, 2007년 12월 15일자.

100) 김진송, 『서울에 딴스홀을 허(許)하라: 현대성의 형성』, 현실문화연구, 1999, 163~165쪽.

101) 전봉관, 「30년대 조선을 거닐다: 12월 16일 받은 보너스로 "부어라 마셔라"」, 『조선일보』, 2005년 12월 24일자.

102) 전봉관, 「30년대 조선을 거닐다: 12월 16일 받은 보너스로 "부어라 마셔라"」, 『조선일보』, 2005년 12월 24일자.

103) 김상태 편역, 『윤치호 일기 1916~1943: 한 지식인의 내면세계를 통해 본 식민지시기』, 역사비평사, 2001, 605~606쪽.

104) 김상태 편역, 『윤치호 일기 1916~1943: 한 지식인의 내면세계를 통해 본 식민지시기』, 역사비평사, 2001, 606쪽.

105) 박상표, http://blog.naver.com/inex1/110000411296

106) 박상표, http://blog.naver.com/inex1/110000411296

107) 박상표, http://blog.naver.com/inex1/110000411296

108) 김상태 편역, 『윤치호 일기 1916~1943: 한 지식인의 내면세계를 통해 본 식민지시기』, 역사비평사, 2001, 358~359쪽.

109) 박상표, http://blog.naver.com/inex1/110000411296

110) 전봉관, 「30년대 조선을 거닐다: 12월 16일 받은 보너스로 "부어라 마셔라"」, 『조선일보』, 2005년 12월 24일자.

111) 이상옥, 『이효석: 참여에서 순수로』, 건국대학교출판부, 1997, 73~74쪽.

112) 강인철, 『한국기독교회와 국가 · 시민사회 1945~1960』, 한국기독교역사연구소, 1996, 144쪽.

113) 김상태 편역, 『윤치호 일기 1916~1943: 한 지식인의 내면세계를 통해 본 식민지시기』, 역사비평사, 2001, 423~424쪽.

114) 김상태 편역, 『윤치호 일기 1916~1943: 한 지식인의 내면세계를 통해 본 식민지시기』, 역사비평사, 2001, 427~428쪽.

115) 박상표, http://blog.naver.com/inex1/110000411296

116) 박상표, http://blog.naver.com/inex1/110000411296

117) 박상표, http://blog.naver.com/inex1/110000411296

118) 강인철, 『한국기독교회와 국가·시민사회 1945~1960』, 한국기독교역사연구소, 1996, 144쪽.

119) 강인철, 『한국기독교회와 국가·시민사회 1945~1960』, 한국기독교역사연구소, 1996, 132쪽.

120) 박선미, 『근대 여성, 제국을 거쳐 조선으로 회유하다: 식민지 문화지배와 일본유학』, 창비, 2007, 53쪽.

121) 전봉관, 「30년대 조선을 거닐다: 12월 16일 받은 보너스로 "부어라 마셔라"」, 『조선일보』, 2005년 12월 24일자.

제5장

1) 이동윤, 「기록으로 본 경평축구/평양이 11승 7무 7패로 우세」, 『세계일보』, 1990년 9월 20일, 11면.

2) 문갑식, 「"경평축구는 우리 민중의 큰 잔치"/2~5회 대회출전 김화집옹」, 『조선일보』, 1990년 10월 11일, 14면.

3) 문갑식, 「"경평축구는 우리 민중의 큰 잔치"/2~5회 대회출전 김화집옹」, 『조선일보』, 1990년 10월 11일, 14면.

4) 길윤형, 「동대문운동장도 사라지는가」, 『한겨레 21』, 2006년 11월 7일, 82~84면.

5) 「평양화공 구류: 광고가 불온타고」, 『조선일보』, 1931년 5월 23일, 석간 2면.

6) 「시국불안이라고 축구대회 금지」, 『조선일보』, 1931년 11월 4일, 조간 4면.

7) 「축구연맹전 시합중 분규발흥」, 『조선일보』, 1933년 8월 11일, 조간 4면.

8) 「관북축구장서 난투극 연출! 심판이 불공정하다고 관중이 궐기」, 『조선일보』, 1933년 10월 12일, 석간 2면.

9) 「불상사 속출한다고 축구와 정구도 통제」, 『조선일보』, 1933년 12월 13일, 조간 2면.

10) 「일반적 체육보급에 막대한 영향 예상: 축구 정구 통제 문제」, 『조선일보』, 1934년 1월 11일, 조간 2면.

11) 장권, 「통제의 절대필요: 권위 있는 기관의 결성을 바란다」, 『조선일보』, 1934년 1월 1일, 석간 2면.

12) 조선축구협회가 정식으로 창립된 건 1933년 9월 19일이었다.

13) 이동윤, 「기록으로 본 경평축구/평양이 11승 7무 7패로 우세」, 『세계일보』, 1990년 9월 20일, 11면.

14) 이동윤, 「기록으로 본 경평축구/평양이 11승 7무 7패로 우세」, 『세계일보』, 1990년 9월 20일, 11면.

15) 윤경헌·최창신, 『국기(國技) 축구 그 찬란한 아침: 이야기 한국체육사 3』, 국민체육진흥공단, 1997, 56쪽.

16) 이동윤, 「기록으로 본 경평축구/평양이 11승 7무 7패로 우세」, 『세계일보』, 1990년 9월 20일,

11면.

17) 이동윤, 「기록으로 본 경평축구/평양이 11승 7무 7패로 우세」, 『세계일보』, 1990년 9월 20일, 11면.

18) 네이버.

19) 박경호 · 김덕기, 『한국축구 100년 비사』, 책읽는사람들, 2000, 87쪽.

20) 「치전 대 의전 축구대전에 경기중 폭력행동」, 『조선일보』, 1935년 10월 15일, 조간 2면.

21) 박숙경, 「29년 첫 경평축구 개최(금주의 작은역사)」, 『한겨레』, 1994년 10월 4일, 15면; 박경호 · 김덕기, 『한국축구 100년 비사』, 책읽는사람들, 2000, 81쪽.

22) 박경호 · 김덕기, 『한국축구 100년 비사』, 책읽는사람들, 2000, 81~82쪽.

23) 이규태, 「京平 축구」, 『조선일보』, 1998년 11월 10일, 4면.

24) 박경호 · 김덕기, 『한국축구 100년 비사』, 책읽는사람들, 2000, 42~44쪽.

25) 윤경헌 · 최창신, 『국기(國技) 축구 그 찬란한 아침: 이야기 한국체육사 3』, 국민체육진흥공단, 1997, 53~54쪽.

26) 문갑식, 「"경평축구는 우리 민중의 큰 잔치"/2~5회 대회출전 김화집옹」, 『조선일보』, 1990년 10월 11일, 14면.

27) 「축구원장비용을 권번이 연주모금」, 『조선일보』, 1935년 8월 12일, 석간 2면.

28) 「축구에 흥분된 맘 유치장에 식쿠는 사나이」, 『조선일보』, 1936년 5월 22일, 조간 2면.

29) 박경호 · 김덕기, 『한국축구 100년 비사』, 책읽는사람들, 2000, 46~47쪽.

30) 박경호 · 김덕기, 『한국축구 100년 비사』, 책읽는사람들, 2000, 49~52쪽.

31) 정태륭, 「김용식: 불꽃처럼 살다 간 '축구의 신'」, 대한축구협회 엮음, 『한국축구의 영웅들: 축구 명예의전당 헌액 7인 열전』, 랜덤하우스중앙, 2005, 32쪽.

32) 김성원, 『한국 축구 발전사』, 살림, 2006, 12쪽.

33) 박경호 · 김덕기, 『한국축구 100년 비사』, 책읽는사람들, 2000, 162쪽.

34) 윤경헌 · 최창신, 『국기(國技) 축구 그 찬란한 아침: 이야기 한국체육사 3』, 국민체육진흥공단, 1997, 106, 121~122쪽.

35) 박경호 · 김덕기, 『한국축구 100년 비사』, 책읽는사람들, 2000, 162~163쪽.

36) 「전조선도시대항축구대회 십구일부터 시작: 남북 열네 도시에서 참가했습니다」, 『조선일보』, 1940년 4월 21일, 호외 2면.

37) 「제3회 전조선도시대항축구」, 『조선일보』, 1940년 4월 21일, 석간 2면.

38) 박경호 · 김덕기, 『한국축구 100년 비사』, 책읽는사람들, 2000, 225쪽.

39) 윤경헌 · 최창신, 『국기(國技) 축구 그 찬란한 아침: 이야기 한국체육사 3』, 국민체육진흥공단, 1997, 130쪽.

40) 신덕상 · 김덕기, 『국기(國技) 축구 그 화려한 발자취: 이야기 한국체육사 10』, 국민체육진흥공단, 1999, 21~25쪽.

41) 송건호, 「미군정하의 언론」, 송건호 외, 『한국언론 바로보기』, 다섯수레, 2000, 117~119쪽.

42) 박경호 · 김덕기, 『한국축구 100년 비사』, 책읽는사람들, 2000, 87~88쪽.

43) 박숙경, 「29년 첫 경평축구 개최(금주의 작은역사)」, 『한겨레』, 1994년 10월 4일, 15면.

44) 박숙경, 「29년 첫 경평축구 개최(금주의 작은역사)」, 『한겨레』, 1994년 10월 4일, 15면.

45) 이동윤, 「기록으로 본 경평축구/평양이 11승 7무 7패로 우세」, 『세계일보』, 1990년 9월 20일, 11면.

46) 네이버.

47) 대한축구협회 홈페이지.

48) 김상태 편역, 『윤치호 일기 1916~1943: 한 지식인의 내면세계를 통해 본 식민지시기』, 역사비평사, 2001, 619쪽.

49) 김상태 편역, 『윤치호 일기 1916~1943: 한 지식인의 내면세계를 통해 본 식민지시기』, 역사비평사, 2001, 620쪽.

50) 김상태 편역, 『윤치호 일기 1916~1943: 한 지식인의 내면세계를 통해 본 식민지시기』, 역사비평사, 2001, 621쪽.

51) 김상태 편역, 『윤치호 일기 1916~1943: 한 지식인의 내면세계를 통해 본 식민지시기』, 역사비평사, 2001, 622쪽.

52) 김상태 편역, 『윤치호 일기 1916~1943: 한 지식인의 내면세계를 통해 본 식민지시기』, 역사비평사, 2001, 623~624쪽.

53) 김상태 편역, 『윤치호 일기 1916~1943: 한 지식인의 내면세계를 통해 본 식민지시기』역사비평사, 2001, 624쪽.

54) 김상태 편역, 『윤치호 일기 1916~1943: 한 지식인의 내면세계를 통해 본 식민지시기』, 역사비평사, 2001, 625쪽.

55) 김상태 편역, 『윤치호 일기 1916~1943: 한 지식인의 내면세계를 통해 본 식민지시기』, 역사비평사, 2001, 625~626쪽.

56) 김상태 편역, 『윤치호 일기 1916~1943: 한 지식인의 내면세계를 통해 본 식민지시기』, 역사비평사, 2001, 626~627쪽.

57) 소영현, 『부랑청년 전성시대: 근대 청년의 문화 풍경』, 푸른역사, 2008, 267~269쪽.

58) 김상태 편역, 『윤치호 일기 1916~1943: 한 지식인의 내면세계를 통해 본 식민지시기』, 역사비평사, 2001, 340쪽.

59) 김상태 편역, 『윤치호 일기 1916~1943: 한 지식인의 내면세계를 통해 본 식민지시기』, 역사비평사, 2001, 337쪽.

60) 천정환, 『끝나지 않는 신드롬: 친일과 반일을 넘어선 식민지시대 다시 읽기』, 푸른역사, 2005, 237~239쪽.

61) 김경일, 『여성의 근대, 근대의 여성: 20세기 전반기 신여성과 근대성』, 푸른역사, 2004, 200~203쪽.

62) David O. Sears, Jonathan L. Freedman, Letitia Anne Peplau, 홍대식 역, 『사회심리학』, 박영사, 1986, 339쪽.

63) 이규태, 「석사무당」, 『조선일보』, 1985년 7월 5일, 5면.

64) 황루시, 「일사일언/무당 공부」, 『조선일보』, 1986년 11월 5일, 7면.

65) 「개화백경 (54) 열등의식에 밀착된 서민의 전통적 철학」, 『조선일보』, 1968년 12월 3일, 4면.

66) 임종국, 『밤의 일제 침략사』, 한빛문화사, 2004, 230쪽.

67) 「역술(여적)」, 『경향신문』, 1990년 11월 17일, 1면.

68) 이필영, 「일제하 민간신앙의 지속과 변화: 무속을 중심으로」, 연세대학교 국학연구원 편, 『일제의 식민지배와 일상생활』, 혜안, 2004, 350~351쪽.

69) 이필영, 「일제하 민간신앙의 지속과 변화: 무속을 중심으로」, 연세대학교 국학연구원 편, 『일제의 식민지배와 일상생활』, 혜안, 2004, 355~363쪽.

70) 김경애 · 김채현 · 이종호, 『우리 무용 100년』, 현암사, 2001, 45쪽.

71) 권보드래, 『1910년대, 풍문의 시대를 읽다: 『매일신보』를 통해 본 한국 근대의 사회 · 문화 키워드』, 동국대학교출판부, 2008, 40~44쪽.

72) 이흥우, 「현대사의 순간 (81) 인육영약설의 미신」, 『조선일보』, 1973년 9월 11일, 4면.

73) 이흥우, 「현대사의 순간 (67) 20세 처녀 생매장: 전정운의 백백교 '구약'」, 『조선일보』, 1973년 5월 22일, 4면; 유재동, 「[책갈피 속의 오늘]1937년 백백교 피해자 유골 발굴」, 『동아일보』, 2007년 6월 9일자.

74) 전봉관, 「[전봉관의 옛날 잡지를 보러가다⑧] '백백교(白白敎) 사건' 공판기」, 『신동아』, 2006년 2월호.

75) 유재동, 「[책갈피 속의 오늘]1937년 백백교 피해자 유골 발굴」, 『동아일보』, 2007년 6월 9일자.

76) 송건호, 『한국현대사 2: 송건호 전집 4』, 한길사, 2002, 28~29쪽.

77) 전봉관, 『경성기담: 근대 조선을 뒤흔든 살인사건과 스캔들』, 살림, 2006, 133~134쪽.

78) 김문겸, 『여가의 사회학: 한국의 레저문화』, 한울아카데미, 1993, 123~124쪽.

79) 황상철, 「일제는 이땅에 화투를 남겼다」, 『한겨레』, 1997년 8월 18일, 25면.

80) 전봉관, 「중앙보육학교 박희도 교장의 '여 제자 정조 유린' 사건: 파렴치한 성추행인가, 악의적 무고인가? 불꽃 튀는 진실게임」, 『경성기담: 근대 조선을 뒤흔든 살인사건과 스캔들』, 살림, 2006, 139~182쪽.

81) 김문겸, 『여가의 사회학: 한국의 레저문화』, 한울아카데미, 1993, 120쪽, 122쪽.

82) 전봉관, 「노름꾼 도시」, 『한국일보』, 2006년 9월 6일, 31면.

83) 유승훈, 『다산과 연암, 노름에 빠지다』, 살림, 2006, 185쪽.

84) 전봉관, 「노름꾼 도시」, 『한국일보』, 2006년 9월 6일, 31면.

85) 강심호, 『대중적 감수성의 탄생: 도박, 백화점, 유행』, 살림, 2005, 12~13쪽.

86) 박강, 『중일전쟁과 아편: 내몽고 지역을 중심으로』, 지식산업사, 1995, 18쪽.

87) 박강, 『중일전쟁과 아편: 내몽고 지역을 중심으로』, 지식산업사, 1995, 242쪽.

88) 전봉관, 「토요 연재 [30년대 조선을 거닐다] (8) 모르핀(모루히네) 권하는 사회」, 『조선일보』, 2005년 11월 26일자.

89) 전봉관, 「토요 연재 [30년대 조선을 거닐다] (8) 모르핀(모루히네) 권하는 사회」, 『조선일보』, 2005년 11월 26일.

90) 박천홍, 『매혹의 질주, 근대의 횡단: 철도로 돌아본 근대의 풍경』, 산처럼, 2003, 93~94쪽.

91) 김혜경, 『식민지하 근대가족의 형성과 젠더』, 창비, 2006, 98쪽.

92) 김미지, 『누가 하이카라 여성을 데리고 사누: 여학생과 연애』, 살림, 2005, 64쪽.

93) 박선미, 『근대 여성, 제국을 거쳐 조선으로 회유하다: 식민지 문화지배와 일본유학』, 창비, 2007, 39~40쪽.

94) 박선미, 『근대 여성, 제국을 거쳐 조선으로 회유하다: 식민지 문화지배와 일본유학』, 창비, 2007, 42~43쪽.

95) 박선미, 『근대 여성, 제국을 거쳐 조선으로 회유하다: 식민지 문화지배와 일본유학』, 창비, 2007, 32쪽.

96) 전봉관, 「[30년대 조선을 거닐다] 엘리트 지식청년의 취직난」, 『조선일보』, 2005년 10월 22일자.

97) 전봉관, 「[전봉관의 '옛날 잡지를 보러가다' ⑥] 경성제대 입시 대소동」, 『신동아』, 2005년 12월호.

98) 정선이, 『경성제국대학 연구』, 문음사, 2002, 150~151쪽.

99) 김진균 외, 「일제하 보통학교와 규율」, 김진균·정근식 편저, 『근대주체와 식민지 규율권력』, 문화과학사, 1997, 86쪽.

100) 전봉관, 「토요 연재 [30년대 조선을 거닐다] 〈1〉살인적 입학난과 총독부 입시 정책」, 『조선일보』, 2005년 10월 8일자.

101) 천정환, 『근대의 책읽기: 독자의 탄생과 한국 근대문학』, 푸른역사, 2003, 184~189쪽.

102) 이길상, 「제5장 고등교육」, 안귀덕 외, 『한국 근현대 교육사』, 한국정신문화연구원, 1995, 331쪽.

103) 노치준, 「김교신의 기독교 사회사상 연구」, 한국사회사연구회, 『한말 일제하의 사회사상과 사회운동』, 문학과지성사, 1994, 144쪽.

104) 고명섭, 「끝없는 출세 욕망… '피지배 민족' 고민은 무슨…: 논문으로 본 '일제하 조선인 엘리트'」, 『한겨레』, 2006년 11월 13일, 23면.

105) 고명섭, 「끝없는 출세 욕망… '피지배 민족' 고민은 무슨…: 논문으로 본 '일제하 조선인 엘리트'」, 『한겨레』, 2006년 11월 13일, 23면.

106) 유성운, 「일제강점기 조선은 '욕망의 식민지' : 고려대 '식민지 근대를 가다' 학술대회」, 『동아일보』, 2006년 11월 14일, A23면.

107) 강준만, 『각개약진공화국』, 인물과사상사, 2008.